山东省社会科学规划研究项目文丛·一般项目
山东大学双一流建设『中国古典学术』专项资助项目

山东大学中文专刊

苏轼诗文评点研究

樊庆彦 著

山东人民出版社·济南

国家一级出版社 全国百佳图书出版单位

图书在版编目（CIP）数据

苏轼诗文评点研究/樊庆彦著．--济南：山东人民出版社，2019.8

ISBN 978－7－209－12220－7

Ⅰ.①苏… Ⅱ.①樊… Ⅲ.①苏轼(1036－1101)—文学研究 Ⅳ.①I206.2

中国版本图书馆 CIP 数据核字(2019)第 175177 号

苏轼诗文评点研究

SUSHI SHIWEN PINGDIAN YANJIU

樊庆彦 著

主管单位 山东出版传媒股份有限公司

出版发行 山东人民出版社

出 版 人 胡长青

社　　址 济南市英雄山路 165 号

邮　　编 250002

电　　话 总编室（0531）82098914

市场部（0531）82098027

网　　址 http：//www.sd－book.com.cn

印　　装 肥城新华印刷有限公司

经　　销 新华书店

规　　格 16 开（150mm×220mm）

印　　张 20.75

字　　数 277 千字

版　　次 2019 年 8 月第 1 版

印　　次 2019 年 8 月第 1 次

ISBN 978－7－209－12220－7

定　　价 48.00 元

如有印装质量问题，请与出版社总编室联系调换。

《山东大学中文专刊》编辑工作组

唐文治先生说：由评点而文法显，文义明，豁然灿然，读者如登康庄，如游五都，如亲聆古人之謦欬，因之可以见道。

黄霖

2017.12.24

《山东大学中文专刊》编辑出版说明

《山东大学中文专刊》，是山东大学中文学科学者著述的一套丛书。由山东大学文学院主持编辑，邀请有关专家担任编纂工作，请国内有经验的专业出版社分工出版。山东大学中文学科与山东大学的历史同步，在社会巨变中，屡经分合迁转，是国内历史悠久、名家辈出、有较大影响的中文学科之一。1901 年山东大学堂创办之初，其课程设置就包括经史子集等中文课程。1926 年省立山东大学在济南创办，设立了文学院，有中国哲学、国文学两系。20 世纪 30 年代至 40 年代，杨振声、闻一多、老舍、洪深、梁实秋、游国恩、王献唐、张煦、丁山、姜叔明、沈从文、明义士、台静农、闻宥、栾调甫、顾颉刚、胡厚宣、黄孝纾等著名学者、作家在国立山东（青岛）大学、齐鲁大学任教，在学术界享有盛誉。中华人民共和国成立后，山东大学中文学科迎来新的发展时期，华岗、成仿吾先后担任校长，陆侃如、冯沅君先后担任副校长，黄孝纾、王统照、吕荧、高亨、高兰、萧涤非、殷孟伦、殷焕先、刘泮溪、孙昌熙、关德栋、蒋维崧等语言文学名家在山东大学任教，是国内中文学科实力雄厚的学术重镇。改革开放以来，中华人民共和国培养的一代学术名家周来祥、袁世硕、董治安、牟世金、张可礼、龚克昌、刘乃昌、朱德才、郭延礼、葛本仪、钱曾怡、曾繁仁、张忠纲等，以深厚的学术功力和开拓创新精神，谱写了山东大学中文学科新的辉煌。总结历史成就，整理出版几代人用心血和智慧凝结而成的著述，是对学术前辈最大的尊敬，也是开拓未来，创造新知，更上一层楼的最好起点。2018 年 4 月 16 日，山东大学新一届领导班子奉命成立，20 日履任。如何在新的阶段为学科发展做一些有益的工作，是摆在面前的首要课题。编辑出版《山东大学中文专刊》是新举措之一。经过一年的紧张工作，一批成果即将问世。这其中既有历史成就的总结，也有新时期的新著。相信这是一项长期的任务，而且长江后浪推前浪，在未来的学术界，山东大学中文学科的学人一定能够创造出无愧于前哲，无愧于当代，无愧于后劲的更加辉煌的业绩。

山东大学文学院

2019 年 6 月 10 日

目　录

引言　苏轼诗文评点研究缘起

本书是在汇辑整理苏轼诗文评点资料的基础上，以之作为研究对象，从理论上阐释出评点对于苏轼及其作品研究的价值和意义。

一、苏轼诗文评点研究的意义与价值

评点是我国古代独具特色的文化现象。唐宋以来，陆续有人对文学作品在训诂与编选的基础上加以评点，它添加汇集圈点、鉴赏、批注和评改于天头地脚，字里行间，随文而现，即兴会意，三言两语，自由灵活，虽显简单、零碎而缺乏系统性，却又往往因紧附文本而能够贴近作品的文类特征，利于评点者阐发其理论见解，既能就相关对象进行全面、总体的观照和把握，又能对其中的具体问题进行细致的评析和阐发，也易于揭示出作品的“美和缺失”，实现文学批评的功能，从而赋予其批评和文学的双重含意。而南宋以降，文学评点以选、评为一体，以实用性、通俗性为归趋，既切合中华民族的审美心理，又符合国人的阅读习惯，逐渐赢得了读者和批评者的广泛关注。特别是明清时期，诗、文、曲、稗等各体名著评点蔚然兴盛，成为文学批评的一种主要形式。因而评点既是文学作品的特殊文本，也是文学批评的传统手段。

苏轼被视为中国文学史上最具有艺术生命力的文学家之一，无论是他的人格魅力，还是他的文学创作乃至文化创造，都影响着一代又一代的学人，几乎从苏轼生活的时代开始，就自然形成了一部以其为对象的研究史。苏轼作为诗文大家，其作品题材广阔，影响深远，无疑更是评点的重点对象，受到学者们的广泛关注。因而南宋以降，关于苏轼作品的评点选本亦是层出不穷，见仁见智。评点者诸如吕祖谦、楼昉、真德秀、谢枋得、刘辰翁、方回、袁宏道、刘弘、阎士选、王纳谏、郑之惠、冯梦祯、李贽、陈仁锡、唐顺之、钟惺、茅坤、王慎中、张自烈、张岱、陈继儒、查慎行、赵翼、汪师韩、纪昀、杭世骏、钱廷锦、何焯、严虞惇、顾莼、郑珍、何绍基、翁同书、李鸿裔、林纾等，不胜枚举，其中不乏名家。而评本也多种多样，以清代的苏诗评点为例。有的是评点全部别集，如纪昀评点《苏文忠公诗集》50卷；有的是评点其中某一类，如温汝能的《东坡和陶合笺》专评苏轼的“和陶诗”；有的是选本评点，如汪师韩的《苏诗选评笺释》；有的是汇集别人评点，如赵克宜的《角山楼苏诗评注汇钞》；有的既载别人评点，又间附自己评语，如王文诰的《苏文忠公诗编注集成》；此外尚有大量宋诗选集甚至历代诗歌选集中也载有对苏轼具体诗作的评点。苏文亦是同样情况。这些评点选本不仅有利于苏轼作品的普及，也丰富了中国文学批评史的内容，同时为我们今天研究苏轼提供了许多重要的参考资料。

虽然我国不断加大对传统文化遗产的挖掘、抢救和保护力度，但对于短时间内难见成效且较为枯燥的古籍整理工作来说，仍然需要引起我们更为足够的重视。有些苏轼诗文评点资料尚未经系统整理出版，特别是其中的一些手批本，还尘封于各地图书馆，流通不广，无法充分加以利用，评点本的价值难以显现。这些新的未刊评点文献的发现，为我们更加全面客观地研究苏轼及其作品提供了新的见证点。而且，对苏轼诗文评点的理论批评价值也有待于进一步认识。因此，对苏轼诗文的评点尽可能全面地作一次汇集，在文献整理的基础上进行理论上的分析，对于中国文学史及文学批评史的研究，都将具有重要的科学意义、学术价值和应用前景。

首先，苏轼作品评点选本数量繁多。从文学评点的发展历史审视，苏轼诗文评点不是凭空出现，而是有它的逻辑发展过程。对苏轼诗文评点展开深入的研究，不仅可以帮助我们品读苏轼作品，领略其高下得失，也可以帮助我们深化对苏轼本人的认识，深化对苏轼作品的思想内容与审美趣味的把握，深化对文学评点发展过程的理解。

其次，苏轼诗文评点可以说是读者或研究者对苏轼诗文的种种理解，通过比照各个时代对苏轼的不同评论，可以看出学者的编纂意图、选择标准与研究方法，这与当时的社会形态尤其是意识形态领域的影响不无关系，在特定文化土壤中产生的文学评点必然有它的阶段性特征，有着其特定的内在精神。900多年来，苏轼多次经历了“誉”与“毁”的否定之否定的过程，苏轼研究也多次经历了“炽”与“熄”的否定之否定的过程，都打上了深深的时代烙印，正折射出特定历史时期的社会思潮、民族心理、学术追求……通过苏轼诗文评点研究来把握那一时代的总体特征，对于那一时期的文学创作、文学批评，乃至社会文化的认识都具有重要价值。

再者，苏轼诗文评点是中国文学理论史、文学批评史上不可或缺的研究对象，通过对其研究反观历代文艺思潮的变化轨迹，探讨其中的发展规律，无论是在理论批评内容上，还是在独具民族特色的形式上，对于我们重建当代中国的文艺理论，都是富有现实意义。

二、苏轼诗文评点研究的回顾与反思

今人对于苏轼资料整理与研究早已取得了丰硕成果，如四川大学中文系唐宋文学研究室编《苏轼资料汇编》、孔凡礼先生撰《苏轼年谱》、王水照先生著《苏轼研究》、刘尚荣先生著《苏轼著作版本论丛》及曾枣庄先生主编《苏轼研究史》都是苏轼资料整理、研究的重要结晶。曾枣庄先生主编的《苏诗汇评》《苏词汇评》《苏文汇评》可称作有关苏轼著述评论汇集整理的一个里程碑，但惜未将评点作为其主要对象，只收录了部分常见评语，难免有遗珠之憾。复旦大学、华东师范大学等多所高校都很重视古代文学评点的汇辑研究工作，王友胜先生所著的《苏诗研究史稿》虽然只有部分章节涉及苏诗的评点，但其研究思路与方法也对本书作进一步拓展研究颇多启发。而江枰的博士论文《明代苏文研究史稿》(2005）以及郑艳玲的博士论文《钟惺评点研究》(2005）与徐美秋的博士论文《纪昀诗歌评点研究》(2009)，也涉及苏轼作品的评点问题。此外，吴熊和先生主编《唐宋词汇评·两宋卷》、朱靖华先生等编著《苏轼词新释辑评》、朱明伦先生主编《唐宋八大家散文广选新注集评·苏轼卷》、高海夫先生主编《唐宋八大家文钞校注集评·东坡文钞》等著述，亦对本书有重要参阅价值。

与此同时，学术界亦发表了许多有关苏轼著述评点的论文。如曾枣庄先生《评日本赖山阳〈东坡诗钞〉》(《四川大学学报》1999 年第 1 期)、《汪师韩的〈苏诗选评笺释〉》(《文学遗产》

2000年第3期)、《论李香岩手批纪评苏诗》(《中国典籍与文化》2008年第1期),项楚先生《读〈纪评苏诗〉》(《东坡诗论丛》,四川人民出版社1983年版),刘尚荣先生《东坡文集选本考述》(《东坡文论丛》,四川文艺出版社1986年版),莫砺锋先生《论纪批苏诗的特点与得失》(《中国韵文学刊》2006年第6期),胡可先先生《汪辟疆手批〈苏诗选评笺释〉述论》(《文学遗产》2008年第1期),王友胜先生《论纪昀的苏诗评点》(《中国韵文学刊》1999年第2期)、《查慎行的苏诗选评》(《中国文学研究》2000年第2期)、《简论方回的苏诗评点》(《云梦学刊》2001年第1期)、《清初文人论苏诗的几个主要问题》(《湘潭师范学院学报》2001年第3期)、《简论明代的苏诗选评》(《惠州学院学报》2002年第1期)、《论汪师韩的苏诗选评》(《船山学刊》2002年第4期)、《王文诰〈苏诗编注集成〉得失论》(《湘潭师范学院学报》2002年第6期)、《论清人注释、评点苏诗的特征与原因》(《乐山师范学院学报》2003年第3期)、《清代苏诗研究的繁盛局面及其文化成因》(《湖南大学学报》2003年第5期),郑艳玲《析钟惺评选的〈东坡文选〉》(《广州大学学报》2007年第9期),何新所、陈忠义《李贽评选〈坡仙集〉与明末文学思潮》(《求索》2002年第6期),王靖懿《论李贽〈坡仙集〉的选目、批点及其反映的文学观》(《黄冈师范学院学报》2005年第2期),林阳华《"致广大而尽精微"——论王文诰的苏诗评点对苏诗本意的探索》(《苏州大学学报》2011年第2期)等,此外我国港台地区、国外亦发表相关研究论文,但综而观之,苏轼诗文评点仍缺乏统一的整体观照。

研究苏轼诗文评点必然涉及中国文学评点学和评点史,这两者的关系十分紧密。评点作为一个独立的研究对象,与文学批评史学科的建设和发展是同步的，方孝岳先生《中国文学批评》（世界书局 1934 年版）、朱东润先生《中国文学批评史大纲》（开明书局 1944 年版）、罗根泽先生《中国文学批评史》（商务印书馆 1947 年版）与郭绍虞先生《中国文学批评史》（新文艺出版社 1955 年版）等都曾专门论及评点。近年来，随着研究视野的不断拓展，文学评点日益受到研究者们的关注。孙琴安先生的《中国评点文学史》（上海社会科学院出版社 1999 年版）是第一部对中国古代文学评点进行全面研究的著作。张伯伟先生的《中国古代文学批评方法研究》（中华书局 2012 年版）中亦有专章讨论评点。就文体而论，古代小说评点有林岗先生的《明清之际小说评点学之研究》（北京大学出版社 1999 年版）、黄霖先生的《中国小说评点漫话》（辽宁教育出版社 2001 年版）和谭帆先生的《中国小说评点研究》（华东师范大学出版社 2001 年版）等，戏曲评点则有朱万曙先生的《明代戏曲评点研究》（安徽教育出版社 2002 年版）等。而在诗文方面，祝尚书先生的《南宋古文评点缘起发覆——兼论古文评点的文章学意义》（《四川大学学报》2005 年第 4 期）、吴承学先生的《评点之兴——文学评点的形成和南宋的诗文评点》（《文学评论》1995 年第 1 期）与《现存评点第一书——论〈古文关键〉的编选、评点及其影响》（《文学遗产》2003 年第 4 期）、张智华先生的《南宋的诗文选本研究》（北京师范大学出版社 2002 年版）、武汉大学张秋娥的博士学位论文《宋代文章评点研究》（2010）对南宋诗文评点进行了认真的梳理，尤其是对吕祖谦的《古文关键》在评点文学发展史中的重要意义作了详细论述。周兴陆先生的《刘辰翁诗歌评点的理论与实践》（《华中师范大学学报》1996 年第 2 期），则探讨了真正开始从事评点研究的宋元之际的刘辰翁在评点文学发展史中所做出的贡献。朱世英等先生的《中国散文学通论》（安徽教育出版社 1995 年版）专门列了“评点篇”。于立君、王安节也著有《中国诗文评点史研究》（时代文艺出版社 2001 年版）。复旦大学中国古代文学研究中心除了在其主办的《中国文学研究》集刊上不定期发表文学评点的相关论文外，还分别于 2001 年、2004 年、2017 年召开过三次专门讨论评点的国际性学术研讨会，先后出版论文集《中国文学评点研究论文集》（上海古籍出版社 2002 年版）、《复旦大学第三届文学评点国际学术研讨会论文集》（凤凰出版社 2015 年版）、《文学评点论稿》（凤凰出版社 2017 年版）。目前，小说名著都已有了汇评本。其他文体如黄霖先生的《文心雕龙汇评》（上海古籍出版社 2005 年版）和周兴陆先生的《渔洋精华录汇评》（齐鲁书社 2007 年版），为评点汇辑整理工作提供了可资借鉴的操作范式。近几年来，凤凰出版社策划出版历代文学名著汇评丛刊，已有《诗经》《楚辞》《文选》《世说新语》等多种评本汇编及研究著作相继面世。目前，各体文学评点的文献整理与研究已取得了一定成绩，但仍有较大的空间，有待于进一步深入、系统地推进。

从苏轼诗文评点的研究现况来看，其体现出三个特点：第一，苏轼诗文评点研究的基础性。综观已有苏轼诗文评点研究成果，多为文献辑录和评本考辨，尚处于整理资料、扫清障碍的基础性工作阶段。第二，苏轼诗文评点研究的单一性。因 20 世纪末学界才将苏轼诗文评点问题纳入研究视野，起步较晚，故其大多限于个案研究，呈现出研究的单一性特征。第三，苏轼诗文评点研究的平面性。苏轼诗文评点研究应该是一个以苏轼诗文为对象，通盘考虑对其评点（包括已刊和未刊）的所有情况，从评点学与文学批评史学的角度立体综合分析的系统性工作，然而，此项工作做得还很不够，仍然需要我们更为密切、广泛的关注和更为深入、科学的研究。

三、苏轼诗文评点研究的内容与方法

（一）研究内容

1. 评点作为一种独特的文学批评形式，同其他文学现象一样，有其内在的规定性。本书所要研究的对象——评点，是一种含有文学作品在内的文学批评，一切脱离文学作品而单独存在或独立成篇的任何意义上的文学批评，如论文、评论、诗话、词话、文话、笔记、随札、书信之类，都不属于本书所要研究的范围，因而首先要对评点溯源辨义，归纳特点。

2. 苏轼诗文的评点在苏轼生前即已肇始其端，而在其后的不同朝代，对其作品的评点亦有所变化，本书将梳理苏轼评点的发展过程，分析其繁盛及衰落的原因，借此寻求文学发展的某些基本规律。

3. 评点紧附于作品文本，不仅使用明确的文字语言做出评鉴，而且大量使用非文字的评点符号。这就使得评点的版本形态不仅具有多种形式要素，且评点者由于身份相别，而产生了不同的评点动机，依据不同的划分标准表现为多种类型。本书结合具体作品，分析苏轼诗文评点的主要形式与作者类型，整体把握其版本形态、构成要素与类型特点。

4. 评点是一定理论观念的外化，有的批语和序跋相互联系，直接阐发了一定的理论见解。由此出发对具体的作品展开批评，充分发现其中蕴含的“美”，并敢于“揭露”它的“缺点”，则是评点批评最主要的任务，评点也由之而能够行之有效地实现它的批评功能。本书将对此加以探讨。

5. 一般而言，评点对于文学批评的研究价值是多层次的，本书将从理论批评价值的角度、文本文献价值的角度、传播价值的角度对苏轼诗文评点进行多元化的分析。

6. 本书择取有代表性的评家评本为个案，分析评点者对苏轼著述的不同阐释，深入探讨苏轼诗文评点所蕴含的文学思想、文学观念和审美方法，把握苏轼诗文评点的丰富性与复杂性。

7. 本书探究苏轼诗文评点与明清诗文创作和批评的内在联系，并将它们放在明清文学史乃至整个中国文学史及文学批评史的背景下考察，深化对苏轼诗文与苏轼研究史的认识。

（二）研究方法

本书以国家图书馆、上海图书馆、南京图书馆及有关省市、高校与科研机构图书馆为依托，尽最大可能掌握苏轼诗文评点的文献资料，进行全面汇辑整理。在充分占有并准确理解资料的基础上，运用相关理论，展开个案分析，深入细致地探究其内容特点，并将其置于中国文论发展史中进行综合考察，寻找出一些适合历史实际的文学规律，总结出苏轼诗文评点中蕴藏的丰富理论价值内涵。

1. 交叉学科、综合研究的理论方法。在对苏轼诗文评点研究中，运用文艺学、文献学、文体学、文化学等学科研究理论，宏观把握与个案分析相结合，进行多方位审视。

2. 实证的考据法。在爬梳出更多的苏轼诗文评本的同时，对各评家评本的背景进行考释，对评本的刊印与流传加以整理，甄别其版式差异和出版动机等因素，分析主要评本的内容特点，做出基本的学术判断。

3. 历史与逻辑辩证统一的方法。自宋迄清其间文学本身、上层文化政策与接受群体、传播手段及方式皆是有所变化的，不同时段的苏轼诗文评点关注点也会有所差异，可以此窥知文学批评理论的发展历程。

4. 图表与数字的统计分析法。对汇辑整理的近 100 种苏轼诗文评本进行分类编目，列表展现，并作以数字统计分析以助于更为直观清晰地把握其评点特征。

本书力求对苏轼诗文评点研究有新的收获，既有利于推进评点学及文学批评史学的深入发展与价值回归，也有助于廓清苏轼研究史上的有关误解，以便更全面地认识和评判苏轼及其作品在中国文学史上的地位。

第一章　苏轼诗文评点的演进历程与兴盛原因

要研究苏轼诗文评点，首先就要对评点予以定性。因此，我们的工作首要环节是追溯评点源流，归纳其基本特点。在此基础上，将苏轼诗文评点纳入整个文学评点的发展史中进行考察，总结其演进规律，探寻其兴盛原因。

第一节　文学评点溯源

评点是中国古代文学批评的一种重要形式，与“话”“品”等共同构成古代文学批评的形式体系。作为文学批评形式的评点在历史使用中有多种名称，如“批评”“评林”“评释”“评定”“评”“批点”“评阅”“批”“评批”“评校”“评论”“阅评”“批阅”“点评”“品题”“参评”“批校”“加评”“点阅”“评选”“批选”“评抄”“论赞”等。而最常使用的有“评点”“批点”和“批评”三种，三者之间并没有明显的界限，古人在使用上也比较自由。

对于文学“评点”源流之考察，郭绍虞、朱东润、方孝岳、罗根泽、朱世英、黄霖、孙琴安、吴承学、林岗、张伯伟、谭帆、朱万曙、常森、周兴陆等诸位学者已作过细致的分析研究，为我们提供了许多可资借鉴的宝贵资料，本节主要是对前贤时俊的相关成果作简要梳理概括。

“评点”乃属合成词，由“评”与“点”二字构成。罗根泽先生说：“评是很早的，点起于何时，可以字训索答。”① “评”字虽不见于东汉许慎《说文解字》中，但南北朝时该字已经出现，如范晔曰：“既造后汉，转得统绪，详观古今著述及评论，殆少可意者。”② 所以“评”应造于汉后，本义就是评论、品评的意思。“点”字则在《说文解字》中被解释为“小黑也”，后引申为涂黑，表示点灭。《尔雅·释器》曰：“灭谓之点。”郭璞注云：“以笔灭字为点。”③ 到了祢衡《鹦鹉赋序》中的“笔不停辍，文不加点”，“点”则已含有在文章字词旁添加表示重要或精彩的符号之意，亦即圈点之“点”了。“评点”正是由“评”的评价和“点”的圈点的意义复合而成。

“评点”究竟起于何时？由于文献之阙如，学界亦未有明确甄定，众说纷纭。

或谓起于梁代：

评点之书，其源亦始钟氏《诗品》、刘氏《文心》，然彼则有评无点，且自出心裁，发挥道妙。④

梁世刘勰、钟嵘之徒，品藻诗文，褒贬前哲，其后或

①罗根泽：《中国文学批评史》(三)，北京：中华书局，1961 年，第 260 页。

②[南朝宋]范晔：《狱中与诸甥侄书》，[南朝梁]沈约：《宋书》卷六十九《列传》二十九《范晔》，北京：中华书局，1974 年，第 1830 页。

③[晋]郭璞注，王世伟校点：《尔雅》卷第五《释器》第六，上海：上海古籍出版社，2015 年，第 87 页。

④[清]章学诚著，叶瑛校注：《文史通义校注》，北京：中华书局，1985 年，第 958 页。

以丹黄识别高下，于是有评点之学。①

或谓起于唐代：

古人文无圈点，方望谿先生以为有之，则筋节处易于省览。按唐人刘复愚《文冢铭》云有朱墨围者，疑即圈点之滥觞。②

或谓起于宋代：

宋、元、明以来，品藻诗文，或加丹黄判别高下，于是有评点之学。③

评点始于宋人，原为启牖蒙学设法。④

文章行世，从来有批评而无圈点，自《正宗》《轨范》肇其端，相沿以至荆川《文编》、鹿门《八家》，一篇之中，其精神筋骨所在，点出以便读者，非以为优劣也。⑤

诗文之有圈点，始于南宋之季，而盛于元。⑥

张伯伟先生认为："中国古代文学批评的方式，就其最有民族特点、同时又使用得最为广泛而持久者言之，有摘句、选集、

①[清]曾国藩：《经史百家简编序》，[清]李瀚章编辑：《曾文正公全集·文集》，台北：文海出版社，1984年，第12779页。

②[清]袁枚：《小仓山房文集·凡例》，[清]平步青：《霞外攟屑》卷七（下），上海：上海古籍出版社，1982年，第554页。

③[清]黎庶昌：《续古文辞类纂叙》，《拙尊园丛稿》卷二《内编》，清光绪二十一年金陵状元阁刻本。

④[清]章学诚著，仓修良编注：《文史通义新编新注·吴澄野太史〈历代诗抄〉商语》，杭州：浙江古籍出版社，2005年，第600页。

⑤[明]黄宗羲：《南雷文定·凡例》，[清]平步青：《霞外攟屑》卷七（下），上海：上海古籍出版社，1982年，第554页。

⑥[清]吴宝芝：《重刊〈律髓〉记言》，[元]方回：《纪批〈瀛奎律髓〉刊误》，武汉：武汉出版社，2008年，第19页。

论诗诗、诗格、诗话和评点。其中评点方式的形成最晚，因此它所吸收的因素也最为复杂。”① 概而言之，“章句提供了符号和格式的借鉴，前人论文的演变决定了评点的重心，科举激发了评点的产生，评唱树立了写作的样板”②。因此，“考文学评点之成立，实始于南宋。但评点法的形成，却当溯源至前代”③。吴承学先生也认为：“文学评点形式是在多种学术因素的作用之下形成的。这主要有古代的经学、训诂句读之学、诗文选本注本、诗话等形式的综合影响”，因而，“作为一种方式，其萌芽应是很早就产生的”④。

先秦时期的诸家经典其实已经蕴含着评点的萌芽。古代的典籍经过长久流传，随着语言的变迁及个人思想的转化，文意隔膜难以理解，而学者在阅读过程中也喜欢发挥自己的见解，于是古籍训诂便应运而生。“就诗文而加评点，如就经传而作训故。”⑤如《诗经》中的“小序”，就应属于后人的释论。《魏风·硕鼠》“小序曰”：“硕鼠，刺重敛也。国人刺其君重敛，蚕食于民，不修其政，贪而畏人，若大鼠也。”不仅与全诗的题旨相符，而且就其

①张伯伟:《评点溯源》,章培恒、[美]王靖宇主编:《中国文学评点研究论集》,上海:上海古籍出版社,2002 年,第 47 页。

②张伯伟:《评点溯源》,章培恒、[美]王靖宇主编:《中国文学评点研究论集》,上海:上海古籍出版社,2002 年,第 47 页。

③张伯伟:《评点溯源》,章培恒、[美]王靖宇主编:《中国文学评点研究论集》,上海:上海古籍出版社,2002 年,第 2 页。

④吴承学:《评点之兴——文学评点的形成和南宋的诗文评点》,载《文学评论》1995 年第 1 期。

⑤[清]章学诚著,仓修良编注:《文史通义新编新注·吴澄野太史〈历代诗抄〉商语》,杭州:浙江古籍出版社,2005 年,第 600 页。

内容和形式而言，也超出了纯注释的范畴，同后来的诗文评点的文前介绍或者回前总评基本相同。只是人们很早将其纳为了《诗经》的正式文字，而往往忽略了它实际上便是后来的注释和评论。其他如《书》《易》等著述中亦存在类似情形。

汉代尊孔读经，“自六籍燔于秦火，汉世掇拾残骸，征诸儒能通其读者，支分节解，于是有章句之学”①。而此际纸张的发明也利于典籍的普及，且秦火之后，出现了古今文的学派之争，这些都促进了经书的解释校勘工作。于是，古籍注释在汉代呈现出兴盛局面，涌现出许多著名的语言学家和经学家及作品，如刘向《五经通义》、贾逵《国语解诂》等。学者分章析句，阐经释文，仅《诗经》就出现了“鲁诗”“齐诗”“韩诗”“毛诗”四家之说。到了东汉末年，章句之学亦受到西来天竺佛经疏钞的影响，学风逐渐转变为对博古通今、通理究明的追求，义疏之学开始兴起②，郑玄更是遍注群经，成为汉代经学的集大成者，这时期所形成的“笺”“义疏”“章句（章指）”等注释形式均含有介于注和评之间的一些语气。如《诗经·王风·黍离》曰：“知我者，谓我心忧。不知我者，谓我何求。悠悠苍天，此何人哉?”郑玄笺云：“知我者，知我之情。谓我何求，怪我久留不去。远乎苍天，仰诉欲其察己言也。此亡国之君，何等人哉！疾之甚。”③ 而“赵岐注《孟子》，每章之末，括其大旨，间

①[清]曾国藩：《经史百家简编序》，[清]李瀚章编辑：《曾文正公全集·文集》，台北：文海出版社，1984 年，第 12779 页。

②参见张伯伟：《评点溯源》，章培恒、[美]王靖宇主编：《中国文学评点研究论集》，上海：上海古籍出版社，2002 年，第 7 页。

③[汉]毛亨传，[汉]郑玄笺：《毛诗》，济南：山东友谊书社，1990 年，第 154 页。

作韵语，谓之章指”①。赵岐本人亦在其著《孟子章句》卷首《孟子题辞》中云：“于是乃述己所闻，证以经传，为之章句，具载本文，章别其旨。”② 这比郑笺更具讲评的味道。

汉人解经已经涉及文论方面的作品，如王充的《论衡·超奇》及王逸的《〈楚辞章句〉序》等独立成篇的论文均应归于此类。虽然魏晋时期曹丕的《典论·论文》及后来的陆机的《文赋》篇幅不长，且所论“文”之范围过于广泛，但已将“诗文评”作为主要的批评、研究对象。南北朝时期则出现了刘勰的《文心雕龙》和钟嵘的《诗品》这样经典的名著，前者兼论诗文，后者则专论五言诗，对文学的基本问题都有精辟的分析，而且这一时期诗文编选流行开来，出现了《昭明文选》与《玉台新咏》等选集，在它们的序文阐释与选目多寡中，也表现出编选者的批评态度与审美趣味。

隋唐时期的训诂学继承了汉晋时期的章句义疏之风。如孔颖达的《五经正义》，对前人的经文及笺释作进一步注解。这一时期史学发达，不仅有对前人著作的注解，如对《史记》的注解就出现了司马贞的《史记索隐》与张守节的《史记正义》等，而且在唐太宗的鼓励下，盛行修史之风，二十四史中有八种由唐人撰写的唐前史书都有史评，这种喜欢对历史进行评议的风气，也逐渐影响到人们评议文学的兴趣。③

①[清]钱大昕著，杨勇军整理：《十驾斋养新录》卷三《孟子章指》，上海：上海书店出版社，2011年，第47页。

②[汉]赵岐：《孟子题辞》，[清]严可均辑：《全上古三代秦汉三国六朝文》(第二册)《全后汉文》卷六十二，北京：中华书局，1958年，第815页。

③参见孙琴安：《中国评点文学史》，上海：上海社会科学院出版社，1999年，第14～15页。

初唐时李善注《文选》，则已经转向对文学作品进行笺注，除了文字的形音义注释、指出词语或典故的出处等之外，还有疏解文意的内容，有些文字便是借鉴曹丕《典论·论文》、傅亮《续文章志》、挚虞《文章流别论》、李充《翰林论》、钟嵘《诗品》等前人的论文之作。如他所注刘琨《答卢谌诗并书》"久罹厄运，故述丧乱，多感恨之言也"①，即化用《诗品》评刘琨之语："琨既体良才，又罹厄运，故善叙丧乱，多感恨之词。"② 而李善本身所注也继承了前人义疏的特点，有时具有注评结合的性质，如对王粲《登楼赋》"凭轩槛以遥望兮，向北风而开襟"句的注解"言感北风，逾增乡思也"③，乃是据全文主旨分析句意。即或在字词的注疏中也有修辞语法分析，如对江淹《恨赋》"孤臣危涕，孽子坠心"，注曰："孟子曰：孤臣孽子，其操心也危，其虑患也深。"并认为："心当云危，涕当云坠。江氏爱奇，故互文以见意。"④ 而附记的作者小传、作文缘起，也属背景介绍的内容，如刘孝标《辩命论》题下从刘氏的身世论及其"辞多愤激"的特点，均不同程度地含有评论的成分。

到了盛唐开元六年（718），时任工部侍郎的吕延祚则认为李善之注"忽发章句，是征载籍述作之由，何尝措翰，使复精

---

①[南朝梁]萧统编，[唐]李善等注：《六臣注文选》卷二十五，北京：中华书局，1987年，第466页。

②[南朝梁]钟嵘：《诗品》卷中，北京：中华书局，1991年，第26页。

③[南朝梁]萧统编，[唐]李善等注：《六臣注文选》卷十一，北京：中华书局，1987年，第208页。

④[南朝梁]萧统编，[唐]李善等注：《六臣注文选》卷十六，北京：中华书局，1987年，第305页。

核注引则陷于末学，质访旨趣则岿然旧文，只谓搅心，胡为析理?”① 缺乏对文章的分析阐释，不便于理解，乃又集合刘良、张铣、吕向、李周翰等重注《文选》，“相与三复乃词，周知秘旨，一贯于理”②。如李善笺注陶渊明《杂诗》“问君何能尔？心远地自偏”，分别引用郑玄《礼记注》“‘尔’，助语也”及嵇康《琴赋》“体清心远邈难极”，乃是说明词语的出处，并没有发表自己的主观意见。但张铣则注曰：“问君何能如此者，自以发问，将明下文也。‘远’谓心自幽远，虽处喧境，如偏僻也。”③ 不仅讲到了两句诗的上下承接关系，而且提到了诗的结构问题。其训诂所蕴含之评点因素较李善之注又有所发展。

与唐人训诂古籍同样发达的是选集，这也是他们进行文学批评的一种形式，且较前人的《文选》及《玉台新咏》等的批评意味更为浓厚。《文选》《玉台新咏》等多是通过序文及选目的多寡来体现批评观念与审美情趣。而唐人则由钟嵘《诗品》与刘勰《文心雕龙》生发开来，将评语与选本进行有机地结合，如殷璠的《河岳英灵集》与高仲武的《中兴间气集》都以选取五言诗为主，在所选诗人的名下各加评语，并附以作品，先总体介绍风格，而后摘句称赏。这实际上代表了由评论到评点的过渡，只是没有进行批点而已。但事实上此时已出现了点勘这种形式，如韩愈《秋怀诗》第七首中就有“不如覷文字，丹铅

①[唐]吕延祚:《进五臣集注文选表》,[清]董诰等纂修:《全唐文》卷三百,北京:中华书局,1959年,第3042页。

②[唐]吕延祚:《进五臣集注文选表》,[清]董诰等纂修:《全唐文》卷三百,北京:中华书局,1959年,第3042页。

③[南朝梁]萧统编,[唐]李善等注:《六臣注文选》卷三十,北京:中华书局,1987年,第560页。

事点勘”之句。罗根泽先生认为：“韩魏所谓‘点勘’之‘勘’，并不同于今人所谓校勘，而是指以己意‘批评’。”[①] 此际“点”已由原来的改掉错字发展为核对、增删，甚至加注“或加足片言”，成为一种评改。

自隋朝实施科举考试制度以来，这种以诗赋取士的方法经过唐代的进一步强化，对文学的发展产生了巨大影响。程千帆先生的《唐代进士行卷与文学》与傅璇琮先生的《唐代科举与文学》等都对此做过相关论述。北宋神宗时王安石变法提出立经义而废诗赋，以此选拔通经之士。但经义的确立也要通过文字来实现，故士子还必须熟悉作文的方法以应对考试。因而此际“讲求渐密，程序渐严，试官执定格以待人，人亦循其定格以求合，于是双关、三扇之说兴，而场屋之作遂别有轨度”[②]。但由于宋人多受到当时文坛领袖欧阳修《六一诗话》以及司马光《续诗话》的影响，推重诗话，后又相沿而衍绎为词话、文话等，这便相应地冲淡了对评点的关注。直到南宋时期，经过官方的支持鼓励，文学评论日益繁荣，各种诗文批评形式也逐渐增多，在此形势下，才开始产生《古文关键》《崇古文诀》《文章轨范》等真正意义上的评点书，主要目的为配合科举，指导考生掌握应试之法，提高初学者的写作能力。如吕祖谦《古文关键》是“取韩愈、柳宗元、欧阳修、曾巩、苏洵、苏轼、张耒之文凡六十余篇，各标举其命意布局之处，示学者以门径，

①罗根泽：《中国文学批评史》（三），北京：中华书局，1961年，第262页。

②［清］永瑢、纪昀等编纂：《四库全书总目》卷一百八十七·集部四十《论学绳尺》提要，北京：中华书局，1965年，第1702页。

故谓之关键”①。而楼昉《崇古文诀》“其大略如吕氏《关键》，而所录自秦汉而下，至于宋朝，篇目增多，发明尤精，学者便之”，“抽其关键，以惠后学”②。谢枋得《文章轨范》亦是：“取古文之有资于场屋者……标揭其篇章句字之法……是独为举业者设耳。”③ 而且由于“刻本书之有圈点，始于宋中叶以后”④，“评”“点”在宋代才得以真正结合。如《文章轨范》不仅对所选文章分门别类，其评点形式也丰富多样，既有夹批，又有尾评，还有圈、点、抹、框等评点符号。真德秀《文章正宗》选文则是有评有注，属于评注本，评注常引前人文字，虽不是集评集注，但开此先例。到了王霆震《古文集成》，这种集评集注更为典型，对评点的影响也更为明显。

宋代度宗时科举废止，直到元代延祐年间才重又恢复。“科场废三十年，程文阁不用，后生秀才气无所发泄，溢而为诗。”⑤故而，这一时期刘辰翁除评点散文之外，还评点过《世说新语》及大量唐诗，“盖乙亥避地山中，无以纾思寄怀，始有意留眼

①[清]永瑢、纪昀等编纂:《四库全书总目》卷一百八十七・集部四十《古文关键》提要,北京:中华书局,1965 年,第 1698 页。

②[清]永瑢、纪昀等编纂:《四库全书总目》卷一百八十七・集部四十《崇古文诀》提要,北京:中华书局,1965 年,第 1698～1699 页。

③[清]永瑢、纪昀等编纂:《四库全书总目》卷一百八十七・集部四十《文章轨范》提要,北京:中华书局,1965 年,第 1703 页。

④[清]叶德辉:《书林清话》卷二《刻书有圈点之始》,上海:上海古籍出版社,2012 年,第 28 页。

⑤[元]陆文圭:《墙东类稿》卷九《跋陈元复诗稿》,清文渊阁四库全书本,第1194 册,台北:台湾商务印书馆,1986 年,第 645 页。

目，开后来”①。他不仅是宋代诗文评点家中的集大成者，而且是评点文学的奠基者。宋中叶以后文学评点的勃然兴起，评点的形态及文体之备，都显示出评点作为独特的文学批评形态已经完全成熟的事实。所以，学者大都将南宋作为文学评点的形成时期。

金元朝仍承南宋诗文评点之余绪，如元好问《中州集》的作者小赞，沿用唐人殷璠、高仲武的摘句称赏习惯，别具风味。方回的《瀛奎律髓》合选唐宋律诗，诗后加评论，诗中加圈点，有意识地以诗话的方式表达其诗歌观点。祝尧《古赋辨体》选录自战国至宋代的赋作，各有评品。刘履的《风雅翼》其“笺释评论，亦颇详赡”②。这一时期尤注重评点唐诗，如仇远曾对王安石的《唐百家诗选》作过批注，胡次焱曾对谢枋得的《章泉涧泉二先生选唐诗》进行过注解，且“于以见义理之无穷也”③，应是对诗歌的微言大义有所发挥。释圆至《唐诗说》对周弼的《三体唐诗》加以注释，且在疏通文字之外，亦有解说般的自行发挥处。颜润卿《唐音辑释》“引经援史，据传摭记，训解注释，略无遗阙，间有正其误、辨其疑者”④。其间亦似有评析、解说之类的内容在内。在这些评点作品中又以杜诗最受

①[元]刘将孙:《养吾斋集》卷九《刻长吉诗序》,清文渊阁四库全书本,第1194册,台北:台湾商务印书馆,1986年,第80页。

②[清]永瑢、纪昀等编纂:《四库全书总目》卷一百八十八·集部四十一《风雅翼》提要,北京:中华书局,1965年,第1711页。

③[宋]胡次焱:《梅岩文集》卷三《赘笺唐诗绝句序》,清文渊阁四库全书本,第1188册,台北:台湾商务印书馆,1986年,第552页。

④[明]宋讷:《西隐集》卷六《唐音辑释序》,清文渊阁四库全书本,第1225册,台北:台湾商务印书馆,1986年版,第885页。

关注，如元代四大家之一的范梈评点过《杜工部诗千家注》，理学家赵汸亦对刘辰翁批点的杜诗作过评注等。

明初文学空气沉闷，文学流派产生甚少，且讲学授课之风不盛，此时刊刻水平有所提高，人们乐于借用南宋时传下来的如刘辰翁评点《集千家注杜工部诗集》及《西山先生真文忠公文章正宗》《迂斋先生标注崇古文诀》等现成刻本，或者像高棅《唐诗品汇》那样集结前人评点，但也出现了徐献忠批点《唐百家诗》及顾璘《批点唐音》等评本，尤其是后者不仅颇有见解，批点形式也较完备。而唐宋派与王世贞、李贽等人，也都为明中后期文学评点的勃发作了先导。万历以后，诗文评点队伍空前活跃，出版水平同步提高，刊刻的评点本数不胜数，如题为唐顺之批点的《唐会元精选批点唐宋名贤策论文粹》，由汪道昆辑、俞王言批点的《秦汉六朝文》，题为陈继儒批点的《陈眉公先生批点名世文宗拔粹》，题为沈一贯批点的《新携沈学士评选圣世诸大家名文品节》，由施策辑、朱之蕃批点的《崇正文选》等。而且，汇评和集评本层见叠出，评点合刻本也纷纷问世，诗歌评点呈现出言简意赅的精评与浅显通俗的详解二水分流的趋势，词评阵容也日益强盛，由此带动了小说、戏曲评点的空前崛起。①

明末清初对于文学评点来说是一个群星璀璨的时期，涌现出金圣叹、毛宗岗、李渔、冯舒、冯班、钱谦益、黄宗羲、王夫之、陆梦龙等一大批杰出的评点家。他们不仅学问渊博、精通经史，而且有着很高的文学修养，有着敏锐的文学洞察、领

①参见孙琴安:《中国评点文学史》,上海:上海社会科学院出版社,1999 年,第 87～174 页。

悟、分析能力，涉及面广却又自成家数。他们在明人文学评点的基础上，又大力开拓，把文学评点推进到了一个前所未有的高峰，对清代文学评点产生深远影响。朱彝尊、查慎行、王士禛、张竹坡、储欣、毛奇龄、赵执信、汪琬、何焯、沈德潜等继踵接武，均在文学评点史上占有重要地位。清代影响最为强大的文学流派桐城派也热衷于评点，他们通过编选批点诗文来宣扬自己的文学主张。吴汝纶是其中评点各种书籍最多的学者，他不仅是桐城派中最后一位评点大师，也是整个清代文学评点的殿军。而纪昀可以说是我国古代极具文学批评思想之人，“自古论者对于文学批评用力之勤，盖无过纪氏者”①。这一时期，《聊斋志异》《儒林外史》《红楼梦》与《西厢记》《牡丹亭》《琵琶记》《长生殿》《桃花扇》等名著，唐宋八大家散文与杜诗、苏诗及李商隐诗歌等，均成为评点的热点。仅诗文类就出现了诸如金圣叹《评点唐诗六百首》，方苞等《钦定四书文》，徐乾学等《御选古文渊鉴》，吴楚材、吴调侯《古文观止》，余诚《古文释义》，林云铭《古文析义》，李扶九《古文笔法百篇》，蘅塘退士（孙洙）《唐诗三百首》，吴汝纶《四书评点》等影响深远的评点著作。但是到了1912年以后，随着八股文和科举制的废除，特别是五四运动，提倡白话文、反对文言文，古文的正统地位受到冲击，另外西方政治、文艺思想的涌入影响了人们对于程墨类评点的认识态度，而现代阅读方式也容易对其产生抵制情绪，评点逐渐为人们所遗弃而退出了历史舞台，其历史使命也就此终结。

①朱东润:《中国文学批评史大纲》,上海:上海古籍出版社,1983年,第301页。

通过对于文学评点的简单追溯，我们可以归纳出它的一些基本特点。

第一，由评点的发展历程来看，其功用可以概括为解释、规范与创造。评点首先是去除阅读障碍，帮助作（读）者理解作品。它并非把作品当作一个与己无关的对象纯然作客观冷漠的分析，而应当是把作品当作凝聚着自己的情感意志和追求欲望的化身加以欣赏，不是被动地认识，而是包含着规范要求的积极评价，并且能够形成读者与作者之间的交流互动，“给读者一种触发，而由此触发，便将其他读者也带入了一个更深更广的境界”①。

第二，评点往往是读者在阅读作品的同时，针对某一点，凭自己的主观感受和第一印象，即兴发挥，品评得失，有话则长，无话则短，随处着笔，灵活机动，活泼自由。它以批评的随意性取代笺注的严肃性，以句法的点拨和分析取代文本的索隐和考据，以艺术的鉴赏取代语词的训释。它没有笺注的烦琐拉杂，也没有讲章的陈腐面孔，因而具有较强的亲和力，但重感性认识而乏理性思索，重字句赏析而乏整体把握，却又显得琐碎分散，较为缺少系统性、理论性和逻辑性。

第三，文学评点兼具批评和文学双重属性，因而，它是一种含有文学作品在内的文学批评形式，一切脱离文学作品而单独存在或独立成篇的任何意义上的文学批评，如论文、评论、诗话、词话、文话、笔记、随札、书信之类，都不属于本书所要研究的范围。

---

①叶嘉莹:《王国维及其文学批评》,广州:广东人民出版社,1982 年,第 364 页。

第四，文学评点涉及领域非常广阔。诗、词、曲、赋、骈文、散文、小说、戏剧，乃至民歌，应有尽有，无所不包。其中经典著作与优秀作家作品，早已成为评点中的热点，被后人无数次地加以评点，这些评家之中就有不少是著名的文学家、作家。

第五，文学评点的形式也是五花八门。诗歌、散文多为眉批、尾批、旁批、题下批、夹批等，还大量使用非文字的评点符号。小说、戏剧是在诗文的基础上发展起来的，故其名目愈加繁多，除上述的几种评点形式外，全文尚有题记、序跋、总评，文中也有回（出）前（末）总批等。

附：评点与话体批评及系统文论著作之比较①

	评点	话体批评	系统文论著作
批评类型	重感性	较重理性	重理性
系统与否	不系统、零散	较系统	系统
批评文本多寡	单篇（部）	多篇（部）	多篇（部）
批评内容	多向、多侧面、多层次	针对角度、创作背景轶事	有限角度
批评维度	宏观到微观、抽象到具体	微观、抽象	微观、抽象
批评形式	多种非文字的评点符号	无	无
理论深度	深度不足、低一层	深度、较高一层	概括力、高一层
与作品关系	紧附于作品，由作品推出结论	与作品分离，作品服务于论点	与作品分离，作品服务于论点
理论指向	阅读、欣赏、评论	阅读、欣赏、评论	创作

①参见孙武军:《蠡谈评点》,载《长江师范学院学报》2008 年第 4 期。

第二节　苏轼诗文评点的演进历程

一般来说，一种文学体裁或文学现象都有其发展演变过程，而对它的理论批评亦是如此。苏轼的诗文评点，集中于南宋至清末这个时间段，这一时期先后出现苏轼诗文评点本 130 余种，涉及评者 100 余人，其中不乏名家。而这个时段正是文学评点正式形成并日渐成熟的阶段，因而苏轼诗文评点也便较为典型地反映出了评点的发展状况。依据评点者的生活年代，以及部分署有刊刻年份的评本，我们可以大致勾勒出其发展概况，进而总结各个阶段苏轼诗文评点的基本特征及其形成原因。

一、南宋至明初——苏轼诗文评点的肇始与缓慢发展期

苏轼才高学博，思想通达，文章道德皆称楷模。他为人坦荡，忠言谠论，经世济民，力有所为，政绩卓著，堪称“德尊一代，名满五朝”①。“以是尤为士大夫所爱。”② 故而“东坡之文，落笔辄为人所诵。……士大夫不能诵坡诗，便觉气索，而人或谓之不韵”③。其文集被争相珍藏，虽经元祐党禁，仍暗中传阅。南宋党禁解弛之后，苏轼的集子更以多种版本翻刻不绝，

①[宋]李廌:《追荐东坡先生疏》,[宋]魏齐贤、叶棻辑:《五百家播芳大全文粹》卷八十二,清文渊阁四库全书本,第 1353 册,台北:台湾商务印书馆,1986 年,第 453 页。

②[宋]王辟之:《渑水燕谈录》卷四,四川大学中文系唐宋文学研究室编:《苏轼资料汇编》,北京:中华书局,2004 年,第 21 页。

③[宋]朱弁:《曲洧旧闻》卷八,四川大学中文系唐宋文学研究室编:《苏轼资料汇编》,北京:中华书局,2004 年,第 328 页。

广为流传。宋孝宗还曾为其《东坡集》作序，称其“雄视百代，自作一家”，“可谓一代文章之宗”①，职是之故，“建炎以来，尚苏氏文章，学者翕然从之”②。一时之间“人传元祐之学，家有眉山之书”③，对他文章的评论随之展开，这也促进了苏轼诗文评点的诞生。

对于苏轼作品的评点最早开始出现在南宋吕祖谦、楼昉、谢枋得等人的苏文评点著作中。而这些评点的最初动机就是“示学者以门径”④，“又取便于科举”⑤，“标抹注释，以教初学”⑥，“是独为举业者设耳”⑦。这类辅助当时读书人考试的入门书，带有强烈的实用色彩。在人们眼中，苏文无疑就是这种程墨类范文：“以文为论，自苏氏始，而科举希世之学，烂漫放

①[宋]赵昚:《御制文集序》,[宋]郎晔注:《经进东坡文集事略》卷首,四川大学中文系唐宋文学研究室编:《苏轼资料汇编》,北京:中华书局,2004年,第611页。

②[宋]陆游:《老学庵笔记》卷八,四川大学中文系唐宋文学研究室编:《苏轼资料汇编》,北京:中华书局,2004年,第537页。

③[宋]赵构:《苏文忠公赠太师制》,[宋]郎晔注:《经进东坡文集事略》卷首,四川大学中文系唐宋文学研究室编:《苏轼资料汇编》,北京:中华书局,2004年,第610页。

④[清]永瑢、纪昀等编纂:《四库全书总目》卷一百八十七·集部四十《古文关键》提要,北京:中华书局,1965年,第1698页。

⑤[清]张云章:《古文关键序》,[宋]吕祖谦编:《古文关键》卷首,北京:中华书局,1985年,第3页。

⑥[宋]陈振孙撰,徐小蛮、顾美华点校:《直斋书录解题》卷十五,上海:上海古籍出版社,1987年,第451页。

⑦[明]王守仁:《阳明先生道学钞》“杂著书”卷二《重刻文章轨范序》,顾廷龙主编:《续修四库全书》(子部),第937册,上海:上海古籍出版社,2002年,第460页。

逸，无复实理，不可收拾矣。”① 由是，苏轼之作也成为评点者的必然选择。

吕祖谦《古文关键》共分上下两卷，所选皆为唐宋名家散文，不仅有对每一作家的总体评骘，而且涉及对作品的直接评议。吕祖谦在下卷选苏轼散文 14 篇，有 9 篇作了评点。除篇首有“看苏文法”外，基本上都是用的旁批，极少数为尾评。吕祖谦评点苏轼散文的重要依据是其“看苏文法”：“波澜，出于《战国策》《史记》，亦得关键法。当戒他不纯处。”点出了苏文的风格特色及不足之处。吕祖谦的弟子楼昉所编《崇古文诀》选文 200 余篇，体例与《古文关键》相仿，但评点形式却大为不同，楼氏共选苏轼文 15 篇，无总评、旁批，均在文章之前加一段评语，从文本的角度作以总括，且评语极轻松自然，通俗浅显，精辟老到。谢枋得《文章轨范》选文“自汉迄宋，凡六十有九篇，标揭其篇章句字之法”②。他认为：“凡学文，初要胆大，终要心小。由粗入细，由俗入雅，由繁入简，由豪荡入纯粹。”将所选文章分为“放胆文”两卷与“小心文”五卷③，可见“小心文”在他看来应该是学习的最终规范。其中选苏轼文 12 篇，均列为“小心文”，并评之曰：“后生只熟读暗记此一篇，

①［宋］叶适撰：《习学记言》“序目”卷第五十，上海：上海古籍出版社，1992 年，第 465 页 。

②［明］王守仁：《阳明先生道学钞》“杂著书”卷二《重刻文章轨范序》，顾廷龙主编：《续修四库全书》（子部），第 937 册，上海：上海古籍出版社，2002 年，第 460 页。

③［清］永瑢、纪昀等编纂：《四库全书总目》卷一百八十七・集部四十《文章轨范》提要中曰：“旧本以‘王侯将相有种乎’七字分标七卷，近刻以‘九重春色醉仙桃’七字易之。”北京：中华书局，1965 年，第 1698 页。

义理融明，音律谐和，下笔作文必惊世绝俗。”（《范增论》评语）谢氏评点文字一般是采用眉批和尾评的方法，亦有夹批，罕用旁批，文字或短或长，多为心得之言，但在文章的关键之处，也常用笔抹划出来，以示其重要性。对于有些文章，如苏轼的《晁错论》，他精心加批，分段评析其结构章法；对于《范增论》《秦始皇扶苏论》等，则在尾评上洋洋洒洒，不厌其烦地写了许多批语。其中除了对《留侯论》等个别文章评点模式有如史评外，大多数还都集中在文章艺术风格方面，有些相当精彩而有生气，偶尔也会涉及对作家的评论，从中可以看出他对于各家散文的不同态度。

对于苏轼诗歌的评点当以宋末元初文坛大家刘辰翁为先导。罗根泽先生认为：“宋末元初的刘辰翁，以全副精神，从事评点，则逐渐摆脱科举，专以文学论工拙。”① 但亦或谓：“宋末须溪刘会孟出于庐陵（即欧阳修），适科目废，士子专意学诗，会孟点校诸家甚精，而自作多奇崛，众翕然宗之，于是诗又一变矣。”② 刘辰翁全力作诗歌评点，示人以阅读门径，亦为坊贾借以牟利，曾先后有王十朋集注、刘辰翁评点《王状元集百家注分类东坡先生诗》二十五卷、《增刊校正王状元集注分类东坡先生诗》二十五卷等元、明多家刻本。刘氏评点以夹批和尾批最为常见，所批内容丰富，范围广泛，或多或少，十分自由。但他“论诗评文，往往意取尖新，太伤佻巧”，所批苏诗“大率破

①罗根泽:《中国文学批评史》(三),北京:中华书局,1961年,第263页。

②[元]欧阳玄:《圭斋文集》卷八《罗舜美诗序》,清文渊阁四库全书本,第1210册,台北:台湾商务印书馆,1986年版,第64页。

碎纤仄”①，喜于摘句欣赏，三言两语，点到即止，未成理论系统，且又前详后略，多平庸之论，偶有发明诗旨可资参考者。

金元时期，虽然苏轼被视为文化之集大成者：“东坡先生，人中麟凤也。……岂非得古人之大全也耶!”② 尤其是“北方之士，惟崇眉山有苏氏之学”③，但金元朝享年不永，文人地位低下，文学颇不受重视，此际苏轼诗文评点并无太大的发展，在其整个评点发展史中只是属于一种过渡状态。不过，这一时期出现的方回编选的《瀛奎律髓》堪称我国古代重要的唐宋诗合选本，所选皆唐宋人五、七言律诗，共 385 家诗人 3000 余首诗，编排体例是按作品题材分为 49 类，每类下先五言后七言，内部又按时代先后排列。方回在许多诗后都加批加评，在诗中加圈加点，不只偏重形式技巧，对内容也多有涉及，且议论较为细致。他共选苏诗五律 1 首，七律 40 首。方回虽推重江西诗派，并因此而招致了不少后人的争议和批驳，但他对苏诗给予了较高的评价。在方回看来，是因为苏轼的才学高瞻，故其诗能别开生面，不同寻常。他还擅长运用比较手法，如对苏黄、大小苏的作品评价，均有独到见解。

朱明王朝建立后，统治者强化中央集权，对思想文化严加控制，文人们不敢有所议论，整个文坛较为寥落，相当长的时

①[清]永瑢、纪昀等编纂:《四库全书总目》卷一百六十五·集部十八《须溪集》提要,北京:中华书局,1965 年版,第 1409 页。

②[金]赵秉文:《闲闲老人滏水文集》卷二十《跋东坡〈四达斋铭〉》,四川大学中文系唐宋文学研究室编:《苏轼资料汇编》,北京:中华书局,2004 年,第 803 页。

③[明]冯从吾:《元儒考略》卷一,清文渊阁四库全书本,第 453 册,台北:台湾商务印书馆,1986 年,第 764 页。

间内一片沉寂。苏轼诗文评点亦难形成风气。明初仅出现了高启的苏文选评（明万历四十八年凌启康刻三色套印本《苏长公合作》八卷、补二卷中有高启与李贽等人的批点），稍后则有刘弘选评的《苏诗摘律》六卷（明天顺五年刻本）。

概而言之，宋元明初时期的苏轼诗文评点多为与他人合集选评，即使刘辰翁的苏诗评点，也是选取其中的部分诗作进行评论。其目的主要是便于为科举考试提供指导，而且评语较为简单，多集中在文章艺术风格方面，缺乏系统性、理论性。因此，这一阶段可以看作苏轼诗文评点的肇始与缓慢发展期。

二、明代中后期——苏轼散文评点的繁荣期

与明初大兴理学、文学窒息的寂寥局面迥然不同，明代中后期思想禁锢日益减弱，李贽横空出世，在其影响下，文坛呈现出破旧革新的繁荣景象，社团林立，流派纷呈，各树新说。许多著名的作家或者当时有声望的文人名士，都喜欢通过评点、批选前人或时人的文学作品，表达自己的文学主张，或者将别人的论点进行汇集整理。作为私人阅读方式的评点亦得到了文人的认可而于此时兴盛起来。

苏轼能够深入于儒、道、释三家典籍，并灵活运用于人生，使他面对种种坎坷而应付裕如，他的学识品节得到了明人几乎众口一词的颂赞。李卓吾曰："苏长公何如人！故其文章自然惊天动地。世人不知，只以文章称之，不知文章直彼余事耳。世未有其人不能卓立而能文章垂不朽者。"① 王直认为："先生虽为

①［明］李贽：《复焦弱侯》，张建业主编、刘幼生整理：《李贽文集》第一卷《焚书》卷二，北京：社会科学文献出版社，2000 年，第 43 页。

所困，然胸次悠然，无适而非乐，其清忠直节，自足以照映千古，不特文章之美也。”① 茅坤曰：“予谓苏子瞻之于文、李白之于诗、韩信之于兵，天各纵之以神仙佚世之才，而非世之学问所及者。”② 袁宏道则云：“苏轼超过李杜。盖其才既高，而学问识见又迥出二公之上，故宜卓绝千古。”③ 这一时期，苏文颇受推崇，焦竑赞之曰：“古今之文，至东坡先生无余能矣。引物连类，千转万变，而不可方物。即不可摹之状，与甚难显之情，无不随形立肖，跃然现前者，此千古一快也。”④ 张溥甚至称颂苏轼为“宇宙第一人物”，苏文为“宇宙第一文字”⑤。

明代中后期商品经济的活跃促进了出版业的高速发展，套版印刷大受欢迎。随之而产生了一批刻印精良的苏轼散文选集，深受读者喜爱。宋元以来旧有的某些苏文选本，也被明人改头换面，广为传刻。这为苏文评点提供了充足的底本。由此也造成了此际苏文论评的高涨。如李贽、袁宏道、王纳谏、钟惺、谭元春、陈仁锡、陈继儒、冯梦桢、郑之惠、焦竑、阎士选、

①[明]王直：《抑庵文集》卷十二《题赤壁图后》，清文渊阁四库全书本，第1241册，台北：台湾商务印书馆，1986年，第78页。

②[明]茅坤：《苏文忠公文钞引》，《唐宋八大家文钞·苏文忠公文钞》卷首，四川大学中文系唐宋文学研究室编：《苏轼资料汇编》，北京：中华书局，2004年，第976页。

③[明]袁宏道著，钱伯城笺校：《袁宏道集笺校》卷二十一《答梅客生开府》，上海：上海古籍出版社，1981年，第733页。

④[明]焦竑：《刻坡仙集抄引》，《坡仙集》卷首，四川大学中文系唐宋文学研究室编：《苏轼资料汇编》，北京：中华书局，2004年，第1021页。

⑤[明]张溥：《叙苏长公文集》，《苏长公文集》卷首，四川大学中文系唐宋文学研究室编：《苏轼资料汇编》，北京：中华书局，2004年，第1080页。

陆梦龙、孙鑛、汤宾尹、李廷机、钱文登、李维桢、董应举、黄嘉惠等人，都借以评点发表自己的文学观念和思想感情。书商还利用著名评点家对读者的吸引力，将他们的评语汇集起来，并采用多色套印，刻成汇评本或集评本招揽读者。这一时期的苏文汇评、集评本，如郑之惠、凌启康辑，高启等评《苏长公合作》八卷、补二卷；凌濛初辑，冯梦祯等评《东坡禅喜集》十四卷；钱椟辑，李卓吾等评《苏长公表启》五卷；李贽评选《坡仙集》十六卷；李一公选，吴京辑评《苏长公密语》十六卷等。这些汇评、集评本虽是书商因牟利而为，但客观上起到了启蒙人们理解作品的作用，也利于研究者较为清楚地发现各家各派对于作品的不同看法。这一时期也有大量的苏文评点合刻本出现，一般是将三苏或唐宋八大家散文评点放在一起合刻成套出版。如杨慎辑，李维桢评注《合诸名家评注三苏文选》十八卷；陆梦龙评，顾懋樊参订《陆君启先生评选唐宋四大家》四十四卷（含《苏子瞻集选》二十卷）；茅坤辑评《唐宋八大家文钞》一百六十六卷（含《宋大家苏文忠公文钞》二十八卷）；李贽辑评《三苏文抄》二十卷（含《东坡文抄》十二卷）；孙鑛评选《四大家文选四种》八卷（含《苏文忠公集选》二卷）；茅坤、钱穀、钟惺等评《三苏文汇》六十卷（含《东坡文汇》四十卷），董应举辑并评《眉山苏氏三大家文选》四卷（含《宋大家苏东坡先生文选》二卷）等。这些合刻本不仅可以吸引广大读者，同时也利于把握评点者的总体面貌或整体态度。

追求利益是商场亘古不变的通则，明中叶以后，资本主义萌芽的滋生引起了商业化气息的日渐浓厚，一些书商为了牟利，陆续出版了一些挂名苏轼的伪作。而且，书坊主借机聚合一些下层文人，包括书坊主本人，特意署上名人批点或编辑的字样，假托社会文化名流，如李贽、钟惺、焦竑等人，以制造影响，吸引读者，致使后人真假难辨。这类评点由于以作品的传播为目的，以招揽读者的购买为归趋，故在具体的评点中，不吝赞美之辞，但思想较为平庸，有价值的艺术赏评也相对贫乏。一般而言，这类评点形式比较简单，评论成分颇为淡薄。眉批大多三言两语，随手点评，夹批以注释居多，而尾评则是对诗文的整体简要评述。有的评语纯属无味，更有的趣味低下，用钱锺书先生的话来说便是所谓“作场或工房中批评”①。如明天启间徐氏曼山馆刊本《苏长公二妙集》二十二卷，旧题明焦竑批点，夜郎杨文骢阅。卷前有万历四十六年（1618）焦竑自序，称此本为“密阁藏本”，但考之此书实取材于明万历三十四年（1606）吴兴茅维刊七十五卷本的《东坡全集》，而略有增删，且各卷所署校阅者姓氏也不尽相同，“焦竑自序”亦不见于其文集，其评语又颇为浅陋，故疑为坊贾依托②。又如《三苏文范》十八卷，《四库全书总目》云：“旧本题明杨慎编。然所取皆近于科举之文，亦不类慎之所为。殆与《翰苑琼琚》均出依讬也。”③ 但这些疑似伪作毕竟属于少数，并没有影响评点这一文学批评形式以及评点家的声誉。这虽然不是一个正常的现象，

①钱锺书先生在其《管锥编》中论陆云《愚兄平原书》时尝云：“按无意为文，家常白直，费解处不下二王诸《帖》。什九论文事，著眼不大，著语无多，词气殊肖后世之评点或批改，所谓‘作场或工房中批评’也。”见《管锥编》第四册，北京：中华书局，1986年，第1215页。

②参见刘尚荣：《明代苏轼文集选本考述》，《苏轼著作版本论丛》，成都：巴蜀书社，1988年，第139～140页。

③[清]永瑢、纪昀等编纂：《四库全书总目》卷一百九十二・集部四十五《三苏文范》提要，北京：中华书局，1965年，第1745页。

而是文学艺术沾染商业气息的一个突出表现，但在客观上促进了苏轼作品的传播。

明人对于苏文评点的贡献主要有两个方面，首先是对苏轼及其文学成就和地位之认同。这些评点不但称其为“文人之豪”（《司马温公神道碑》唐荆川评语），或目之为“大家”（《喜雨亭记》林次崖评语），而且对苏文也予以“大手笔”（《王元之画像赞》钱文登评语）甚或“绝世之文”（《东坡颂》茅鹿门总评语）之誉。评者认为苏文不仅能为学生提供范文，应对考试，“初学读之，下笔自滂沛无窒塞之病”（《省试刑赏忠厚之至论》钱文登评语），“后生熟读此等文章，下笔便有气力光彩”（《潮州韩文公庙碑》钱文登评语），“举子辈得此法，可以横四海矣”（《物不可以苟合论》茅鹿门评语），“举子业到此便是脱凡胎矣”（《王者不治夷狄论》茅坤评语），更为重要的是还能提供治国良策，“悉切时弊”（《御试制科策》茅坤评语），堪称“经国之言”（《策别十四·定军制》茅坤评语）。此类评语对读者具有指导作用，也可看出苏文评点的社会影响和传播价值。

其次，苏轼宽广而独到的审美眼光在题材内容和表现手法方面也为后人提供了富有启迪意义的创作范式。明人对苏轼文风也予以高度评价：“文势如波涌而川动，诚然万斛原泉也；长江一泻万里而波澜曲折，自有妍姿。”（《司马温公神道碑》唐荆川评语）“通彻流动，如珠走盘而不离乎盘，他人虽有此意思，未必有此笔力。”（《喜雨亭记》林次崖评语）这些评点肯定了苏文思路开阔，笔力奔放，形态变化多姿，行文收纵自如的总体艺术特色。评点者还通过对其艺术特色的总结和把握，为我们展现出苏文丰富的审美意蕴。例如，明末小品文盛行一时。袁中道认为：“今东坡之可爱者，多其小文小说，其高文大册，人固不深爱也。使尽去之，而独存高文大册，岂复有坡公哉。”①在公安三袁等人的影响下，苏文中的小品文受到读者特别的喜爱，评点者亦是比较关注苏文的“真”“趣”之处。如李卓吾评点《坡仙集》中，《石恪画维摩颂》《鱼枕冠颂》《苏程庵铭》等题下均批曰：“趣甚。”《怪石供》评点中，冯梦祯评云：“供石既趣，供石而作文复趣，而文更趣”；王圣俞云：“议论胜，自是宋文，而旨趣则清雅”；陶石篑云：“戏笑说法，怪石亦应点头”。俱是从苏文之“趣”处着眼。不过，在钟惺看来，“趣”只能视为苏文的一个特点而已，而真正的苏文之妙在于表现了“真学问、真文章”，其表现形态是“理义足乎中而气达乎外，胆与识谡谡然于笔墨之下……。”② 而这正是苏轼思想融合儒、释、道三教思想所形成的自身独特的艺术风貌。

与之形成鲜明对比的是，受时代风气的感染，明人在文学观念上尊唐黜宋，论则“文必秦汉，诗必盛唐”③，对于宋诗大加诋毁。时人认为苏文优于苏诗，如王世贞在比较苏轼各体作品时就说其“文胜诗”④，谭元春亦尝转述他人言曰：“东坡诗不

①[明]袁中道著，钱伯城点校：《珂雪斋集》卷二十四《答蔡观察元履》，上海：上海古籍出版社，1989年，第1045页。

②[明]钟惺：《东坡文选序》，陈于全点校：《东坡文选·东坡诗选》，武汉：华中科技大学出版社，2018年，第6页。

③[清]永瑢、纪昀等编纂：《四库全书总目》卷一百七十·集部二十三《怀麓堂集》提要，北京：中华书局，1965年，第1490页。

④[明]王世贞：《弇州四部稿》卷一五二《说部·弇州山人词评》，四川大学中文系唐宋文学研究室编：《苏轼资料汇编》，北京：中华书局，2004年，第1015页。

如文。”[①] 虽然明末公安、竟陵派大力褒扬苏诗，如袁宏道曰：“宋初承晚唐习，诸公多尚昆体，靡弱不足观。至欧公始变而雅正，子瞻集其大成，前掩陶谢，中凌李杜，晚跨白柳，诗之道至此极盛。此后遂无复诗矣。”[②] 但仍难掩其备受冷落之局面，这一时期的苏诗评点仅有袁宏道选评、谭元春增删的《东坡诗选》十二卷（明天启文盛堂刻本），沈白辑、陈銮评《东坡诗选》二卷（明刻本），张自烈评《和陶诗》一卷（明崇祯刻本），张岱评《和陶集》一卷，陈仁锡评《东坡先生诗集》三十二卷（明崇祯陈仁锡刻本）等。总起来看，此际苏诗评点多为重复宋人旧调，鲜有新颖独到的阐发分析。

综而观之，苏轼散文评点于明代最为突出，尤其是至晚明时期趋于繁盛，涌现出众多苏文评本与评家。明人主要对苏轼散文的艺术特色从理论上作了总结和把握，并借此阐明苏文的成就及苏轼对散文的贡献，虽无开拓创新之举，却也有发扬光大之功，从而进一步确立了苏轼的文学史地位。这一时期堪称苏文评点的繁荣期。由此也说明了明代并不是苏轼研究的“中熄期”（有学者认为“明人对苏轼的研究既落后于前之南宋，更不能与后之清代媲美”[③]）。至少由苏文评点观之，并非如此。[④]

---

①[明]谭元春：《东坡诗选序》，陈于全点校：《东坡文选·东坡诗选》，武汉：华中科技大学出版社，2018年，第260页。

②[明]袁宏道：《东坡诗选·识语》，陈于全点校：《东坡文选·东坡诗选》，武汉：华中科技大学出版社，2018年，第524页。

③曾枣庄：《苏轼研究史》，南京：江苏教育出版社，2001年，第206页。

④参见付琼：《苏文选本在明清时期的刊刻和流行——兼评明代苏轼研究“中熄”说》（《兰州学刊》2009年第7期），樊庆彦：《明代苏轼研究“中熄说”献疑——兼论明代苏文评点的学术价值》（《复旦学报》2010年第3期）等。

三、清代——苏轼诗歌评点的高峰期

清代是学术文化全面繁荣的时期，清人善于总结与反思，不仅对中国历代典籍进行了大规模的整理，先后编纂了《古今图书集成》《四库全书》《全唐诗》《全唐文》等大型类书和总集，也涌现出神韵、格调、肌理、性灵等诸家学说。清代初期，诗坛即一反明人尊唐黜宋的陋习，大力倡言宋诗，一时蔚为风气："当我朝'开国'之初，人皆厌明代王、李之肤廓，钟、谭之纤仄，于是谈诗者竞尚宋元。"① 而且，清人对于苏轼也是一片褒扬之声，如汪师韩评曰："轼之器识学问见于政事，发于文章，史称'言足以达其有猷，行足以遂其有为，节义足以固其有守'，皆志与气为之也。"② 达三则云："有宋苏文忠公，文章气节，照耀千古，虽妇人孺子，莫不知有东坡先生也。"③ 因而，"'国朝'诗人厌薄明代，摹仿唐贤风气，力矫其失，一以清快透脱为宗，而苏诗于是乎盛行。二百年来，家置一编，五尺童子，皆能上口矣"④。清末民初的宋诗派诗人、文论家陈衍同样认为："长公之诗，自南宋风行……二百馀年中，大人先生殆无不濡染及

①[清]永瑢、纪昀等编纂:《四库全书总目》卷一百七十三·集部二十六《精华录》提要,北京:中华书局,1965年,第1521～1522页。

②[清]汪师韩:《苏诗选评笺释叙》,《苏诗选评笺释》卷首,四川大学中文系唐宋文学研究室编:《苏轼资料汇编》,北京:中华书局,2004年,第1811页。

③[清]达三:《苏文忠公诗编注集成序》,[清]王文诰辑注:《苏文忠公诗编注集成》卷首,四川大学中文系唐宋文学研究室编:《苏轼资料汇编》,北京:中华书局,2004年,第1462页。

④[清]张崇兰:《角山楼苏诗评注汇钞序》,[清]赵克宜辑订:《角山楼苏诗评注汇钞》卷首,清咸丰二年丹徒赵氏刻本。

之者。"① 所以，"世之訾宋诗者，独于子瞻不敢轻议"②，而李调元更是表明：

余雅不好宋诗，而独爱东坡。以其诗声如钟吕，气若江河，不失于腐，亦不流于郛。由其天分高，学力厚，故纵笔所之，无不精警动人。不特在宋无此一家手笔，即置之唐人中，亦无此一家手笔也。③

由是清代对苏轼作品的评点之风日渐炽涨，涌现出了众多的苏轼诗文评点著作，其中不乏名家。如苏文评点有缪荃孙批校《苏文忠公全集》一百十一卷（清黄冈陶子麟刻朱印本），弘晓批校《苏长公文燧》不分卷（明崇祯四年刻本），王芑孙、沈钦韩评点《东坡先生全集录》九卷（清康熙刻本），祁班孙批《宋大家苏文忠公文抄》二十八卷（明崇祯四年茅著刻本），黄始辑、王承志批校《听嚶堂选苏长公尺牍》二卷（清课花书屋刻本）等。

相对于清代苏文评点来说，苏诗评点不但数量丰富，且各有特色。就评点方法来说，有的沿袭元明旧习，诗中夹评、旁批多摘句简析，如纪昀评点《苏文忠公诗集》50卷，足见其对苏诗的推崇。有的则侧重于诗颠眉批或诗末总评，并将注释融于其中，使评与注相互印证，相辅相成，如汪师韩《苏诗选评笺释》、赵克宜《角山楼苏诗评注汇钞》、张廷济批校《苏文忠

①[清]陈衍：《石遗室文集》卷九《知稼轩诗叙》，四川大学中文系唐宋文学研究室编：《苏轼资料汇编》，北京：中华书局，2004年，第1612页。

②[清]吴之振、吕留良、吴自牧选：《宋诗钞·东坡诗钞》，北京：中华书局，1986年，第628页。

③[清]李调元：《雨村诗话》卷下，四川大学中文系唐宋文学研究室编：《苏轼资料汇编》，北京：中华书局，2004年，第1396页。

公诗编注集成》等都是，王文诰的《苏文忠公诗编注集成》在汇注苏诗时，也夹杂有纪评及己评。就所评内容来说，大多数著作各体皆评，而方东树的《昭昧詹言》注重苏轼七古、七律，温汝能的《东坡和陶合笺》4 卷与蒋熏评《东坡和陶诗》1 卷则专评苏轼“和陶诗”。而评点形式亦是多样，查慎行既补注苏诗，又首开清人评点苏诗之风，其《初白庵诗评》卷中选评苏诗 430 余首，数量为所评历代大诗人之冠。有的则汇录诸家评语，赵克宜《角山楼苏诗评注汇钞》20 卷，附录 3 卷，以载纪评为主，间附己评并选录查慎行与王文浩评注，《东坡和陶合笺》除附录温汝能自己的评语外，还汇辑胡仔、朱熹、刘克庄、樊潜庵、张自立、查慎行等人评释之语。有的精选一家评语，赵克农的《纪评苏诗择粹》18 卷，精选纪氏评语汇为一集。冯应榴的《苏文忠诗合注》50 卷，汇录何焯的苏诗评语 70 余条。陈句山的《评注苏诗》，翁道芦谓其“与诸家互有同异，而论特精确”①。除专门评选苏诗的著作外，尚有大量宋诗选集、诗话、笔记中载有对苏轼具体诗作的评点。《昭昧詹言》融评与论于一体，其卷一二、二〇评点苏诗 100 余首，陈衍《宋诗精华录》卷二选录苏诗 92 首，其中多数载有他的评语与圈点，典型地反映了同光体诗人对苏诗的一般看法。敕撰《唐宋诗醇》、戴第元《唐宋诗本》、王文濡《宋元明诗评注读本》及曾国藩《读书录》等书中都载有苏诗的评语。另外，冯舒、冯班、钱湘灵、陆贻典、查慎行、何焯、纪昀、许印芳等人评点《瀛奎律髓》时也包含了对所选苏诗的评点。沈德潜编批《宋金元三家诗选》中专辑《苏东坡诗选》，内有赵翼的评语。张景星、姚培谦与王永

①[清]杨钟羲:《雪桥诗话·三集》卷六,求恕斋丛书本。

祺三人合编的《宋诗别裁集》选录苏诗 63 首，其中多有编选者的圈点。

虽然清代涌现出了众多的苏诗选集评本，但多为选录或摘抄查慎行、纪昀两人的批语。查慎行对苏诗评注兼具，其中关于苏诗语言特色的探讨，某些艺术手法与技巧的分析，以及一些作品政治思想内涵的阐发，都颇有可取之处。查评苏诗的成就，使得他的版本广为后人遵循，汪师韩、纪昀评点苏诗就接受过查氏的一些合理意见，尤其是汪师韩，甚至将他的一些批语用于己评中，并作以详细解读，内容充实，寓含新意。当然，在苏诗诸评中，纪昀因其地位、学识而使得其评点《苏文忠公诗集》最为著名。纪评苏诗虽然固守"温柔敦厚"的传统诗教，但能以文学因革正变的眼光看待苏诗，对其承继唐诗而又力争创新求变的创作倾向给予客观公正的评价，亦能敏锐地认识到苏轼不同阶段的诗风变化，并对苏诗的艺术风格作以精妙的分析，颇能发明一家之旨，昭示后学门径。因而，查慎行与纪昀所评苏诗具有极大的影响，二者评语先后被管庭芬、蒋生、刘明、□璜、易忠箓、鲍倚云、庄缙度、张穆、陈廷表、陈景云、□哲等及不少佚名评点者加以过录或转录。

值得注意的是，清人评点苏轼诗文中有许多未刊的手批本，如萧奇中、彭子嘉、翁同龢、顾莼、郭嵩焘、周贞亮、林琴南、黄绍昌、郑珍、弘晓、王承志、杭世骏、张廷济、祁班孙、钱陆灿、何绍基、钱廷锦、王芑孙等人批点皆是如此，但其中也有彭元瑞、李鸿裔、孙原湘、翁同书、潘奕隽、丁菊泉等相当数量批本为选录或抄袭查慎行、汪师韩、纪昀三人批语。有的是基本上全同纪评，如孙原湘、丁菊泉手批苏诗即如此；有的是节录其中一部分，如纪评苏诗五十卷，彭元瑞只过录前二十七卷；有的则是选录，如李鸿裔、潘奕隽等手批苏诗，选录查、纪、汪等人评语，还有的是通过变换位置、删节等形式进行了某些修改，如翁同书手批苏诗即是如此。这些评点者由于多是出于自赏，所以并不追求一蹴而就，而是反复研读，长时间批点，他们倾注大量甚至毕生精力只是为了在评点过程中获得一种情感上的满足。

总的来说，清人的苏轼诗文评点更多地保留了宋代以来诗文评点的一般特点。如评语较为简略，多直觉式的感悟，虽有时也闪烁过一些思想火花，但缺乏逻辑方法所具有的严谨周密性，只有经过一番披沙拣金、爬梳剔抉的努力，方能得出论者之要旨；理论阐述又侧重于艺术分析，对诗歌的遣词造句、修辞手法、结构层次等方面的剖析往往细致入微，深中腠理，但亦时有琐屑细碎之处，而对诗人的写作背景、意图及诗歌的思想内涵相对忽视，这是与元明文人的苏轼诗文评点相一致的地方。鉴于时代学术风气的转变及所评对象的独特性，清人的苏轼诗文评点较之前人又形成了一些新特色。如大都长于比较研究，既有苏轼自身同类型诗作的比较，又有与前此一切给予过苏轼诗文某些影响的作家作品的比较。与此相联系的是多喜欢探索作品的艺术渊源，虽所侧重的对象并不一致，但正好反映了苏轼博取杂收、不主一家的特点，又喜欢将诗艺的探讨与经验实证的研究相结合，立论更稳妥、可信。但有些评点者存在着求凿、求深之弊。诗人作诗往往即景生情，兴来辞发，寓目辄书，并非完全纪实，也未必字字比兴、句句寓讽，评者不可泥迹而求，呆求死看，逐字坐实，亦不可违背诗歌“兴象风神，无方可执”① 的特征，牵强附会，务究其中深意，而应具有活脱玲珑的鉴赏心理，才能真正领略其中韵味。②

因此，与明代苏文评点的繁盛境况相比照，清代则可视之为苏诗评点的高峰期。

清末随着科举制的废除、白话文的兴起和书籍印刷形式的改善，评点越来越难以适应新的文学批评发展状况而逐渐走向衰落，苏轼诗文评点也完成了它的历史使命而画上了句号。

第三节　苏轼诗文评点兴盛原因探微

苏轼诗文评点异常勃兴，笔者共发现评点本 130 余种，涉及评者 100 余人，在诗文评点史上构成了一道引人注目的风景线。因此，我们需要探讨一下苏轼诗文评点兴盛之原因。

一、苏轼人格之魅力，情感之认同

苏轼是中国文学史上最具影响力的作家之一，曾被认为“由唐而来，学士大夫，其声名饫人耳目，久而弥显，大抵以先生为最”③。汪师韩则评论说：“轼之器识学问见于政事，发于文章，史称‘言足以达其有猷，行足以遂其有为，节义足以固其

①［明］胡应麟：《诗薮·内编》卷五，四川大学中文系唐宋文学研究室编：《苏轼资料汇编》，北京：中华书局，2004 年，第 1030 页。

②参见王友胜：《苏诗研究史稿》，长沙：岳麓书社，2000 年，第 287～288 页。

③［清］何仁镜：《东坡事类序》，［清］梁廷楠著，汤开建、陈文源点校：《东坡事类》卷首，广州：暨南大学出版社，1992 年，第 1 页。

有守’，皆志与气为之也。”[①] 苏轼不仅为人正直，忠君爱民，而且沉定坚毅，乐观旷达，不因迫害而退，不为功名所累，无论仕宦沉浮，始终未失其本色，上至皇帝大臣，下至田妇野老，无不为之称赏。宋高宗赞之曰：“经纶不究于生前，议论常公于身后。”[②] 堪称“德尊一代，名满五朝”[③]。王安石也叹服道：“不知更几百年，方有如此人物！”[④] 为此而倾倒了众多文人士大夫：

> 子瞻文章议论，独出当世，风格高迈，真谪仙人也。至于书画，亦皆精绝。故其简笔，才落手即为人藏去，有得真迹者，重于珠玉。子瞻虽才行高世，而遇人温厚，有片善可取者，辄与之倾尽城府，论辩唱酬，间以谈谑，以是尤为士大夫所爱。[⑤]

苏轼喜欢奖掖后进，作为北宋文坛继欧阳修之后的实际领袖，在他周围形成了苏门四学士、六君子。刘兴祖称赞曰：“古今以文名家者多矣。其有兼作者之妙，为百代之师者，文忠苏

---

①[清]汪师韩：《苏诗选评笺释叙》，《苏诗选评笺释》卷首，四川大学中文系唐宋文学研究室编：《苏轼资料汇编》，北京：中华书局，2004年，第1811页。

②[宋]赵构：《苏文忠公赠太师制》，[宋]郎晔注：《经进东坡文集事略》卷首，四川大学中文系唐宋文学研究室编：《苏轼资料汇编》，北京：中华书局，2004年，第610页。

③[宋]李廌：《追荐东坡先生疏》，[宋]魏齐贤、叶棻辑：《五百家播芳大全文粹》卷八十二，清文渊阁四库全书本，台北：台湾商务印书馆，1986年，第453页。

④[宋]蔡絛：《西清诗话》卷上，明钞本。

⑤[宋]王辟之：《渑水燕谈录》卷四，四川大学中文系唐宋文学研究室编：《苏轼资料汇编》，北京：中华书局，2004年，第21页。

公而已。"① 即使在他被贬官黄州、惠州、儋州期间，许多学子也不远千里去向他求学。对于苏轼的去世，士人十分悲痛："眉山公卒，太学生侯秦、武学生杨选素不识公，率众举哀，从者二百余人。"② "太学之士数百人，相率饭僧慧林佛舍。"③ "有宋南渡以后……苏学行于北。"④ 金元时期"北方之士，惟崇眉山苏轼之学"⑤。

苏轼的人格魅力不独感召士人，也赢得了广大平民之倾心：

> 东坡自海外归毗陵，病暑，著小冠，披半臂坐船中。夹运河千万人随观之。坡顾坐客曰："莫看杀我否?"则素知彼民爱慕，坡亦眷眷此地而不忘。⑥

后人尤其是明代亦对苏轼的政治名节与人格表现出由衷的激赏。李卓吾曰："苏长公何如人！故其文章自然惊天动地。世人不知，只以文章称之，不知文章直彼余事耳。世未有其人不能卓立而能文章垂不朽者。"⑦ 高启曰："先生盖进不淫，退不伤，

①[宋]刘兴祖:《摛文堂集序》,[宋]慕容彦逢:《摛文堂集》卷首,清文渊阁四库全书本,第1123册,台北:台湾商务印书馆,1986年,第299页。
②[宋]陈师道:《后山丛谈》卷四,北京:商务印书馆,1936年,第39页。
③[宋]苏辙:《栾城后集》卷二十二《亡兄子瞻端明墓志铭》,四川大学中文系唐宋文学研究室编:《苏轼资料汇编》,北京:中华书局,2004年,第62页。
④[清]翁方纲:《石洲诗话》卷五,北京:中华书局,1985年,第82页。
⑤[明]冯从吾:《元儒考略》卷一《赵复传》,清文渊阁四库全书本,第453册,台北:台湾商务印书馆,1986年,第764页。
⑥[宋]周煇著,刘永翔校注:《清波杂志校注》卷三,北京:中华书局,1994年,第121～122页。
⑦[明]李贽:《复焦弱侯》,张建业主编,刘幼生整理:《李贽文集》第一卷《焚书》卷二,北京:社会科学文献出版社,2000年,第44页。

凌厉万古，麾斥八荒，而大肆其文章者也。”① 李东阳的弟子何孟春则谓：“苏长公平生以言语文字得罪，时相至有欲杀之者，而公气节愈高，咳唾之余，亦不以是少畏忌也。”他甚至认为《仇池笔记》“余谪南海时”即《东坡手泽》“元丰六年十一月二十七日”两段文字“皆以戏泄其不平者”，“疑此非坡文，当时有为坡不平者为是文也”②。阎士选对苏轼“请郡之特多而立朝之日少”的生平遭遇非常同情，对他为官一任，“匡世救民”“体国恤民”的品节极为赞扬，“公勤勤恳恳于民务若此也，则谓是裒集为近世守令之药石可矣”③。因而，“公之文章气节，天下莫不尊之”④，“今海内学士家所人尸户祝、比面恐后者，无若苏长公”⑤。

王思任曾概括苏轼一生及其特点：

> 坡老出世，灵夺无前之窍，眼空不坏之轮，散为百东坡，作儒，作仙，作佛，作名臣，作迁客，作游侠，作骚人画师，作文章风流、谐谑滑稽之韵士。聚为一东坡，则刻刻作生计耳，无论其参悟济度，功贯三才，解脱明通，道包万有，即最纤之事，饮有饮法，食有食法，睡有睡法，行游消遣有行游消遣之法，土宜调适，不燥不濡，火候守中，亦文亦武，尊其生而养之者，老髯亦无所用其极矣。是故有嘻笑而无怒骂，有感慨而无哀伤，有疏旷而无偪窄，有把柄而无震荡，

①[明]高启：《凫藻集》卷四《东坡小像赞》，清文渊阁四库全书本，第1230册，台北：台湾商务印书馆，1986年，第299页。

②[明]何孟春：《余冬诗话》卷上，上海：商务印书馆，1936年，第6页。

③[明]阎士选：《宋苏文忠公胶西集序》，《宋苏文忠公胶西集》卷首，明刻本。

④[明]李东阳：《怀麓堂集》卷六十七《文后稿》卷八《蜀山苏公祠堂记》，清文渊阁四库全书本，第1250册，台北：台湾商务印书馆，1986年，第712页。

⑤[明]陈于廷：《苏长公文腴序》，《苏长公文腴》卷首，明万历四十五年刻本。

> 有顺受而无逆施。烧猪熟烂，剔齿亦佳，拄杖随投，曳脚俱妙，所谓无入而不自得者也。……是故有嘻笑而无怒骂，有感慨而无哀伤，有疏旷而无福窄，有把柄而无震荡，有顺受而无逆施，烧猪熟烂，剔齿亦佳，拄杖随投，曳脚俱妙，所谓无入而不自得也，此之谓能养生。①

苏轼也因此而在某种意义上成为后代文人士大夫的行为典范。如袁宗道不仅在创作上学习白居易、苏轼，还将其书房取名“白苏斋”，文集取名《白苏斋集》《白苏斋类稿》，其二弟袁宏道曾对他好尚东坡有过生动的记载：

> 伯修酷爱白、苏二公，而嗜长公尤甚。每下直，辄焚香静坐，命小奴伸纸，书二公闲适诗，或小文，或诗余一二幅，倦则手一编而卧，皆山林会心语，近懒近放者也。余每过抱瓮亭，即笑之曰：“兄与长公，真是一种气味。”伯修曰：“何故?”余曰：“长公能言，吾兄能嗜，然长公垂老玉局，吾兄直东华，事业方始，其不能行，一也。”伯修大笑，且曰：“吾年止是东坡守高密时，已约寅年入山，彼时才得四十三岁，去坡翁玉局，尚二十余年，未可谓不能行也。昔乐天七十致仕，尚自以为达，故其诗云：‘达哉达哉白乐天，’此犹白头老寡妇，以贞骄人，吾不学也。”因相与大笑。②

袁宏道本人也是“邸中无事，日与永叔、坡公作对”③，并

①[明]王思任:《东坡养生序》,[明]王如锡编,吴文清、张志斌点校:《东坡养生集》卷首,北京:中华书局,2011年,第2页。

②[明]袁宏道著,钱伯城笺校:《袁宏道集笺校》卷三十五《识伯修遗墨后》,上海:上海古籍出版社,1981年,第1111页。

③[明]袁宏道著,钱伯城笺校:《袁宏道集笺校》卷二十一《答梅客生开府》,上海:上海古籍出版社,1981年,第733页。

被其三弟袁中道誉为“东坡后身”①，反映出阅读东坡作品成为晚明文人日常生活的事实，东坡成为他们朝夕面对的异代知己。江盈科认为：“吾尝睹夫人之身所为流注天下，触景成象，惟是一段元神。元神活泼，则抒为文章，激为气节，泄为名理，坚为勋猷，无之非是。要以无意出之，无心造之。譬诸水焉，升为云，降为雨，流为川，止为渊，总一活泼之妙，随触各足，而水无心。彼白、苏两君子所谓元神活泼者也，千载而下，读其议论，想见其为人，大都其衷洒然，其趣怡然，彼直以世为宇，以身为寄，而以出处隐见、悲愉欢戚为阴阳寒暑呼吸之运。故见华非华，见色非色，见垢非垢，见丑非丑，大化与俱，造物与游，无处非适，无往非得，兹石浦所为寤寐想象，冀旦暮遇焉者也。”②

袁中道则认为：“今东坡之可爱者，多在小文小说，其高文大册，人固不深爱也。使尽去之，而独存高文大册，岂复有坡公哉。”③ 所以，在公安三袁等人的影响下，苏轼的小品文特别受到读者的喜爱，亦为评点家所青睐。如王纳谏评选《苏长公小品》四卷，李贽评选《坡仙集》十六卷，钟惺评选《东坡文选》二十卷，凌启康辑、高启等评《苏长公合作》八卷、补二卷，凌濛初辑、冯梦祯等评《东坡禅喜集》十四卷，黄嘉惠辑

①袁宏道在《识雪照澄卷末》题序中尝言：“卷中小修有梦中遇老僧，谓予为东坡后身，故末段云。”见[明]黄宗羲编：《明文海》卷三百二十四《序》一百一十五《方外》。北京：中华书局，1987年，第3337页。

②[明]江盈科：《白苏斋册子引》，[明]江盈科纂，黄仁生辑校：《江盈科集》卷八，长沙：岳麓书社，1997年，第420页。

③[明]袁中道著，钱伯城点校：《珂雪斋集》卷二十四《答蔡观察元履》，上海：上海古籍出版社，1989年，第1045页。

评《苏黄风流小品》十六卷（含《东坡题跋尺牍小词》八卷）等，不一而足，足以看出苏文在评论家眼中的重要地位。

二、对苏轼诗文之激赏

苏轼之诗文深受众人青睐与其才华横溢也不无关系。苏辙云："兄之文章，今世第一。忠言嘉谟，古之遗直。名冠多士，义动蛮貊。流窜虽久，此声不没。遗文粲然，四海所传。"① 赵秉文更视其为文化之集大成者：

> 东坡先生，人中麟凤也。其文似《战国策》，间之以谈道如庄周；其诗似李太白，而辅之以名理似乐天；其书似颜鲁公，而飞扬韵胜，出新意于法度之中，寄妙理于豪放之外，窃尝以为书仙。屹然屃赑巨鳌之欲前；轩然飞动大鹏之孤骞；狠石当道，长松临渊，其严劲之象，雄浑之状，大臣正色，抑不可屈，凛然如见其叱希烈而诮禄山也。……观其胸中，空洞无物，亦如此斋，廓焉四达，独有忠义数百年气象，引笔著纸，与心俱化，不自知其所以然而然。岂非得古人之大全也耶！②

不仅苏轼进退自如、宠辱不惊的人生态度广为人所称赞，他宽广而独到的审美眼光在题材内容和表现手法方面也为后人提供了富有启迪意义的创作范式。在他生前，其作品就广为流

①[宋]苏辙：《栾城集·栾城后集》卷二十《祭亡兄端明文》，四川大学中文系唐宋文学研究室编：《苏轼资料汇编》，北京：中华书局，2004年，第60页。

②[金]赵秉文：《滏水集》卷十九《跋东坡〈四达斋铭〉》，四川大学中文系唐宋文学研究室编：《苏轼资料汇编》，北京：中华书局，2004年，第803页。

传："流俗翕争相传诵"，"其文字传于人者甚众"①。朱弁亦谓："东坡诗文落笔，辄为人所诵。……士大夫不能诵坡诗，便觉气索，而人或谓之不韵。"② 其作品被争相珍藏："书成辄弃去，谬被旁人裹。"③ 在他死后，朝廷禁毁三苏文，东坡作品悉数销毁：

崇宁二年有旨，应天下碑碣牓额，系东坡书撰者，并一例除毁。④

崇宁、大观间，蔡京当国，设元祐党禁，苏文忠文辞字画，存者悉毁之。⑤

但是"禁愈严而传愈多，往往以多相夸"⑥。如《续资治通鉴》卷八载，崇宁二年（1103）四月，朝廷公开诏毁苏轼的作品印版，而竟有人甘冒犯罪的危险暗中传阅苏轼文集⑦，《梁溪漫志》亦曾记载：

宣和间，申禁东坡文字甚严，有士人窃携《坡集》出城，为阍者所获，执送有司，见集后有一诗云："文星落处天地

①[宋]朋九万：《东坡乌台诗案》，上海：商务印书馆，1939年，第1页。

②[宋]朱弁：《曲洧旧闻》卷八，四川大学中文系唐宋文学研究室编：《苏轼资料汇编》，北京：中华书局，2004年，第328页。

③[宋]苏轼：《和子由论书》，[清]王文诰辑注，孔凡礼点校：《苏轼诗集》卷五，北京：中华书局，1982年，第210页。

④[宋]吴曾：《能改斋漫录》卷十一，上海：商务印书馆，1941年，第284页。

⑤[宋]韦居安：《梅磵诗话》卷下引《夷坚戊志》，北京：中华书局，1985年，第38页。

⑥[宋]朱弁：《曲洧旧闻》卷八，四川大学中文系唐宋文学研究室编：《苏轼资料汇编》，北京：中华书局，2004年，第328页。

⑦[清]赵翼《瓯北诗话》卷五亦记载：有人将苏集"藏于衣裼，间道出京，为逻人所获"，其事与之相类。参见四川大学中文系唐宋文学研究室编：《苏轼资料汇编》，北京：中华书局，2004年，第1326页。

泣，此老已亡吾道穷。才力谩超生仲达，功名犹忌死姚崇。人间便觉无清气，海内何曾识古风？平日万篇谁护惜？六丁收拾上瑶宫。”京尹义其人，且畏累己，因阴纵之。①

南宋党禁解弛，苏轼的作品集更以多种版本广为流传，翻刻不绝，宋孝宗还曾为其《东坡集》作序，称其“雄视百代，自作一家”，“可谓一代文章之宗”②，一时之间“人传元祐之学，家有眉山之书”③。民间更有“苏文熟，吃羊肉；苏文生，吃菜羹”的说法。④ 因而吕祖谦在其《古文关键》中特意指出：“苏文当用其意，若用其文，恐易厌人，盖近世多读故也。”⑤

苏轼受到后代文人的热爱势所必然。从明初起，苏轼就被尊为唐宋散文八大家之一。王袆即谓：“古称文章家，自汉唐而下，莫盛于宋。东都欧阳修氏、曾巩氏、王安石氏，并时迭起，而苏轼氏于其间为尤杰然者也。苏氏之文，长于持论，纵横开辟，上下变化，无不如其意之所欲言。虽其理不能皆纯，而才

①[宋]费衮：《梁溪漫志》卷七《禁东坡文》，上海：上海书店出版社，1980 年，第 107 页。

②[宋]赵眘：《御制文集序》，[宋]郎晔注：《经进东坡文集事略》卷首，四川大学中文系唐宋文学研究室编：《苏轼资料汇编》，北京：中华书局，2004 年，第 611 页。

③[宋]赵构：《苏文忠公赠太师制》，[宋]郎晔注：《经进东坡文集事略》卷首，四川大学中文系唐宋文学研究室编：《苏轼资料汇编》，北京：中华书局，2004 年，第 610 页。

④[宋]陆游《老学庵笔记》卷八曰：“建炎以来，尚苏氏文章，学者翕然从之，而蜀士尤甚，亦有语曰‘苏文熟，吃羊肉；苏文生，吃菜羹’。”参见四川大学中文系唐宋文学研究室编：《苏轼资料汇编》，北京：中华书局，2004 年，第 537 页。

⑤[宋]吕祖谦：《古文关键》卷首《总论·看文字法》，北京：中华书局，1985 年版，第 1 页。

气之浩博，固将躐汉唐而上之矣。”① 宋濂的弟子方孝孺也将苏轼与欧阳修、曾巩、王安石三人并称为“宋之以文名者……此四人之文，尤三百年之杰然者”②。他认为“子瞻魁梧宏博，气高力雄，故其文常惊觉一世，不为婉昵细语”③，并将苏文与庄子之文、李白之诗相提并论：“庄周殁殆二千年，得其意以为文者，宋之苏子而已。苏子之于文，犹李白之于诗也，皆至于神者也。”④ 焦竑亦赞之曰：“古今之文，至东坡先生无余能矣。引物连类，千转万变，而不可方物。即不可摹之状，与甚难显之情，无不随形立肖，跃然现前者，此千古一快也。”⑤ 张溥更是称颂苏轼为“宇宙第一人物”，苏文为“宇宙第一文字”⑥。

学者对苏诗同样予以极高的评价。明末公安、竟陵派已大力褒扬之，袁宏道选、谭元春评的《东坡诗选》便是这一宗宋论调的倡导者。袁宏道曰：“宋初承晚唐习，诸公多尚昆体，靡弱不足观。至欧公始变而雅正，子瞻集其大成，前掩陶谢，中

①[明]王袆:《王忠文公集》卷十八《续志林(并序)》,北京:中华书局,1985年,第384页。

②[明]方孝孺:《答王仲晋五首(其三)》,徐光大校点:《逊志斋集》卷十,上海:商务印书馆,1935年,第305页。

③[明]方孝孺:《张彦辉文集序》,徐光大校点:《逊志斋集》卷十二,上海:商务印书馆,1935年,第370页。

④[明]方孝孺:《苏太史文集序》,徐光大校点:《逊志斋集》卷十二,上海:商务印书馆,1935年,第367页。

⑤[明]焦竑:《刻坡仙集抄引》,[明]李贽:《坡仙集》卷首,四川大学中文系唐宋文学研究室编:《苏轼资料汇编》,北京:中华书局,2004年,第1021页。

⑥[明]张溥:《叙苏长公文集》,《苏长公文集》卷首,四川大学中文系唐宋文学研究室编:《苏轼资料汇编》,北京:中华书局,2004年,第1021页。

凌李杜，晚跨白柳，诗之道至此极盛。此后遂无复诗矣。"① 清末民初的宋诗派诗人、文论家陈衍认为："长公之诗，自南宋风行……二百馀年中，大人先生殆无不濡染及之者。"② 汪师韩亦从唐宋诗的演变而论，肯定了苏轼在诗歌史上的地位：

> 诗自杜、韩以后，唐季五代纤佻薄弱，日即沦胥。宋初杨亿、刘筠、钱惟演之徒崇尚昆体，只是温、李后尘。嗣是苏舜钦以豪放自异，梅尧臣以高澹为宗。虽志于古矣，而神明变化之功少，未有能骖驾杜韩而雄视百代者。必也，其苏轼乎。

其后，他又将苏轼人品气节、治学方法与其诗歌创作结合起来具体评论说：

> 其诗地负海涵，不名一体，而核其旨要之所在，如云："我诗虽云拙，心平声韵和"，此轼自评其诗者也。"作诗熟读《毛诗》《国风》《雅》《骚》，曲折尽在是"，此轼自以其所得教人者也。且夫"精深华妙"，则苏辙称之矣。"公如大国楚，吞五湖三江"，黄庭坚称之矣。"天才横放，宜与日月争光"，则蔡絛称之矣。"屈注天潢，倒连沧海，变眩百怪，终归浑雅"，则敖陶孙称之矣。前之曹、刘、陶、谢，后之李、杜、韩、白，无所不学，亦无所不工，同时欧阳、王、黄，犹俱逊谢焉。洵乎独立千古，非一代一人之诗也。③

①[明]袁宏道:《东坡诗选·识语》,陈于全点校:《东坡文选·东坡诗选》,武汉:华中科技大学出版社,2018年,第524页。

②[清]陈衍:《石遗室文集》卷九《知稼轩诗叙》,四川大学中文系唐宋文学研究室编:《苏轼资料汇编》,北京:中华书局,2004年,第1611页。

③[清]汪师韩:《苏诗选评笺释叙》,《苏诗选评笺释》卷首,四川大学中文系唐宋文学研究室编:《苏轼资料汇编》,北京:中华书局,2004年,第1811页。

尽管“明自嘉（靖）隆（庆）以后，称诗家皆讳言宋，至举以相訾謷，故宋人诗集，庋阁不行”①，但从汪氏对苏轼及苏辙、黄庭坚、蔡絛、敖陶孙之语的引述中，不难看到学者们对于苏诗的激赏及对其成就的肯定。所以，“世之訾宋诗者，独于子瞻不敢轻议”②，有些甚至对于苏诗表示出由衷的喜爱，如清人李调元就曾说：“余雅不好宋诗，而独爱东坡。以其诗声如钟吕，气若江河，不失于腐，亦不流于郛。由其天分高，学力厚，故纵笔所之，无不精警动人。不特在宋无此一家手笔，即置之唐人中，亦无此一家手笔也。”③ 这也就更进一步说明了苏轼诗文所受欢迎程度。

三、商业风气与刻书出版业的发展

自宋代毕昇发明活字印刷术，中国的刻书出版业得到了飞速发展，书籍作为可以获得利润的商品进入商业领域。而书籍的商业化反过来也推动着刻书业的发展，私营书坊大量涌现，从而导致文学格局发生变化。

书籍既然是一种商品，书坊的经营者首先考虑的是所刻的书籍是否有销售市场，能否赢得购买者。因而，书坊主想方设法翻新花样，以迎合读者的口味，适应市场的需要。其中一个重要方法就是以作者和编选者的知名度相号召，在书名上冠以“某某先生评选”“某某先生批评”。尤其是明中叶以后，随着资

①[清]宋荦：《漫堂说诗》，丁福保编：《清诗话》，上海：中华书局上海编辑所，1963年版，第416页。

②[清]吴之振：《宋诗钞》卷二十《苏轼东坡诗钞》，北京：中华书局，1986年，第628页。

③[清]李调元：《雨村诗话》卷下，四川大学中文系唐宋文学研究室编：《苏轼资料汇编》，北京：中华书局，2004年，第1396页。

本主义萌芽的出现，这时段的出版业处于一个高速发展期，套版印刷大受欢迎。书商利用苏轼在读者中的影响大肆刊刻其诗文以牟取暴利[①]，于是从各种不同的角度选评的刻印精良的一批苏轼散文选集，如雨后春笋，应运而生，深受读者喜爱。而且，宋元以来旧有的某些苏文选本，也被明人改头换面，广为传刻。这为苏文评点提供了充足的底本。刻书出版业的发展更是刺激了文学评点的勃兴。由此也造成了苏文论评的高涨。有些评本如李贽评选《坡仙集》等甚为畅销，还被不同书商加以刊刻。就笔者所掌握，今见苏文评者主要有李贽、袁宏道、王纳谏、钟惺、谭元春、陈仁锡、陈继儒、冯梦桢、郑之惠、焦竑、阎士选、陆梦龙、孙鑛、汤宾尹、李廷机、钱文登、李维桢、董应举、黄嘉惠等人。他们不约而同地转向丰富多彩、如行云流水的苏轼散文去汲取营养，发表自己的文学思想观念。

一些书商为了盈利，陆续出版了一些挂名苏轼的伪作。而且，特意署上名人批点或编辑的字样，致使后人真假难辨。如明天启间徐氏曼山馆刊本《苏长公二妙集》二十二卷，其中包括《东坡先生尺牍》二十卷与《东坡先生诗余》二卷。旧题明焦竑批点，夜郎杨文驄阅，钱塘徐象樗梓。卷前有万历四十六年（1618）焦竑自序，及天启元年（1621）辛酉西安方应祥、庐陵杨师孔二序。因焦竑自序不见于其文集，其评语又颇为浅陋，故有人疑为坊贾依托。又尺牍各卷所署校阅者姓氏也不尽

①《东坡续集》卷四《与陈传道》（五首其三）曰："某方病市人逐利，好刊某拙文。"［清］赵翼《瓯北诗话》卷五亦转述苏轼语曰："贾人好利，每取拙文刊刻市卖。"参见四川大学中文系唐宋文学研究室编：《苏轼资料汇编》，北京：中华书局，2004年，第1326页。

相同，应是得力于众多学者的共同努力，并非一人之功；但因此也留下坊刻之迹。[①] 又如《三苏文范》十八卷，四库馆臣认为："旧本题明杨慎编。然所取皆近于科举之文，亦不类慎之所为。殆与《翰苑琼琚》均出依讬也。"[②]《三苏考实》亦云："嘉乐堂选评注《三苏文范》十八卷，云'袁中郎增删、参阅'。……盖明末坊贾不读书者所为，绝不出中郎手也。"[③] 但这些疑似伪作毕竟属于少数，并不影响晚明苏文评点的整体面貌。

书商还利用著名评点家对读者的吸引力，将他们的评语汇集起来，刻成汇评本或集评本招揽读者，故而各种各样的苏文汇评、集评本也如大江决堤，汹涌而来。如凌启康辑、高启等评《苏长公合作》八卷、补二卷，凌濛初辑、冯梦祯等评《东坡禅喜集》十四卷，钱椟辑、李卓吾等评《苏长公表启》五卷，李贽评《坡仙集》十六卷，茅坤、钟惺评《苏文忠公策论选》十二卷，茅坤等评《苏文》六卷，钟惺评《东坡文选》二十卷等。形形色色的汇评本或集评本，或用朱笔批点，或用墨字评阅，或用多色套印；或眉批，或夹批、或旁批，或尾评，各呈样式，令人眼花缭乱，客观上起到了启蒙人们理解作品的作用，也利于研究者较为清楚地发现各家各派对于作品的不同看法。而这一时期也有大量的苏文评点合刻本出现，如陈仁锡评《苏集选》九卷，徐肃廣辑、陈继儒评《新刻徐陈二先生评

①参见刘尚荣：《明代苏轼文集选本考述》，《苏轼著作版本论丛》，成都：巴蜀书社，1988年，第139～140页。

②[清]永瑢、纪昀等编纂：《四库全书总目》卷一百九十二·集部四十五《三苏文范》提要，北京：中华书局，1965年，第1745页。

③[清]平步青：《霞外攟屑》卷六《玉树庐芮录》"三苏文范"条，上海：上海古籍出版社，1982年，第356页。

选三苏文则》八卷，李廷机评选《镌李相国九我先生评选苏文汇精》六卷，詹奎光辑《选辑诸名家评注批点苏文》八卷，王世元辑、汤宾尹评《苏隽》五卷（含《东坡先生集》三卷），黄嘉惠辑评《苏黄风流小品》十六卷（含《东坡题跋尺牍小词》八卷）等。这些合刻本既吸引了广大读者，同时也利于把握评点者的总体面貌或整体态度。

四、为考生提供范文，利于读者阅读

从广义上讲，评点也是一种阅读活动，也属于读者的范畴，而文本只有有了读者的参与才体现出其生命力。吴承学先生认为："作为一种自觉的批评方式，评点到了宋代才真正形成。它之所以兴盛于宋，除了宋代文学批评发达的原因外，与宋人读书认真的风气有关。宋人读书，讲究虚心涵泳，熟读精思，喜欢独立思考，倡自得悟入之说。所以读书有心得处，多有题跋或笔记，一旦把这种心得批在所读的作品中，这就是评点了。"①而这些批点也同样利于其他人阅读，因而诗文评点的最初动机就是为了便于读者理解作品。

祝尚书先生则认为，科举时文的全面程式化，才是评点兴起的历史契机："古文评点在南宋孝宗这个特定的时期产生，有一个重要的历史契机，那就是科举考试的现实需要。"② 自隋朝实施科举考试制度以来，以诗赋取士的方法经过唐代的进一步

①吴承学：《评点之兴——文学评点的形成和南宋的诗文评点》，载《文学评论》1995 年第 1 期。

②祝尚书：《南宋古文评点发覆——兼论古文评点的文章学意义》，载《四川大学学报》2005 年第 4 期。

强化，对文学的发展产生了巨大影响，也出现了大量的诗赋格法类著作。但到了宋代，因王安石变法于宋神宗熙宁四年（1071）进行科举改革，“罢诗赋及明经诸科，以经义、论、策试进士”①，希望借此选拔出通经之士。而经义要通过文字来落实，故士子应试还必须注意文章的作法。但由于欧阳修《六一诗话》与司马光《续诗话》的影响，时人特重诗话，后又衍绎为词话、文话，相应地冲淡了对评点的关注。因而，直到南宋时，随着文学评论的繁荣，各种诗文批评形式的增多，在官方的支持鼓励下，才开始产生吕祖谦《古文关键》、楼昉《崇古文诀》、真德秀《文章正宗》、王霆震《古文集成》、谢枋得《文章轨范》等真正意义上的评点书。其目的，就是配合科考，指导考生掌握应试之法，以提高初学者的写作能力。如《古文关键》是“各标举其命意布局之处，示学者以门径，故谓之关键”②。张云章曰：“观其标抹评释，亦偶以是教学者，乃举一反三之意。且卷后论策为多，又取便于科举。”③ 陈振孙亦谓此书：“标抹注释，以教初学。”④《崇古文诀》是“抽其关键，以惠后学”⑤，“学者其亦以

①[元]脱脱等:《宋史》卷十五《本纪》十五《神宗・二》,北京:中华书局,1977年,第278页。

②[清]永瑢、纪昀等编纂:《四库全书总目》卷一百八十七・集部四十《古文关键》提要,北京:中华书局,1965年,第1698页。

③[清]张云章:《古文关键序》,[宋]吕祖谦:《古文关键》卷首,北京:中华书局,1985年,第3页。

④[宋]陈振孙撰,徐小蛮、顾美华点校:《直斋书录解题》卷十五,上海:上海古籍出版社,1987年,第451页。

⑤[宋]姚珤:《崇古文诀跋》,[清]陆心源:《皕宋楼藏书志》卷一百十四《集部・总集类・三》,北京:中华书局,1990年,第1288页。

是观之，则得所以为文之法也”①。而《文章轨范》更是说：“取古文之有资于场屋者……标揭其篇章句字之法……是独为举业者设耳。”② 谢枋得在评论中亦屡屡提及，如“王”字卷：“初学此文，必雄于文。千万人场屋中，有司亦当刮目。”“将”字卷：“场屋程文论，当用此样文法。”“相”字卷：“学者熟之，作经义、作策，必擅大名于天下。”“有”字卷：“论、策结尾略用此法度，有司亦必以异人待之。”这类辅助当时读书人科举考试的入门书，带有强烈的实用色彩。而在人们眼中，苏文无疑就是这种程墨类范文：“以文为论，自苏氏始，而科举希世之学，烂漫放逸，无复实理，不可收拾矣。”③ 又如前所述，宋末的刘辰翁全力作诗歌评点，似仍与科举有关。所以苏轼诗文成为了评点者的必然选择。

在明人看来，苏轼“其所撰论策之类，于时为最近”④，“镕古为今，周于时用，故特标一家为文字司南”⑤。“人尤熟烂，亦尤易视也”，“为举子业，虽日试十日，一日作千余字，咸绰如

①[宋]陈森：《崇古文诀跋》，[清]陆心源：《皕宋楼藏书志》卷一百十四《集部·总集类·三》，北京：中华书局，1990年，第1287页。

②[明]王守仁：《阳明先生道学钞》卷二《重刊文章轨范序》，顾廷龙主编：《续修四库全书》（子部），第937册，上海：上海古籍出版社，2002年，第460页。

③[宋]叶适撰：《习学记言》卷五十《吕氏文鉴》，上海：上海古籍出版社，1992年，第465页。

④[明]王世贞：《弇州山人四部续稿》卷四二《文部·苏长公外纪序》，明燕石斋刻本。

⑤[明]张焕如：《三苏文汇·汇例》，[明]杨慎辑，[明]李维桢评注：《三苏文汇》，明末缉柳斋刻本。

也”①，因而评者如潮。如明中叶以后，这一时段的苏文评者主要是以唐顺之、王慎中、归有光、茅坤为代表的唐宋派。其中茅坤评点过《苏文》六卷、《苏文忠公策论选》十二卷、《三苏文抄选》五十八卷、《三苏文百家评林》十六卷，唐顺之也选批并辑评过《苏文嗜》六卷，归有光亦曾辑评《宋大家苏文忠公文选》九卷等。此外杨慎也曾辑评过《合诸名家评注三苏文定(选)》十八卷、《嘉乐斋三苏文范》十八卷等。唐宋派中茅坤“善古文，最心折唐顺之，顺之所著《文编》，唐宋人自韩、柳、三苏、欧、曾、王八家外无所取，故坤选《八大家文钞》”②。其在《总序》中开宗明义：“孔子之系《易》，曰‘其旨远，其辞文。’斯固所以教天下论世为文者之至也。”并对此进一步解释道：“孔子之所谓‘其旨远’，即不诡于道也；‘其辞文’，即道之灿然，若象纬者之曲而布也。斯固庖羲以来人文不易之统也，而岂世之赤乎哉!”③ 茅氏从文道合一、文以载道的角度把唐宋八大家抬到合于封建正统的高度，在政治上为唐宋派确立了一个不可动摇的地位。所以《唐宋八大家文钞》就是一本举子备考的教科书：“今观是集，大抵亦为举业而设。”“坤所选录尚得繁简之中，集中评语虽所见未深，而亦足为初学之门径，一二

①[明]胡直:《衡庐精舍藏稿·续稿》卷十一《三才子传》,清文渊阁四库全书本,第1287册。台北:台湾商务印书馆,1986年,第793页。

②[清]永瑢、纪昀等编纂:《四库全书总目》卷一百八十九·集部四十二《唐宋八大家文钞》提要,北京:中华书局,1965年,第1718~1719页。

③[明]茅坤:《唐宋八大家文钞·总序》,《唐宋八大家文钞》卷首,四川大学中文系唐宋文学研究室编:《苏轼资料汇编》,北京:中华书局,2004年,第976页。

百年以来，家弦户诵，固亦有由矣。”①

唐顺之《文编》卷首有陈元素为之作序，称唐氏以真德秀《文章正宗》和《续文章正宗》为稿本编纂《文编》，而清四库馆臣则持论相左：“德秀书主于论理，而此书主于论文，宗旨迥异，元素之说似未确”，并认为该书缺点是“强立名目”“进退亦多失据”，但亦承认“标举脉络，批导家会，使后人得以窥见开阖顺逆、经纬错综之妙。而神明变化，以薪至于古。学秦汉者当于唐宋求门径，学唐宋者固当以此编为门径矣”②。《文编》所选时段由周迄宋，但明显以唐宋文章为重，而唐宋文章，除八大家之文外，仅录骆宾王、白居易、李翱、李定四人各一篇文章。全书 64 卷，仅 15 卷未收八家之文，其余 49 卷中，以八家为主。苏轼之文以 217 篇仅次于 245 篇欧阳修之文而排在第二。唐顺之对所选文章多有简短的点评。其作过点评的多为苏文中的论、策、序、记等文体。对《鲁隐公论（一）》《贾谊论》《子思论》《刑赏忠厚之至论》的评论，多是指出其发论的方式和特点，如“先作定论，后说原由”“不能深交绛、灌，不知默默自待，本是两柱子，而文字浑融，不见踪迹”“借客形主，转丸千初之上”“一意翻作数段”等，这些评语为学文者指明关键和窾节处，主要有利于科考。因而唐宋派所选编的苏文多为政论之篇，评点亦是以有资于场屋者而发，不仅得到了统治阶层的支持，也为下层文人所钟爱。

①[清]永瑢、纪昀等编纂：《四库全书总目》卷一百八十九·集部四十二《唐宋八大家文钞》提要，北京：中华书局，1965 年，第 1718～1719 页。

②[清]永瑢、纪昀等编纂：《四库全书总目》卷一百八十九·集部四十二《文编》提要，北京：中华书局，1965 年，第 1716 页。

五、社会文化背景的影响

评点的产生发展与不同时期的社会文化背景密不可分，苏轼诗文评点同样如此。

北宋时期党争盛行，苏轼身为朝中大臣，尤其在卷入变法斗争后，宦海沉浮，难免其害：乌台诗案、贬官黄州、远谪岭南……徽宗崇宁元年（1102），元祐党禁，次年四月，诏毁《东坡集》并《后集》印版，同月又诏《三苏集》及苏门黄、张、晁、秦等文集印版悉行焚毁。① “所有与苏家文字，一切抹杀不存”②，“由是人莫敢读苏文”③。自此至北宋末二十余年，苏轼诗文流传大受影响。如无名氏所编《宋文选》选录欧阳修以下北宋十四位作家的文章，然不入三苏文。其间虽也有人酷好其文集，暗中传抄、刻印与阅读、评论，但多数人讳莫如深。对于苏轼的著作“不敢显题轼名”④，就连苏轼的好友文同的《丹渊集》“诗中凡及子瞻者，率以子平易之。盖当时党祸未解，故其家从而窜易，斯文厄至于如此，可胜叹哉”⑤！在此背景下，几乎没有人敢

①参见[清]秦缃业、黄以周等辑:《续资治通鉴长编拾补》卷二一“徽宗崇宁二年四月”条,清光绪浙江书局刻本。

②[明]钱允治:《吴郡重刊文湖州〈丹渊集〉序》,[宋]文同:《丹渊集》卷首,四部丛刊景明汲古阁刊本。

③[宋]韦居安:《梅磵诗话》卷下引《夷坚戊志》,北京:中华书局,1985 年,第 38 页。

④[清]永瑢、纪昀等编纂:《四库全书总目》卷二・经部二《东坡易传》提要,北京:中华书局,1965 年,第 6 页。

⑤[宋]家诚之:《〈丹渊集・拾遗〉跋》,[宋]文同:《丹渊集》卷末,四部丛刊景明汲古阁刊本。

公开对苏轼文章进行评点。直到南渡初期，文禁大开。南宋王朝鉴于北宋灭亡的教训，特别推崇二程理学，认为是王安石变法导致北宋灭亡，故对反王安石变法的苏轼也特别推崇，政治上为他恢复名誉，高宗赠资政殿学士，孝宗追谥文忠，特赠太师，为其文集撰序称赏，对他的文学成就给予了很高的评价，并大量刊刻苏轼著述，苏轼诗文遂广为流传。① 一时之间，“人传元祐之学，家有眉山之书”②。与此相应，对苏轼年谱编撰，诗文注释、论评乃至评点等多方面的研究出现了第一次高潮。

元代诗坛“举世宗唐”③，表现出弃宋调而主唐音的趋势，元好问就提倡“以唐人为指归”④，兼之此际蒙古政权与南宋对立，从而形成了宋末元初由宋入唐、效仿唐人的写作习气。正因如此，其间对苏轼诗文评点者除刘辰翁、方回等人外，乏善可陈。

朱明王朝建立之初，统治者为加强中央集权，对思想文化严加控制，提倡程朱理学，制定科举考试的一系列措施，颁布标准用书，垄断经籍的解释权，剥夺士子文人自由思想的权力，甚至直接干预文人的写作，直至正德年间约 150 年，整个文坛空气沉闷，文学流派产生甚少，“有质行之士，而无同异之说；有共学之

①参见[元]脱脱等编纂:《宋史·列传》第九十七《苏轼》,北京:中华书局,1977 年,第 10801～10819 页。

②[宋]赵构:《苏文忠公赠太师制》,[宋]郎晔注:《经进东坡文集事略》卷首,四川大学中文系唐宋文学研究室编:《苏轼资料汇编》,北京:中华书局,2004 年,第 610 页。

③[清]永瑢、纪昀等编纂:《四库全书总目》卷一百五十七·集部五十《杨仲宏集》提要,北京:中华书局,1965 年,第 1441 页。

④[金]元好问:《遗山先生文集》卷三十六《杨叔能小亨集引》,上海:商务印书馆,1937 年,第 494 页。

方，而无专门之教”①。同时，讲学授课之风不盛，刊刻水平提高，人们乐于借用南宋时传下来的现成刻本，或者集结前人评点。“宋人曰是，今人亦曰是；宋人曰非，今人亦曰非。高者谈性命，祖宋人之语录；卑者习举业，抄宋人之策论。”② 由此也造成了明初文学评点的寂寞。又因此际统治文坛的台阁体与苏文风格相左，少有人提倡苏文；前后七子倡导“文必秦汉，诗必盛唐”的主张，使得这段时期本就冷清的文学评点也多集中于先秦两汉散文与唐诗，即使有人称“自秦以下，文莫盛于宋，宋之文莫盛于苏氏”③，但也仅出现了高启的苏文选评（明万历四十八年凌启康刻三色套印本《苏长公合作》八卷、补二卷中录有高启的批点）。

到了明代中后期，此时封建专制主义制度正沉疴临绝，社会面临深重的危机，既有的统治秩序的败落已不可挽救。作为社会精英的文人士大夫们无法施展自己远大的人生抱负，只好转借文学艺术形式来抒发感慨。与此同时，随着以挽回程朱理学颓势为其本质出发点的阳明心学尤其是泰州学派的风行，传统的封建伦理道德受到冲击，曾被宋明理学视为邪恶并长期压制、否定的人的主体意识得以觉醒。而与王学左派有着深厚渊源的李贽，则是从理论观念上继承并发扬之。由是，晚明被誉为中国的文艺复兴或启蒙思潮时期，或是儒学的新阶段，无论在政治、经济、社会

①[明]何乔远:《名山藏》卷八十四《儒林记》(上),扬州:江苏广陵古籍刻印社,1993年,第5194页。

②[明]杨慎:《升庵集》卷五十二《文字之衰》,清文渊阁四库全书本,第1270册,台北:台湾商务印书馆,1986年,第447页。

③[明]宋濂:《宋学士文集》卷六十六《芝园续集》卷六《苏平仲文集序》,四川大学中文系唐宋文学研究室编:《苏轼资料汇编》,北京:中华书局,2004年,第932页。

生活方面，还是在思想、哲学和文学方面，都发生着非常显著的变化，也影响着人们的行为规范、思想观念和价值取向。

此际释、道二教亦有所发展。佛教进入中兴时期，整个社会形成一种广泛的嗜佛之风，在士大夫阶层中最明显的是居士佛教的兴盛。陈继儒对当时文人的创作和人格塑造也形成了明显的影响。他兼隐士、山人、墨客、诗人于一身，既有清高之名，又有世俗之乐，颇具道家及受道家影响的魏晋名士风流，代表了晚明文人的人格追求。其文风博雅而有灵气，善于在日常生活中发现清新淡远的诗意，用艺术批评的方式来品赏自然，表现细腻的审美感受，典型地反映出晚明文人的生活情趣。处于这样的一个历史时期，作为社会精英的明代知识分子的心态也发生了重大变化，他们吸收了佛学中的狂禅思想及道家中的清流之风，扫除传统道德对精神的禁锢，追求思想与感受的开放，从而对其创作产生了重要影响。文坛巨子们对复古思想的批判，对创作法度的摒弃，对自由表达的提倡，也让文学功能抛弃了宗经致用的严肃使命而成为一种雅趣和娱乐。作为私人阅读方式的评点亦得到了文人的认可，于此时兴盛起来。而这一时期刻书和印刷业的发展也为评点的大量出现提供了保证。以前后七子为代表的明人在文学观念上尊唐黜宋，对于宋诗大加诋毁。如李梦阳曰："宋人主理，作理语，于是薄风云月露，一切铲去不为。又作诗话教人，人不复知诗矣。"① 何景明则认为："秦无经，汉无骚，唐无赋，宋无诗。"②

①[明]李梦阳：《空同集》卷五十二《缶音序》，清文渊阁四库全书本，第1262册，台北：台湾商务印书馆，1986年，第477页。

②[明]何景明：《大复集》卷三十八《杂言十首》，清文渊阁四库全书本，第1267册，台北：台湾商务印书馆，1986年，第351～352页。

受时代风气的感染，世人认为苏文优于苏诗，如王世贞在比较苏轼各体作品时就说其“文胜诗”①，谭元春亦尝转述他人言曰：“东坡诗不如文。”② 因而，这一时期，苏文颇受推崇，而对其评点亦多赞扬之声，相反，苏诗则备受冷落，鲜有新论。单纯的苏诗选评本仅见袁宏道选评、谭元春增删《东坡诗选》12 卷，沈白辑、陈銮评《东坡诗选》2 卷，刘弘集注选评《苏诗摘律》6 卷，陈仁锡评刊《东坡先生诗集》32 卷，张自烈评《和陶诗》1 卷，张岱评《和陶集》1 卷等寥寥数种。而且苏诗经过前后七子等人的批评后，其声誉已远非南宋时可比。“今虽有好之者，亦不敢公言于人。”③ 故而，这一时期堪称之为苏文评点的繁荣期。诚如王圣俞所言：“今之文人皆谭往世千秋之业，而非余所存。问余于文何得？对曰：寐得之醒焉；倦得之舒焉；愠得之喜焉；暇得之销日焉。是其所得于文者皆一饷之欢也，而非千秋之志也……余读古文辞诸春容大篇者，辄览弗竟，去之。噫嘻，此小品之所以辑也。”④ 因而晚明小品文盛行，以文为娱的观念也为当时大多数文人接受。职是之故，苏文中的小品文同样受到读者特别的喜爱，亦为评点家所青睐。

①[明]王世贞：《弇州四部稿》卷一五二《说部·艺苑卮言·附录一》，四川大学中文系唐宋文学研究室编：《苏轼资料汇编》，北京：中华书局，2004 年，第 1015 页。

②[明]谭元春：《东坡诗选序》，陈于全点校：《东坡文选·东坡诗选》，武汉：华中科技大学出版社，2018 年，第 260 页。

③[明]王世贞：《读书后》卷四《书苏诗后》，四川大学中文系唐宋文学研究室编：《苏轼资料汇编》，北京：中华书局，2004 年，第 1014 页。

④[明]王圣俞：《苏长公小品序》，《苏长公小品》卷首，四川大学中文系唐宋文学研究室编：《苏轼资料汇编》，北京：中华书局，2004 年，第 1068 页。

到了清代初期，诗坛大力倡言宋诗，一时蔚然成气："当我朝开国之初，人皆厌明代王、李之肤廓，钟、谭之纤仄，于是谈诗者竞尚宋元。"① 因而，"国朝诗人厌薄明代，摹仿唐贤风气，力矫其失，一以清快透脱为宗，而苏诗于是乎盛行。二百年来，家置一编，五尺童子，皆能上口矣"②。"今三十年来，天下之诗皆宋人之诗，天下之家诵户习皆东坡、放翁之句也。"③钱谦益、黄宗羲、吕留良、吴之振、叶燮、宋荦、查慎行、田雯、杭世骏等人便是这一阶段宋诗的积极鼓吹者。其中吕留良、吴之振编选《宋诗钞》，不遗余力地宣传宋诗；而清人考据学风的兴起也引起了他们整理旧学、注释苏诗的繁荣，却又往往求深得凿，求明转繁，苏诗之真精神、真面目或为所掩。故而评点苏诗也随之日渐成风。查慎行、汪师韩、纪昀等大家对苏轼的评点弥补了注释因体例的局限所带来的不足，它不求全务深，往往三言两语，便入骨见髓，既评析苏诗的艺术技巧、思想内涵，又贯穿评点者的诗学主张，并直接指导读者阅读与欣赏，故在普及、宣传苏诗，扩大苏诗在读者中的影响等方面所起的作用，与苏诗注释著作比较或有过之而无不及。

六、评点自身之特点

评点作为一种批评活动，随文而行，即兴会意，自由活泼，

---

①[清]永瑢、纪昀等编纂:《四库全书总目》卷一百七十三·集部二十六《精华录》提要,北京:中华书局,1965年,第1521～1522页。

②[清]张崇兰:《角山楼苏诗评注汇钞序》,[清]赵克宜辑订:《角山楼苏诗评注汇钞》卷首,清咸丰二年丹徒赵氏刻本。

③[清]张世炜:《宋十五家诗删序》,[清]张世炜撰:《秀野山房二集》,清道光二年重刊本。

言简意赅。有些评点与作品浑然一体，难解难分，评点靠作品而生发，作品得评点而生色。一些优秀的评点作品往往能一针见血地点出作者的匠心和作品的奥妙，画龙点睛地引导读者去领悟，去欣赏，去再创造，极大地丰富了中国古代文学理论的宝库。评点虽显简单、零碎而缺乏系统性，却又因紧附文本而利于评点者阐发其理论见解，也易于揭示出作品的“美和缺失”，既与古代文人的思维特点、审美趣味相契合，又符合大众传统的阅读习惯，逐渐赢得了读者和批评者的广泛关注。特别是明清时期，评点也广泛运用于小说、戏曲批评之中，文学评点蔚然兴盛，成为文学批评的一种主要形式。因而评点既是文学作品的特殊文本，也是文学批评的传统手段。苏轼作为中国文学史上的诗文大家，其作品题材广阔，影响深远，无疑更是重点评点对象。

评点与一般文学批评不同。一般形式的文学批评是在阅读和理解文本之后，评价作家作品之优劣，并不展示批评家的阅读过程。而评点则始终不离开本文的阅读过程，在细读本文的过程中，运用标志符号与评论文字，随文予以解析。这是评点与其他文学批评不同的基本特质。在评点著作中，评点的前提是读者与评点者的阅读同时进行，有原文与全文作为背景。评点者在从容适意的随兴感发中，能妙识作者的机心、玄鉴作品的幽微、启悟读者的灵性。批评家可以对作品作通盘的细致分析，或对其中的细枝末节加以阐发，给予评介；而读者在阅读过程中也有可能随时受到评点的启发而加深对作品的理解，或受其引导而激发起进一步的思考。“因而附有评点的文学作品的文本也就常常成为读者与作家、批评家同时进行对话的场所。”① 评点是把读者与文本放在主体部分，评点者仅起提示、引导、启发作用。评点文字不是独立的文体，只有寄生于文本才可以生存，才有意义。如果将评点剥离开，多数评点文字会不知所云。随文批评与独立批评区别甚大，它并不是把一般批评的内容分散到作品的各部分，而是随文而生的，具有一般文学批评所没有的“现场感”。

从形式上说，“评点”的“点”，指圈、点、抹、画之类的标示符号；“评”则是指眉批、夹评、旁注、总论等语言文字的评论。评点结合标示符号以及语言文字的评论，不离文本地逐字、逐句、逐段分析其脉络纲领，指陈其呼应布局或字句修辞，提示其义理旨趣或文理关键，实际展示阅读的进程，并借此引导读者进行阅读以理解本文。这样的评点分析，是一种本文解释。宋、元儒者大力倡明批点应“辞不费而义明”②，而黄宗羲等学者亦侧重圈点之法，可以表明：“评”“点”两大项比较而言，“点”尤为特征所在，而“评”次之。“点”具有随文标示的特性，而标示性的符号适合分析、提示，评骘优劣则不够明确，因此，“点”特别能凸现其阅读的性质，这正是评点有别于文学批评的重要特征。对于评点的职能，亦各有所见。或谓“能通作者之意，开览者之心”③，或谓“文之义蕴深微，法律变

①章培恒:《中国文学评点研究论集・序》,章培恒、[美]王靖宇主编:《中国文学评点研究论集》,上海:上海古籍出版社,2002 年,第 47 页。

②[元]吴师道:《礼部集》卷二十《请传习许益之先生点书公文》,清文渊阁四库全书本,第 1212 册。台北:台湾商务印书馆,1986 年,第 290 页。

③[明]袁无涯:《忠义水浒全书发凡》,朱一玄编:《水浒传资料汇编》,天津:南开大学出版社,2002 年,第 133 页。

化者，必于总批、旁批揭出，乃可使学者知所取法”①，或谓“圈点足以启发人意，有愈于解说者矣”②。因此，评点在形式上以“点”为要，而“评”次之；性质上，则以阅读为根本，而批评次之。运用标示符号或评论文字，伴随文本予以分析，呈现阅读的进程，这是评点的基本特质。

阅读是理解与解释的活动，而评点呈现的是一种定型的阅读。然而，评点仅仅是对文本的一种阅读和解释，在文本流传的过程中，不同时代、不同人物的阅读，都会对文本述说出不同的涵义，所以文本总是多义的、无穷的。章学诚虽然贬抑评点：“至于纂类摘比之书，标识评点之册，本为文之末务，不可揭以告人，只可用以自志。……盖恐以古人无穷之书，而拘于一时有限之心手也。……然为不知法度之人言，未尝不可资其领会，特不足据为传授之秘尔。……然使一己之见，不事穿凿过求，而偶然浏览，有会于心，笔而志之，以自省识，未尝不可资修辞之助也。”③ 但最终也不得不承认：对文本阅读一旦心领神会，读者便可笔记自志以供后人阅读，并起到引导初学的作用。对于初学来讲，前人评点的阅读心得“未尝不可资其领会”，“未尝不可资修辞之助也”。评点即阅读活动的具体展示，基本上就是对文本的一种阅读，尽管这种阅读也只是“一时有限之心手”。由于这种评点表现的是一时的、有限的阅读，所以

①[清]方苞：《进四书文选表·凡例》，《望溪集》“外文卷”二“奏札”，清咸丰元年戴钧衡刻本。

②[清]姚鼐：《惜抱先生尺牍》卷二《答徐季雅书》，清咸丰杨以增辑海源阁丛书本。

③[清]章学诚著，仓修良编注：《文史通义新编新注·文理》，杭州：浙江古籍出版社，2005年，第141页。

评点的读者不能以此自囿，否则就不能在阅读活动中“深窥古人全体、作者精微”①，无缘领会经文本所涵盖的无穷意义，而容易出现“埋没古人精神”② 的结局。

因此，文学评点在其自身的不断发展中，形成了富有民族特色的批评风格和形式特性。谭帆先生认为，就形式特性而言，评点的最大特性是评点对文本的依附性，这种源于中国传统注释方式的批评格局使得评点体现了强烈的传播性和批评的实用性。而就批评风格而言，评点机动灵活、形式多样，可从作品的具体内容出发，自由发挥，思无限制，心中之块垒可以借评点而得以宣泄，思想观念亦可以借评点得以阐发。这种自由的批评格局和灵活的形式特性无疑是评点吸引评点者和读者的一个重要因素。而且，评点之所以引人入胜，往往并不在于理论上的逻辑论证，更重要的是评点者独特的审美感悟和艺术情趣，尤其是运用生动灵活和富于情感的语言将这种感悟和情感传递给读者，对读者具有强烈的感染力。③ 这种寓鉴赏于批评、融情感于受众的特性也是评点具有旺盛生命力的重要因素。

正是在上述诸种因素的综合作用下，苏轼诗文评点自南宋肇始，日益兴盛起来，成为人们研究苏轼及其文学作品的重要参考资料。

---

①[清]章学诚著，叶瑛校注：《文史通义校注》，北京：中华书局，1985 年，第 958 页。

②[明]吴应箕：《楼山堂集》卷十五《答陈定生书》，北京：中华书局，1985 年，第 73 页。

③参见谭帆：《中国小说评点研究·导言》，上海：华东师范大学出版社，2001 年。

第二章　苏轼诗文评点的版本形态与作者类型

苏轼诗文评点的版本，主要涉及其评点的构成要素、版本形态及其评者类型。苏轼诗文评点的构成要素是指其评点的外在表现形式。通常而言，包括正文前后之总论，正文中之批语及评点符号等。有些诗文评点有注释，有的还兼有释音，我们也承认传统之经注为评点的重要形态来源，但在这里是把评点作为一种独立的形态来考察，故不再把注释作为形态之一。苏轼诗文评点之形态则依据不同的标准，可以有不同之划分。以评点内容分，则或重经义发挥，或重史事评价，或重文法揭示；以评点范围讲，则有全评，有选评；以评点形式论，则或有评无点，或有点无评，而以评、点兼备为其主流；从评点来源看，则又有原批与过录之分；等等。而对于其评点者，则根据身份甄别，亦有学者批阅、文人点评、书坊主托名之别，由于评点动机的差异，他们对于评点的关注点也有所不同。

第一节　苏轼诗文评点的基本形式

苏轼诗文评点的常见形式有正文前后之总论，文中批语及批点符号，但并非每种诗文评点都兼具这三种形式，而且各种形式的具体运用，也有演化过程。从整体而言，明以前之评点，由于处于肇始期，故评语多较简洁，圈点也颇简略。如吕祖谦、刘辰翁等人评语，多则数十字，少则数字，甚而有通篇不着一字者。其圈点亦然。明清时期，尤其是明末至清乾隆年间，苏轼诗文评点臻于全盛，故评语、圈点多较繁复。如查慎行、纪昀、汪师韩等之评语，少则数十语，多则数百语，往往超过原文，而圈点也有多达十数种者。但是，在嘉庆以后，不仅评点作品锐减，其形式也趋于简化，特别是圈点几乎被略去，这或许与官方对于评点隐约的反对有关。对于不同时期苏轼诗文评点在形式上的差异，我们毋庸赘言，下面仅就其基本形式的各种组成部分及功用略作分析。

一、正文前后之总论

所谓总论是指评点者、作序者或刊刻者等对于全书的总体评价，通常包括序跋、纲领、读法、凡例等。当然，这些只是较常见的用法，其实各人因习惯之不同，往往有不同之命名。如真德秀《文章正宗》卷首有《文章正宗纲目》，吕祖谦《古文关键》篇首有《看古文要法》，其中又总论“看文字法”，而在苏轼散文篇首又有“看苏文法”。

1. 序跋

序跋只是习称，在具体运用中其名称并不完全一致，如序，又称叙、引、小引、题辞等；跋也有称后序者，有的则作书××后等。在苏轼诗文评点中，序常见（苏轼为避祖名讳改称

"叙"或"引")[①]，跋则较少。序，或为评点者自为，或请他人所作，也有后来重刻时刊刻者所为者，而跋通常为他人所作，极个别者为评点者自作。

我国很早就有知人论世的传统，孟子即曰："颂其诗，读其书，不知其人，可乎？是以论其世也。"（《孟子·万章下》）在苏轼诗文评点者中，有些人并非知名之士，其生平多不为世所知，而在序跋中，往往会给我们提供一些线索。如苏诗评点者之一萧奇中，我们所知不多，其自序则历叙为学经历及评点过程，对我们理解其评点意趣颇为有益，而其《邑志》所载行事似即据是书之自序而成。其实，即便较为有名之人，其在何种情况下，出于何种目的评点苏轼诗文，我们也无从知晓。而序跋中一些有益提示，对我们理解其评点也会有所帮助。如明末小品文盛行，以文为娱的观念被普遍接受，王圣俞选评《苏长公小品》，以求"一饷之欢也，而非千秋之志也"[②]，意在投时人所好，故该书所选多为题跋、尺牍、杂记等。而明虎林郑之惠评选《苏长公合作》，据其所作叙可知，该书编选目的是以"长公之文为今业举子者训诂"[③]，即为科举考试提供教材。又如明末闵尔容辑评《苏文》六卷，取材于茅坤、钱穀二家的苏文选

①[宋]陆游:《老学庵笔记》卷六载:"苏东坡祖名序,故为人作序皆用'叙'字,又认为未安,遂改为'引'。而谓'字序'曰'字说'。"参见四川大学中文系唐宋文学研究室编:《苏轼资料汇编》,北京:中华书局,2004年,第536页。

②[明]王圣俞:《苏长公小品序》,《苏长公小品》卷首,四川大学中文系唐宋文学研究室编:《苏轼资料汇编》,北京:中华书局,2004年,第1068页。

③[明]郑之惠:《苏长公合作内外篇叙》,《苏长公合作内外篇》卷首,四川大学中文系唐宋文学研究室编:《苏轼资料汇编》,北京:中华书局,2004年,第1071页。

评本，加以综合利用。沈闇章为之序云：“明兴，操觚家递为评选，屈指未易更仆数。丰寰钱先生业加品陟，而鹿门先生又有《文钞》行海内，然览者不无浩伙之叹。余友闵氏尔容，复取而综核之，批评以丰寰为宗，间采鹿门附焉。”① 一般来说，在三类序中，评点者之自序价值最大，因其对自己经历、评点方法及意旨的介绍最为可信。而同时人之序的价值次之，因其序多应评点者之请而作，而评者意在引以自重，故作序者也就难免有溢美之词。但能为评点者所请，必有一定的声望及学问，且对作者有较深了解，故其于评者学行及评点主旨的把握，应远较后人可靠，特别是对评者生平的介绍，更有参考价值。后人之序，虽时代略后，但必对评者有所仰慕，对其书有所欣赏，才会加以重刻，故其序应也有一定之价值。可见，序跋虽然不是评点本所独有，但评点本之序跋却是评点系统的有机组成部分，对于准确理解评点具有较大的意义。

2. 读法

读法在此是指评点者所揭读诗文之法，它以条目式的文字、发散式的视角来传达评者对诗文的整体理解，并示人以阅读门径。读法之名称并不统一，亦不是每种评点都有读法，但是，一些较有理论价值的见解往往在读法中得以总结，是以研究苏轼诗文评点，对读法要给予充分重视。综而观之，“读法”之内容大致包括四个方面：一是阐明作品思想主旨，二是揭示作品学术价值，三是分析作品艺术特色，四是指点作品欣赏方法。

读法之传统源于宋代儒学，宋儒非常重视读书之法，朱熹

①[明]沈闇章：《苏文序》，[明]闵尔容辑评《苏文》卷首，王重民撰：《中国善本书提要》，上海：上海古籍出版社，1983 年，第 520 页。

的《四书集注》中即有《读〈论语〉〈孟子〉法》。而宋代儒学与文章之学有相通之处。① 吕祖谦之《古文关键》是较早有读法之评本，其卷首有《看古文要法》，其中又分“总论看文字法”及“看韩文法”“看柳文法”“看苏文法”“看诸家文法”“论作文法”“论文字病”等数项。其“总论看文字法”从总体上提出评点的方法，“先看文字体式，然后遍考古人用意下字处”，前者在于获得篇章整体印象的读法，后者则是“细读法”，两者之间相辅相成，互为循环。其评点方法主要包括以下内容：

> 第一看大概主张；第二看文势规模；第三看纲目关键：如何是主意首尾相应，如何是一篇铺叙次第，如何是抑扬开合处；第四看警策句法：如何是一篇警策，如何是下句下字有力处，如何是起头换头佳处，如何是缴结有力处，如何是融化屈折剪截有力处，如何是实体贴题目处。

吕祖谦的评点之法既是要对全文有一个整体把握，也要具体考察其章法、布局、结构，分析各段落如何铺叙，相关段落之间如何呼应，研究其遣词造句、起结、剪裁、转折等文字功夫。整体把握与具体考察二者之间应该是相辅相成。这一“总论”与众多“分论”、作文法等构成了吕氏“读法”的全部内容。其总论与分论相配合之方式对其后评点中读法之格局影响深远。如明代题为归有光编选《文章指南》一书，卷首即有“归震川先生总论看文字法”“归震川先生论作文法”，其文字几乎全部抄自《古文关键》。后又经金圣叹之创造性发挥，读法遂成为评点的一种重要形式。

---

①参见吴承学:《现存评点第一书——论〈古文关键〉的编选、评点及其影响》，载《文学遗产》2003 年第 4 期。

“看苏文法”是吕祖谦论述苏轼散文的重要依据。其曰：“波澜，出于《战国策》《史记》，亦得关键法。当戒他不纯处。”他注意到苏轼在散文写作中往往借助于曲笔，先抑后扬或先扬后抑，突起波澜，而渐入佳境。《古文关键》卷下所选苏轼《范增论》是个典型的范例，吕祖谦进行了专门的分析，他说：“这一篇要看抑扬处，渐次引入，难一段之曲折，若无‘陈涉之得民’一段，便接‘羽杀卿子冠军’一段去，则文字直了；无‘且义帝之立’一段，又直了。惟有此二段，然后见曲折处。吾尝论，前一段平平说来，忽换起放开说，见得语新相属，又见一伏一起处。”语虽简洁，却颇精到，为读者提供了阅读之方法。

3. 纲领

其实，纲领和读法在有些诗文评点者那里并无严格的区分，但读法侧重于对阅读方法的揭示，而纲领则主要着眼于对作品的整体理解。因对作品强调面向的不同，做出的评价也往往不同。《古文关键》卷首中有《论作文法》：

> 文字一篇之中，须有数行齐整处，须有数行不齐整处。或缓或急，或显或晦，缓急显晦相间，使人不知其为缓急显晦。常使经纬相通，有一脉过接乎其间，然后可。盖有形者纲目，无形者血脉也。
>
> 有用文字，议论文字是也。为文之妙，在叙事状情。笔健而不粗，意深而不晦，句新而不怪，语新而不狂。常中有变，正中有奇。题常则意新，意常则语新。辞源浩渺而不失之冗，意思新转处多则不缓。结前生后，曲折斡旋，转换有力，反复操纵。

事实上，这也可视为吕祖谦在评点作品时的总体纲领。文章构思中应注意句式的整散相间、长短结合及节奏的快慢交替，以求行文生动、节奏明快。在苏文的评点中，吕祖谦也是以此为标尺，其《古文关键》卷上苏轼《王者不治夷狄论》评语曰："前面闲说长，后面正说甚短，读之全不觉长短，盖后面一句转一句故也。"恰当地使用长句与短句，可以让读者浑然不觉，易于接受。而结构相近的排比句式，同样可以增加文章的气势。又如卷上苏轼《潮州韩文公庙碑》："王公失其贵，晋、楚失其富，良、平失其智，贲、育失其勇，仪、秦失其辞。是孰使之然哉？其必有不依形而立，不恃力而行，不待生而存，不随死而亡……"吕祖谦评曰："五个'失'字，如破竹之势"，"此四'不'字亦有力。"所谓文势自然，长短有力是也。且吕氏论文屡屡提及纲目。如文前评《荀卿论》："此篇前骂，后略取纲目，在'不敢放言'上面平说来。虽是平说，如'有规矩'一句，亦有句法。"在文后又进一步解释道："此篇文前面说荀卿不好了，后面略放一步与他，言荀卿亦是个贤者。大抵作文体式要如此，头使孔子起，后仍旧使孔子结，又见文字不苟，亦自相应。"又如评《留侯论》："一篇纲目在'忍'。"评《倡勇敢》"战以勇为主"句："纲目。"着重指出了文章展开的主要线索，强调文章的首尾呼应。

4. 凡例

凡例又可称之为例言，或简称为例。在总评中，凡例是序言之外最为常见的一种形式。凡例通常是对于评点体例的一种介绍，比如评点出于何种目的，所用之底本为何，注释取于何人，眉批、旁批、尾批等如何配合，圈点符号如何运用，对前人评点如何取舍，等等。可以看出，从较广泛的意义上说，所有的凡例其实都是一种"读法"，目的在于告知读者其所评之特点，使读者能更好地阅读。也正是在这样的意义上，有些作品的读法，其实可视之为凡例。但我们若对读法加以限定，就是指评点者对于阅读评点对象的一种理论概括，而不仅仅是如何评点的一些技术性操作，那么在凡例与读法之间还是有着较大的差别的。应该说，多数苏轼诗文评点者之凡例，都是技术性的介绍。如凌氏明万历四十八年（1620）三色套印本、郑之惠等批点《苏长公合作》，凡例分：选集、原评、裒评、批点、考释、附存、序次、卷帙、朱黛、校正等。原本序次分内外篇。制举经济文为内篇：一书札、二策、三论、四表、五启、六内外制，俱属内。海外论著禅喜小章为外篇：一词赋、二记、三碑、四铭、五赞、六颂偈、七序跋、八祭文、九杂文、十书谏，俱属外。议者以为，故分内外，非其质也。考陈眉公选集与《坡仙集》，序次都异，彼皆序其小文小说，或诗赋弁之首，然后殿之以大文字。又似稍偏，因序以《文选》序法：一赋、二词、三记、四叙、五上书附疏、六内外制、七札子、八策、九论、十赞、十一颂、十二碑、十三铭、十四序跋、十五尺牍杂文、十六祭文。至于选集，悉遵原本，一无增减其间，览者当自得之。但也有一些评点者，其凡例会兼有指导阅读的功能。如上述《苏长公合作》，凡例中记曰：“兹刻季迪批点及诸评词印以朱；宏甫批点及诸考释印以黛。”

二、正文中之批语

正文中之批语，是苏轼诗文评点的主体部分，通常由解题、眉批、旁批、夹批、尾评等部分构成。当然，各种批评形式都用到者极为少数，大多评点者只用其中之一或数种，其中以眉批、尾评运用最为广泛。下面对几种批评形式分别加以说明。

1. 解题

又名题下批。张伯伟先生认为，尽管在汉代儒家经说中已有与此类似的开题，但多较为简略。此法应源于佛家讲经时连篇累牍的开题。而受到佛经义疏体的影响，此后儒家讲经也重视开题。① 受此影响，后世评点，在文章题下往往着数语，类似解题。如《古文关键》卷下曾巩《唐论》题下云：

此篇大意，专说太宗精神处。

又如《崇古文诀》卷三贾谊《吊屈原赋》题下云：

谊谪长沙，不得意，投书吊屈原，而因以自谕，然讥议时人太分明。其才甚高，其志甚大，而量亦狭矣。

再如《文章轨范》卷一“放胆文”下云：

凡学文，初要胆大，终要心小。由粗入细，由俗入雅，由繁入简，由豪荡入纯粹。此集皆粗枝大叶之文，本于礼仪，老于世事，合于人情。初学熟之，开广其胸襟，发舒其志气，但见文之易，不见文之难，必能放言高论，笔端不窘束矣。

方回《瀛奎律髓》将所收入的唐宋五、七言律诗分作 49 类，每类之下，皆着数语，实为解题。如卷三“怀古类”下云：

怀古者，见古迹，思古人，其事无他，兴亡贤愚而已。可以为法而不之法，可以为戒而不之戒，则又以悲夫后之人也。齐彭、殇之修短，忘尧、桀之是非，则异端之说也。有仁心者必为世道计，故不能自默于斯焉。

在苏轼诗文评点中，对全部作品施以评点的并不多，多数评

①参见张伯伟:《评点溯源》,章培恒、[美]王靖宇主编:《中国文学评点研究论集》,上海:上海古籍出版社,2002 年,第 9～11 页。

点者是择取其中之精彩篇章加以批点。解题之内容因评点者而不同：有对一篇主旨加以概括者，如《大悲阁记》茅坤题下批曰："无论学禅、学圣贤，俱从笃行上立脚。"有对篇中所涉之人名、地名及事件等加以说明者，如《放鹤亭记》崔仲凫题下批曰："他人记此亭，拘于题目，必极其所以模写隐士之好放鹤，有何意思。公乃于题外酒上说入好鹤，隐然为天下第一快活，固在言外矣。"也有对所选事件之前因后果加以补充者。如《醉白堂记》虞集题下批曰："韩公虽以乐天自处，而乐天功业实不及韩公。此记妙处，虽提起韩公，亦不放倒乐天，最得体。"还须说明的是，大多数选本，基本都会在题下注明其事见于何年，以便读者查对。

2. 眉批

在评点的诸种形式要素中，眉批无疑是非常重要的一种，甚至可以作为区分评点与其他批评方式的重要形式特征。在评点中，眉批与旁批、夹批及尾评相比，有其形式上的优势。这缘于古代文人在读书时的一种习惯行为。旁批受空间的限制，其评语必须极为简洁，多则十数字，少则一两字，评点者往往不能畅所欲言。夹批似无空间上的局限，但是许多评本往往兼有注释，且多用双行夹注的形式。在既有注释又有批语的地方，评点者不得不用一些标志加以区分，而读者也不易辨别何为注释，何为批语。同时，在正文之中若加入批语太长，则使正文隔断，不利于读者阅读。尾评虽然没有旁批及夹批的不足，但其在全文之后，若是对段落或字句的批点，则必须注明为何处，而读者阅读也极为不便，而且眉批与尾批相比，更容易与圈点符号相结合。因此可以说，眉批有相对广阔的空间，它以简洁、直接为特征，随感而发，随手而抹，有着强烈的随意性和感悟性，且能与正文紧密联系，而不致隔断正文，阻碍阅读，故而眉批是在评点中最为轻便的形式，所以为评点者所常用。在苏轼诗文评点诸种形式中，就笔者所寓目，眉批几乎是必有的形式。

眉批所涉及的内容极为广泛，举凡义理、文法，甚至于训释，在眉批中都有所体现，因此无法对其具体功用加以分析。大略而言，只有眉批或以眉批为主者，通常会先对全文主旨加以总评，然后细评句、段。而眉批、尾评等多种形式要素兼用者，往往会在用法上有所分工，通常于眉批分析文法，而于尾评总论事理。当然，以上区分也只是大概言之，其实论文、论事有时是难以截然分开的。

3. 旁批

旁批可以说是一种细部批评，主要着眼于文法。它通常和圈点符号结合，将文章之纲领、眼目、关键、精彩词句以及前后呼应处随文点出，灵活是其最大特点。如前所述，旁批因受空间的限制，必须尽量简练，但也因此形成了其特点。应该说，旁批是诸形式要素中与文本结合最为紧密者，它随本文语句即时诉诸读者的视阈，对读者的阅读能起到直接导向作用。

4. 夹批

夹批紧附于所评诗文语句之后，通常为双行小字，以区别于正文。夹批与旁批相同，都是着眼于局部，但在内容上则远较旁批为多。因此，夹批也是诗文评点中的一种重要形式。

5. 尾评

尾评同解题一样，多见于选评本中。尾评不会像夹批、旁批那样，针对字、句等作微观之品评，它通常是对全文主旨的概括，文法的总结，有的评点者还喜借题发挥，以古论今。因此，尾评也常常被称为总评。赵岐《孟子章指》“每章之末，括其大旨”之法，即属于此。对于较长的篇幅，评点者会将全文分为数段，在对各部分进行分析的基础上，综括全文，段落基本是尾评的最小对象。因在文章末尾，评点者可尽情发挥，不用担心字数之限制，故其内容也最为丰富，许多评点者之尾评竟远远长于正文，由此可见一斑。如汪师韩《苏诗选评笺释》全用尾评，每首诗由原文、评点与笺释三部分组成。笺释部分大多从旧注中转引有关史书、年谱、诗话、笔记、山经、地志、《乌台诗案》及苏轼的诗集与文集；有时评点中夹杂注释，将训释字句与分析艺术技巧相结合，既点明字义句意，又阐明诗旨，演绎全篇；评点与解说结合，或品评工拙，或串讲诗意，或剖析章法，或批驳旧说，内容极其丰富。应该说，尾评因其发挥之自由，涵盖之丰富，而在苏轼诗文评点诸形式中占有重要地位。又如谢枋得《文章轨范》卷三评苏轼《秦始皇扶苏论》云：

> 此论主意有两说：（李）斯、（赵）高矫诏立胡亥，杀扶苏、蒙恬、蒙毅，其祸不在于蒙毅之去左右，而在于始皇之用赵高。后世人主用宦官者当以为戒。一说李斯、赵高敢于矫诏杀扶苏、蒙恬，而不忧二人之复请者，其祸不在于斯、高之乱，而在于商鞅之变法，始皇之好杀，后世人主果于杀者，当以为戒。前一段说始皇罪在用赵高，附入汉宣用恭显事，后一段说始皇之果于杀，其祸反及其子孙，附入汉武杀戾太子事，此文法尤妙。

还需指出的是，评点者往往兼用多种批语形式，有意通过各种批语的配合，达到更好的解读效果。如纪评苏诗，每篇必先指出其通篇大旨之所在，然后分段落，批明意思于旁；旁批所载不尽者，又见于眉批；最后于文末综其始终而总评之，即有意将旁批、眉批与尾评结合使用。而前述以眉批、旁批、夹批论文，尾评总括主旨之用法者，在苏轼诗文评点中则更为常见。

所有的评点形式都依附于文本，尤其是眉批、旁批、夹批、尾评等批语，它们不但无法单独存在，而且脱离了文本就会变得毫无意义，因此美国文学批评家希利斯·米勒认为，批语对于文本的依附性如同自然界的寄生虫于寄生主（体）一样，彼此之间相互依存，相互纠缠，甚至相互竞争。① 诚如吴承学先生所说："评点是把读者与文本放在主体部分，评点仅仅起提示、引导、启发作用。评点文字不是独立的文体，只有寄生于文本才可以生存，才有意义，如果将评点剥离开来，多数评点会不知所云，随文批评与独立批评区别甚大，它并不是把一般批评的内容分散到作品的各个部分，而是随文而生的，具有一般文学批评所没有的'现场感'。"② 随文批语作为一种寄生物，它可以将文本的意义增殖，尤其是评点文字中对文本一些内容的注释性解释，引经据典，考证时俗，都是对文本的增殖。批语被评点家作为一种表达个人见解的形式，相对于文本就相当于寄生物与寄主的关系，演变到后来，评点和文本也有可能转化为各自成为对方的寄生物。

然而，对于随文批语来说，寄生性仅仅是就其对文本的依存性而言的，批语对于文本来说，则还有运笔随心的侵略性，所以说侵略性与依存性是随文批语的两个方面，它们共同保全了评批对象完整而原始的面貌。随文批语不能针对全篇作品作

①参见[美]希利斯·米勒著，老安译：《作为寄主的批评家》，王逢振、盛宁、李自修编：《最新西方文论选》，桂林：漓江出版社，1991 年，第 156～157 页。

②吴承学：《现存评点第一书——论〈古文关键〉的编选、评点及其影响》，载《文学遗产》2003 年第 4 期。

出完整而全面的评价，而常常过多地表现出文人借此抒发自身情感思想的痼习，有的离作品本身相去甚远。这种格局在某种程度上助长了评点对读者的误导，而评点文字的增加有时也影响了读者阅读的连贯性，因而其侵略性有割裂文本肌体的感觉。但是评点文字总是与所驰骋的疆域密不可分地呈现在读者面前，所以文本与批语的意义在相互对照中得以显现出来。由此可见，无论是寄生性也好，侵略性也好，随文批语这种形式对于评点来说，其功能与作用都是不可忽视的。

三、评点符号

依托本文，有评有点，是评点区别于诗话、专论等其他批评体式的重要特征，其中“点”即指各种评点符号。“点”与旁批一样，紧密依托本文，而且多数情况下与旁批结合使用，将文章之纲领、眼目、埋伏、呼应处，直接呈现给读者。“点”之类型，从大的方面说，有圈、点、抹（｜）、截（—）等类。每类之中又分多种，如圈，即有黑圈（●）、单圈（○）、连圈（。。。）、重圈（◎）、外圈内点（⊙）、三角（△）、黑三角（▲）等形式；点，有句点（·）、顿点（、）、密句点（…）、密顿点（、、、）、空心点等形式；抹则有长短之分，截也有大小之别。上述符号还只是评点所习用者，且用法因人而异，有些评点者会因个人习惯而用一些不常见的符号，故难以对其做出总体性的描述。

“圈点”虽源于句读，但此种标点并非古人用于断句之句读，而是类似于今天读书时于重要处所作的标记，其作用类似于圈点符号，使文章“义显意明，有不待论说而自见者”①。文学评点中的“圈点”，较早见于南宋的古文选评，“《孙记》宋版《西山先生真文忠公文章正宗》二十四卷，旁有句读圈点”。且“有元以来，遂及经史。如《缪记》元刻叶时《礼经会元》四卷，何焯校《通志堂经解目》程端礼《春秋本义》三十卷，有句读圈点，大抵此风滥觞于南宋，流极于元明”②。这一时期的评点文辞扼要简约，基本上是以“点”为主，诠释经典或诗文的儒者通过标抹点书，“分别句读，订定字音，考正谬讹，标释段画”③。圈点符号一般有“朱抹、朱点、墨抹、墨点”，其标识之义涵为：“朱抹者，纲领、大旨；朱点者，要语、警语也；墨抹者，考订、制度；墨点者，事之始末及言外意也。”④ 可见“圈点”在宋以来的文学选本中主要是针对诗文的局部艺术特性而加以标识，如“警语”“要语”“字眼”“纲领”等。需说明的是，有些评点者还会将圈点符号与不同颜色相搭配，其用法就更为繁复了。如南宋谢枋得之古文圈点，有“截、抹、圈、点”四类，又依“黑、红、黄、青”对各种符号再作分解。截有黑画截、红画截、黄画半截三种；抹分黑侧抹、青侧抹、黄侧抹、黄中抹、红中抹五种；圈又分红侧圈、黄侧圈、黑侧圈、红圈、

①[元]脱脱等:《宋史》卷四百三十八《列传》一百九十七《何基》,北京:中华书局,1977年,第12979页。

②[清]叶德辉:《书林清话》卷二《刻书有圈点之始》,上海:上海古籍出版社,2012年,第28页。

③[元]吴师道:《礼部集》卷二十《请传习许益之先生点书公文》,清文渊阁四库全书本,第1212册,台北:台湾商务印书馆,1986年,第290页。

④[清]魏禧:《汲古阁元人标点五经记》,[清]钱泰吉:《曝书杂记》卷中,北京:中华书局,1985年,第56页。

黄正大圈五种；点又分红侧点、黑侧点、青侧点、黄正大点四者。在谢枋得圈点用法中，抹有侧、中，圈点有侧、正等位置的区别，因颜色、位置的不同，其意义也有区别。吴承学先生据此谓圈点之意义，“是由其标注符号的形状、位置、颜色三者来表示的”①。这种圈点法使得段、句层次分明，易于把握，为后人所推广，在后世有一定影响，被人称之为“广叠山法”。谢枋得也因此得名曰谢叠山。又如归有光的圈点《史记》之法：“朱圈点处总是意句与叙事好处，黄圈点处总是气脉。朱圈点者人易晓，黄圈点者人难晓。黑掷是背理处，青掷是不好要紧处，朱掷是好要紧处，黄掷是一篇要紧处。”②

虽然我们承认存在有评无点，或有点无评的评点本，但绝大多数苏轼诗文评本“评”“点”兼具也是事实。而在对苏轼诗文的评点中，各种评本“圈点”用法亦各有别。如明闵尔容辑评《苏文》六卷，有明末乌程闵氏刊朱墨蓝三色套印本传世，据《凡例》云：“丰寰钱先生圈点用朱，鹿门茅先生圈点用黛。”又如明虎林郑之惠评选、凌启康增编《苏长公合作》八卷、附录二卷，有凌氏重刻万历四十八年庚申（1620）永陵氏歧晟阁朱墨蓝三色套印本，内有高启、李贽等人批点，《凡例》中亦云：“季迪批点及诸评词印以朱；宏甫批点及诸考释印以黛。”

古文圈点符号自宋代以来广为盛行。点抹作为一种超越文字的特殊的分析方式，本身是为了提醒读者注意而使用的醒豁

①吴承学:《评点之兴——文学评点的形成和南宋的诗文评点》，载《文学评论》1995年第1期。

②［清］归有光:《评点〈史记〉例意》，［清］钱泰吉:《曝书杂记》卷中，北京:中华书局，1985年，第44页。

的标志符号。它或标出文中警拔之处，或作以句读，但又与直接的文字批评不同，符号所蕴含的意义又是需要读者细细体会的，这对读者的赏读起到一定的引导作用。尤其是有的评点者将圈点与夹批、旁批等形式相结合，使圈点之意更为醒目。如谢枋得《文章轨范》在对文中字句警语作圈点的同时，又在字句旁标上“承上接下不断”“文婉曲有味”“好句法”等批语，使读者对文章的体会更为深入。但是因为文字较符号更直观，更易于理解，“自出心裁，发挥道妙，又且离诗与文，而别自为书，信哉其能成一家言矣”①，而且由于时代久远，现存宋人评点本大都为后人编选传刻，而传刻者“不知宋人读书于要处，多以笔抹，不似今人之圈点，以为无用而删之矣”②，往往只留下“评”，而删略去圈点标抹之处，使我们难窥评点原貌。故而相对于“评”来说，研究者较少关注“点”，对此绝少论之。

从以上所述可以看出，我国古代除了用以断句的句读以外，还有丰富的“符号系统”，可以不用语言就把批评者的意旨传递出来。可惜的是，这些圈点符号没有形成一定之规，其具体运用往往因人而异，评点者若无凡例加以限定，就很难对读者产生强烈的效果，因此以“系统”称之并不恰当。当然，在大的方面，评点者的用法还是基本相同的，比如抹，通常是标识文章主旨、纲领等（按：抹为宋人所常用，至明、清则用者渐少，文章主旨也多由圈、点或其他一些特殊符号标识）；圈、点的用

①[清]章学诚著，叶瑛校注：《文史通义校注》，北京：中华书局，1985年，第958页。

②[清]永瑢、纪昀等编纂：《四库全书总目》卷一百八十七·集部四十《古文关键》提要，北京：中华书局，1965年，第1698页。

法有时无大差别，基本是眼目、关键、精彩发挥及呼应等；截则常用于章节的划分。除截以外，抹、圈、点通常都是对所标字、句、段的肯定评价，提醒读者应对所标内容特别留意。圈点符号运用得当，有时确实可以不劳词费而意义显豁，但多数情况下，其达意还是有一定的模糊性，故还须与批语结合使用。评点者不仅将其与旁批相结合，也常在眉批中对所圈点字句进行评论，使其意义更为显明。

圈点作为一种特殊的批评方式，和批语文字的一目了然不同，它需要读者仔细揣摩，否则很难理解评点者圈点所意味的涵义。圈点作为一种抽象的符号，除了自身的象征意义外，在评点中它的位置、颜色以及重圈、重点等，作为一种“沉默的暗示”，也拥有巨大的情感张力，给人一种“此时无声胜有声”的强大的在场感，蕴涵了评点者无声的情感体验和审美判断。所以，圈点虽然是以沉默的姿态出现在文本的边缘，但拥有不可置疑的评判力量。当我们阅读苏轼诗文评点中的这些圈圈点点的时候，我们能强烈地感觉到那虽然无声却清晰的批评意识。所以，圈点，是评点者无声的批评意识的外在体现。

以苏轼诗文评点为例，对诗文评点的批评形式发展和其中的几种主要批评形式进行简略的梳理，从中也可看出诗文评点形式所隐含的合理内涵和对后世文学批评的影响。诗文评点是中国古代一个独特的文化现象，是一种融合了理论批评性和商业传播性为一体的批评体式，而又表现为多样性和实用性两个层面的特性。一方面，每种批评形式虽各有其用，但它们并非孤立的存在，而是根据不同的批评旨趣和批评对象采用不同的评点方式，并相互组合成一个整体。它们构成了一个从宏观到微观、从抽象到具体的全景式的批评。在具体的批评中，多种形式的交织使用，批评视角也不是单向的，而是多向式的展开；同时，它对作品批评的细致入微，更是其他批评形态难以比拟的。也正是这种组合，才使得评点成为一种独具特色的批评体式。由苏轼诗文评点形式的多样性，可以看出，其最大之特色就是全面性、综合性、细微性。这可以从两点来理解：一是就批评范围而言，评点者对于苏轼诗文大至所有作品，小至一字一句，都可施以评点；再是就评点内容来说，大至作品之主旨，小至一人一事之得失，大至作品之整体文风，小至一字一句之精彩发挥，在苏轼诗文评点中都有所体现。另一方面，诗文评点依附于本文，其眉批、夹批、总批等形式都与作品本身密切相关，而读法类文字更是对作品鉴赏的总体性、实用性指导，这种与作品融为一体并以读者接受为归趋的批评形式是评点在中国古代长盛不衰的一个重要因素。评点虽已成为历史的陈迹，在当今的文学批评中已不占有重要位置，但这种独特的批评形式还有其生命和价值，尤其是它所体现出来的那种多样性、实用性兼容的特点和以接受为归、以读者为本的批评精神无疑是一个值得借鉴的批评传统。

第二节 苏轼诗文评点的版本形态

在中国古代文学批评体系中，评点是一种独特又至为复杂的批评形态。它明显有别于《文心雕龙》那样系统的理论著作，而是以单部（篇）作品为批评对象；它也不同于诗话、词话类的著作，后者对作品的批评往往是撷其要点，作单项的品评，兼及作品的创作背景以及创作轶事，而评点却是对一部作品从首至尾、多向性地展开批评。与前两种理论批评形态更重要的不同，还在于评点紧附于作品的文本，它不仅使用明确的文字语言做出评鉴，而且大量使用非文字的评点符号。这就使得我们在讨论评点的批评形态时，必须结合版本形态来进行。苏轼诗文评点的版本因为划分标准不同而呈现出不同的形态。

一、单色刊刻本与多色套印本

以刊印方式为标准，可将苏轼诗文评本分为单色刊刻与多色套印两类。

所谓单色刊刻，亦即墨色雕版刊刻印刷。[①]“雕版”在我国古代有多种名称，最为常见的有“镂版”“刻版”“刊版”“墨版”“椠版”“梓版”等，是我国唐宋时期使用最为普遍的印刷术。苏轼诗文评本多为单色雕版刊刻印刷，如刘辰翁批点元“建安熊氏鼎新镌梓”刻本《王状元集百家注分类东坡先生诗》二十五卷，翁同书批注清康熙三十八年（1699）宋荦刻本《施注苏诗》四十二卷，彭元瑞批点清乾隆二十六年（1761）查氏香雨斋刻本《东坡先生编年诗》五十卷，李贽评辑明万历二十八年庚子（1600）焦竑序刊本《坡仙集》十六卷等。

多色套印起源于宋代，初时用于纸币的套印。[②]元代开始出现书籍的朱墨套印。到了明代，已有双色乃至四色套印的书籍。由于套版印刷技术比较复杂，刻印一部书籍，比单版雕印费时、费工，成本也高，在群众中不易推广。所以，很长一段时间没

---

①雕版印刷是将文字、图像雕刻在平整的木板上，再在版面上刷油墨，然后覆上纸张，用干净的刷子轻轻地刷过，使印版上的图文清晰地转印到纸张上的工艺方法。

②多色套版印刷是在单色雕版印刷的基础上发展起来的，指在一块版上用不同颜色印刷文字或图像。这种套印有两种，一种是每色分别刻版，再逐色套印。另一种是在一版上刷不同颜色一次印刷。

有被普遍应用。明代后期各种评点本的大量涌现为书商提供了良机，多色套印才开始盛行起来。如《苏长公合作》初刻本原有郑之惠评选明万历三十年（1602）书林余宪成印本，分为内外篇，而不分卷，但凌启康于万历四十八年（1620）重刻是书，则变成了永陵氏歧晟阁朱墨蓝三色套印本，打乱了郑之惠原编内外篇的体例和文章次序，厘为八卷，以赋为首。凌启康增选的各体苏文五十八篇单编为补遗二卷，不与郑选者相混。此外凌氏还增补了本传、杂说、评论等汇为附录一卷。本文墨色，行间有朱、黛色小字批评与圈点，在古今六十三家评语中，以明高启、李贽为主，其中高启及各家评点用朱印，李贽及诸家考释用蓝印，郑之惠的评语反而未占重要地位。而明末闵尔容辑评《苏文》六卷，取材于茅坤、钱穀二家的苏文选评本，加以综合利用，有明末乌程闵氏刊朱墨蓝三色套印本传世，据《凡例》云："丰寰钱先生圈点用朱，鹿门茅先生圈点用黛。"又如文起编选《苏长公策论选》十二卷，明天启间三色套印本，原题："归安鹿门茅坤、景陵伯敬钟惺批评。"朱印茅坤评语，黛印钟惺评语，墨印苏轼策文。这不仅使得评本更加美观，也利于读者分辨出不同评者的批点，所以销量激增，也给书商带来了更为丰厚的利润。

苏轼诗文评点本中，有些是朱墨套印，如冯梦祯批点、凌濛初增辑凌氏明万历三十一年（1603）朱墨套印本《东坡禅喜集》十四卷；钟惺选闵氏朱墨套印本《东坡文选》二十卷；纪昀评点清道光十四年（1834）两广节署朱墨套印本与韫玉山房清同治八年（1869）朱墨套印本《苏文忠公诗集》五十卷；王圣俞评选吴兴闵氏朱墨套印刻本《苏长公小品》四卷等。有些则是三色套印，如凌启康考释凌氏明万历四十八年（1620）三色套印《苏长公合作》八卷、补二卷；唐顺之选凌氏三色套印本《苏文嗜》六卷；茅坤、钟惺评点凌氏三色套印刻本《苏长公策论选》十二卷；钱穀、茅坤批，闵尔容辑评闵氏三色套印刻本《苏文》六卷等。

这里还需要提及的是，苏轼诗文评本中，除了绝大部分为雕版刻本外，还有个别评本属于石印本。[①] 现有苏轼诗文评本中有纪昀评点1919年上海扫叶山房石印本《苏文忠公诗集》五十卷，温汝能纂清光绪十八年（1892）上海五彩公司石印本《东坡和陶合笺》八卷，查慎行评点张载华纂集上海六艺书局石印本《初白庵诗评》（又名《查初白十二种诗评》）三卷等。它们也是苏轼诗文评点版本形态发展道路上不可忽视的重要一环。

二、单评本和集评或合评本

以评点方式为标准，可将苏轼诗文评本分为单评本与集评或合评本。

所谓单评，是指评者一人对作品所作的评点，或选录者只过录一家之评。而所谓集评，亦可称之为汇评，是指评者在评点时附及其他人之评语，或过录者将对同一作品的不同评语汇辑于一起。而所谓合评是将几个相关的评本合在一起。这种集

---

①石印是平版印刷的一种方法，是以石板为版材，将图文直接用脂肪性物质书写、描绘在石板之上，或通过照相、转写纸、转写墨等方法，将图文间接转印于石板之上，进行印刷的工艺技术，较之雕版更为便捷。这种早期的石印术由西方传教士于1832年前带入中国，开始在中国印刷布道小册子或其他简单印件。现知最早的石印中文书籍是麦都思于1829年印制的《东西史记和合》，现存最早的石印期刊则是清道光十八年（1838）九月和十月两期《各国消息》。

评或合刻本在同一阅读空间，同时提供多种评点体系，也成了错综的集体言说。

苏轼作品评点本主要为单评本，个人评点以直陈个体观点为主要形式，带有私人性，虽能较为明显地反映某人的批评观念和态度，但易有“缺而不全”之憾。其汇评、集评及评点合刻本多以散文为主，主要出现于明代中后期。这与此际人们对苏文的喜爱以及套版印刷出版业的飞速发展、明代“大全”类书籍的刊印有关，隐含着大众文化的崛起和商业气息的勃兴。这一时期的苏文汇评、集评本如郑之惠、凌启康辑，高启等评《苏长公合作》八卷、补二卷；凌濛初辑，冯梦祯等评《东坡禅喜集》十四卷；钱椟辑，李卓吾等评《苏长公表启》五卷；李贽辑评《坡仙集》十六卷；李一公辑评《苏长公密语》十六卷等。形形色色的汇评本或集评本，其评点内容主要由三个方面构成。一是尽取前人评点，如许多评本都大量采用了南宋吕祖谦、谢枋得、楼昉等家批语。二是将前人诗话、文话笔记论诗、论文之语改成批点文字，也采用明代高启、杨慎、唐顺之、茅坤、归有光等人的评论。第三则是个人评点，一般都是三言两语，描绘一时触景兴意的感受，表达他们对散文内容的主观印象。这些评点或用朱笔批点，或用墨字评阅，或用多色套印；或眉批，或夹批，或旁批，或尾评，各呈样式，令人眼花缭乱，虽是书商因牟利而为，但客观上起到了启蒙人们理解作品的作用，对于鉴别各本的先后、优劣与真伪等也具有实用的意义，而且利于研究者通过纵横比较，较为清楚地发现各家各派对于作品的不同看法，以及从中发现不同时代的学术思想之演变。

苏文评点合刻本，一般是将三苏或唐宋八大家散文评点放在一起合刻成套出版。如茅坤辑评《唐宋八大家文钞》一百六十六卷（含《宋大家苏文忠公文抄》二十八卷），李贽辑评《三苏文抄》二十卷（含《东坡文抄》十二卷），孙鑛评选《四大家文选四种》八卷（含《苏文忠公集选》二卷），王世元辑、汤宾尹评《苏隽》五卷（含《东坡先生集》三卷），茅坤、钱穀、钟惺等评《三苏文汇》六十卷（含《东坡文汇》四十卷），董应举辑并评《眉山苏氏三大家文选》四卷（含《宋大家苏东坡先生文选》二卷）。此外亦出现了诸如沈德潜辑、赵翼评《宋金三家诗选》及《御选宋金元明四朝诗》和《御选唐宋诗醇》等苏诗评点合刻本。合刻成套出版，类似于现在的丛书出版物，其中各个评本自具独有特点，相互之间也有关联。这不仅能够提供更加全面的阅读信息帮助读者理解文本含义，可以吸引广大受众，提高评本的影响力，同时也利于把握相关评本的总体面貌或评点者对此类作品的整体态度。

三、全评本与选评本

以评点范围为标准，可将苏轼诗文评本分为全评本与选评本两类。

这里包含两种意思。第一种意思是以底本是否为全部作品为依据，至于评点者是否对每篇诗文都有批评，则不在考虑范围。所谓全评是指评点所依据的底本是完整的，而选评即评点者节选部分作品加以评点。以此而论，对苏诗全部诗文进行评点的批本事实上并不存在，如果将诗文分开来看，则纪昀、刘辰翁及查慎行等所评苏诗（其中大部分评点已佚失）都属于全评。

第二种意思与前者相对，是以被评点的作品为依据，这里作品的底本有可能是完整的，也有可能是选本，全评即对作品每一篇章都要进行评点，而选评是只评点所用底本中的部分作品。以此而论，则绝对意义上的全评并不存在。即使纪评苏诗也并不是每一篇作品都有评点。我们只能相对来说，纪昀、查慎行评点苏诗，茅坤、钟惺评点苏文，基本上是对于所选作品进行的全评。

四、刻本与未刊本

从评本刊刻状况来说，可将苏轼诗文评本分为刻本与未刊本。

苏轼诗文评点本中，大部分为刻本，而未刊本仅有30余种，所占比例还不到所有评点本的三分之一。未刊本主要集中在清代，这一时期之所以能够产生较多的未刊本，有多方面原因：首先，在此之前的各个时期，一般批点者所批的本子都较为常见，藏书家不太重视，所以就没有流传下来；其次，这一时期更加注重文本保存，比如许多书目中都著录未刊本，而之前的相关书目中就少有提及，这使得许多未刊评本得以保留；再者，与明清易代有关，许多汉族文人对于清朝持反对甚至仇视态度，在批语中多有抵触，更易于遭到朝廷的查禁，因此这些评本书商不敢拿出来刊刻，有些刊刻的也遭到查禁。而且，这些评点并不是为传播而作，评者大多是为了个人的秘玩自赏，甚至是借苏轼作品抒发个人感慨。

这种评点严格说来都是文人自赏型的，文人化和私人化色彩很浓，极为符合文人个性，所以随笔涂抹、肆意挥洒个人性情也就不难理解了。这种自赏性的文人化评点，对于提升评点的整体品味发挥着重要作用。他们脱离商业化影响，能够全身心地表达真正的自我，可读性和艺术品位都很突出。如萧奇中、杭世骏、何绍基、钱廷锦、李香岩等人的评点，其鉴赏力和艺术趣味都很与众不同。他们评点的动机都是源自对于苏轼及其作品的热爱，为其艺术魅力所折服，何绍基还曾批点过两个版本，钱廷锦也是批阅多次，而李香岩则在评点苏诗的同时，对纪评苏诗也发表了自己的不同看法。评点在这里首先成为一种个体消闲甚至是宣泄情感的需要，其次才是表达个人对作品内容的理解。这些未刊评点大多有一个共同的特征就是他们评点的时间都比较长，由于是出于自赏，所以并不追求一蹴而就，而是反复研读，长时间批点，他们倾注大量甚至毕生精力只是为了在评点过程中获得一种感情上的满足。

附：苏轼诗文评点未刊本

书目	作者/评点者/选本	藏书单位
东坡集四十卷后集二十卷奏议十五卷内制集十卷乐语一卷外制集三卷应诏集十卷续集十二卷；年谱一卷	[宋] 苏轼撰；[宋] 王宗稷撰，清光绪三十四年（1908）至宣统元年（1909）端方宝华庵刻朱印本，缪荃孙批校	山东省图书馆
东坡先生诗集注三十二卷；东坡纪年录一卷	[宋] 苏轼撰，题 [宋] 王十朋纂集；[宋] 傅藻撰，明万历茅维刻本，[明] 萧奇中评点	上海图书馆
东坡先生诗集注三十二卷；东坡纪年录一卷	[宋] 苏轼撰，题 [宋] 王十朋纂集；[宋] 傅藻撰，明万历茅维刻本，[清] 杭世骏批，[清] 黄灿批并跋，[清] 孙颢元校，[清] 丁丙跋	南京图书馆
东坡先生诗集注三十二卷	[宋] 苏轼撰，题 [宋] 王十朋纂集，明末王永积刻本，[清] 钱廷锦评点并跋，[清] 翁同龢跋并录，[清] 严虞惇批点及跋	国家图书馆

续表

书目	作者/评点者/选本	藏书单位
东坡先生诗集三十二卷文集七十五卷；东坡先生纪年录一卷（存八十三卷：诗集一至二十六；文集二十至七十五；纪年录）	［宋］苏轼撰，题［宋］王十朋纂集，［明］陈仁锡评；［宋］傅藻撰，明崇祯陈仁锡刻本，［清］钱陆灿批并跋	上海图书馆（残）
苏东坡诗集注三十二卷；年谱一卷	［宋］苏轼撰，题［宋］吕祖谦分编，题［宋］王十朋纂集；［宋］王宗稷撰，清康熙三十七年（1698）朱从延文蔚堂刻本，［清］查慎行批注	上海图书馆
施注苏诗四十二卷续补遗二卷	［宋］苏轼撰，［宋］施元之、顾禧注，清抄本，［清］何绍基批点	国家图书馆
施注苏诗四十二卷总目二卷；苏诗续补遗二卷；王注正伪一卷；东坡先生年谱一卷	［宋］苏轼撰，［宋］施元之、顾禧注，［清］邵长衡、顾嗣立、宋至删补；［宋］苏轼撰，［清］冯景补注；［清］邵长衡撰；［宋］王宗稷撰，清康熙三十八年（1699）宋荦刻本，［清］查慎行批注	上海图书馆
施注苏诗四十二卷总目二卷；苏诗续补遗二卷；王注正伪一卷；东坡先生年谱一卷	［宋］苏轼撰，［宋］施元之、顾禧注，［清］邵长衡、顾嗣立、宋至删补；［宋］苏轼撰，［清］冯景补注；［清］邵长衡撰；［宋］王宗稷撰，清康熙三十八年（1699）宋荦刻本，［清］潘奕隽批点并跋	上海图书馆
施注苏诗四十二卷总目二卷；苏诗续补遗二卷；王注正伪一卷；东坡先生年谱一卷	［宋］苏轼撰，［宋］施元之、顾禧注，［清］邵长衡、顾嗣立、宋至删补；［宋］苏轼撰，［清］冯景补注；［清］邵长衡撰；［宋］王宗稷撰，清康熙三十八年（1699）宋荦刻本，［清］王芑孙圈点并跋	上海图书馆

续表

书目	作者/评点者/选本	藏书单位
施注苏诗四十二卷总目二卷；苏诗续补遗二卷；王注正伪一卷；东坡先生年谱一卷	［宋］苏轼撰，［宋］施元之、顾禧注，［清］邵长衡、顾嗣立、宋至删补；［宋］苏轼撰，［清］冯景补注；［清］邵长衡撰；［宋］王宗稷撰，清康熙三十八年（1699）宋荦刻本，［清］孙原湘批	上海图书馆
施注苏诗四十二卷总目二卷；苏诗续补遗二卷；王注正伪一卷；东坡先生年谱一卷	［宋］苏轼撰，［宋］施元之、顾禧注，［清］邵长衡、顾嗣立、宋至删补；［宋］苏轼撰，［清］冯景补注；［清］邵长衡撰；［宋］王宗稷撰，清康熙三十八年（1699）宋荦刻本，［清］顾莼批	吉林省图书馆
施注苏诗四十二卷总目二卷；苏诗续补遗二卷；王注正伪一卷；东坡先生年谱一卷	［宋］苏轼撰，［宋］施元之、顾禧注，［清］邵长衡、顾嗣立、宋至删补；［宋］苏轼撰，［清］冯景补注；［清］邵长衡撰；［宋］王宗稷撰，清康熙三十八年（1699）宋荦刻本，［清］何绍基批并跋	上海图书馆
施注苏诗四十二卷总目二卷；苏诗续补遗二卷	［宋］苏轼撰，［宋］施元之、顾禧注，［清］邵长衡、顾嗣立、宋至删补；［宋］苏轼撰，［清］冯景补注，清康熙三十八年（1699）宋荦刻本，［清］翁同书批注	国家图书馆
施注苏诗四十二卷总目二卷；苏诗续补遗二卷	［宋］苏轼撰，［宋］施元之、顾禧注，［清］邵长衡、顾嗣立、宋至删补；［宋］苏轼撰，［清］冯景补注，清康熙三十八年（1699）宋荦刻本，［清］郑珍批	四川省图书馆

续表

书目	作者/评点者/选本	藏书单位
施注苏诗四十二卷总目二卷；苏诗续补遗二卷	[宋] 苏轼撰，[宋] 施元之、顾禧注，[清] 邵长衡、顾嗣立、宋至删补；[宋] 苏轼撰，[清] 冯景补注，清康熙三十八年（1699）宋荦刻本，[清] 郭嵩焘批点	武汉大学图书馆
施注苏诗四十二卷总目二卷；苏诗续补遗二卷；王注正伪一卷；东坡先生年谱一卷	[宋] 苏轼撰，[宋] 施元之、顾禧注，[清] 邵长衡、顾嗣立、宋至删补；[宋] 苏轼撰，[清] 冯景补注；[清] 邵长衡撰；[宋] 王宗稷撰，清康熙三十八年（1699）宋荦刻本，周贞亮、虞弼批校	南开大学图书馆
东坡先生编年诗五十卷；年表一卷	[宋] 苏轼撰，[清] 查慎行补注；清乾隆二十六年（1761）查开香雨斋刻本，[清] 纪昀批校并跋，[清] 纪香林跋	国家图书馆
东坡先生编年诗五十卷	[宋] 苏轼撰，[清] 查慎行补注，清乾隆二十六年（1761）查开香雨斋刻本，[清] 彭元瑞批点，李士棻跋	上海图书馆
东坡先生编年诗五十卷；年表一卷	[宋] 苏轼撰，[清] 查慎行补注；清乾隆二十六年（1761）查开香雨斋刻本，[清] 郑珍批	四川省图书馆
东坡先生编年诗五十卷；年表一卷	[宋] 苏轼撰，[清] 查慎行补注，清乾隆二十六年（1761）查开香雨斋刻本，林纾批校	吉林大学图书馆

续表

书目	作者/评点者/选本	藏书单位
苏文忠诗合注五十卷	[宋] 苏轼撰，[清] 冯应榴辑注，清乾隆五十八年（1793）踵息斋刻本，黄绍昌批校	中山大学图书馆
苏文忠公诗编注集成四十六卷集成总案四十五卷诸家杂缀酌存一卷苏海识余四卷笺诗图一卷	[清] 王文诰辑，清嘉庆二十四年（1819）王氏韵山堂刻本，[清] 张廷济批校	南京图书馆
苏文忠公诗编注集成四十六卷集成总案四十五卷诸家杂缀酌存一卷苏海识余四卷笺诗图一卷（存六十四卷：苏文忠公诗编注集成三十四至四十六；集成总案、诸家杂缀酌存、苏海识余、笺诗图全。）	[清] 王文诰辑，清嘉庆二十四年（1819）王氏韵山堂刻本、[清] 翁同龢批校并跋	苏州大学图书馆
苏长公文燧不分卷	[宋] 苏轼撰，[明] 陈绍英辑，明崇祯四年（1631）陈绍英刻本，[清] 弘晓批校，[清] 方功惠跋	山东省图书馆
宋东坡诗选一卷	[宋] 苏轼撰，[清] 陈訏辑，清康熙三十二年（1693）陈訏刻宋十五家诗选本，[清] 王芑孙批点并跋	上海图书馆
苏诗二卷	[宋] 苏轼撰，[清] 查慎行辑并评，清抄本，[清] 沈廷芳批	北京师范大学图书馆
苏文忠公尺牍不分卷	[宋] 苏轼撰，[清] 石竹居士辑、[清] 依北书屋抄本，[清] 翁同龢批点	上海图书馆

续表

书目	作者/评点者/选本	藏书单位
东坡诗选二卷	［宋］苏轼撰，［明］沈白辑，［明］陈銮评，明刻本，佚名批点	浙江省图书馆

五、综合性评本与专题性评本

从评点本的文体类别来看，可将苏轼诗文评本分为综合性评本与专题性评本。

苏轼诗文评本中基本上都是综合性评本。专题性评本较少，就作者所寓目，仅见《东坡尺牍》《东坡题跋》《东坡禅喜集》《东坡养生集》等寥寥几种。刘尚荣先生对此作过详细考论。①兹简介如下：

（一）《东坡尺牍》

本收于明茅维刊七十五卷本《东坡全集》的第五十至六十一卷，陈继儒从中选出一百四十六篇，厘为二卷，经海阳黄嘉惠校定，收入《苏黄小品》而刊行。明末刊本无序跋，半页九行，行二十字，单鱼尾，上题《东坡尺牍》，书眉处有评语。明朱睦㮮所编《万卷堂书目》著录《东坡尺牍》二十卷，与《苏长公二妙集》所收《尺牍》卷数同，疑同出一源，即将茅维刊全集本东坡尺牍抽出单行。

（二）《东坡题跋》

明茅维刊七十五卷本《东坡全集》中收苏轼各种题跋将近六百条，见该书卷六十六至卷七十一。明毛晋汲古阁《津逮秘

①参见刘尚荣：《明代苏轼文集选本考述》，《苏轼著作版本论丛》，成都：巴蜀书社，1988年，第153～156页。

书》本《东坡题跋》六卷，收文近六百篇，即从茅维刊《东坡全集》中抽出单行。清阮元、范邦甸等所编《范氏天一阁书目》在"集部·杂著类"著录：《东坡题跋》四卷，《尺牍》四卷；《山谷题跋》四卷，《词牍》四卷，明刊本。此即所谓《苏黄小品》本，明海阳黄嘉惠校刊。序称："苏黄二公之风流在小品。……陈眉公（徵君）谓二公之最妙在尺牍、在题跋、在小词，当合之另行。余因取而并采诸评隽雅者附之。"

（三）《东坡禅喜集》

明凌濛初编，凌氏套印本，十四卷。该本卷首有陈继儒、陆树声题序，半页八行，行十八字；中缝上题"东坡禅喜"，下记卷页数，文体类目低一格，文题低两格，正文顶格。文有朱笔圈点及旁批；天头有眉批，文末时见总评，皆朱文。卷首署"真空居士冯梦祯批点，即空居士凌濛初辑增"。卷末有冯、凌二人万历癸卯（1603）的题识，凌氏天启辛酉（1621）跋及唐文献的一篇跋。《四库全书总目》载："先是，徐长孺（益孙）尝取苏轼谈禅之文，汇集成编（按，原编九卷）。唐文献（元徵）序而刊之。濛初以其未备，更为增订（按，增十七则，重新编次，厘为十四卷）。万历癸卯，濛初与冯梦祯游吴阊，携是书舟中，各加评语于上方。至天启辛酉，与《山谷禅喜集》并付之梓。"① 评语主要采自王圣俞、李卓吾、袁石公、陈眉公、茅鹿门、钱鹿屏等人的评选本，而又颇所变更。眉批改总评，总评改眉批，旁批改眉批，以及评语出处的张冠李戴，均属常见。所收评家虽多，却非集大成者。这与茅维对《分类集注东坡诗》的

①［清］永瑢、纪昀等编纂：《四库全书总目》卷一百七十四·集部二十七《东坡禅喜集》提要，北京：中华书局，1965 年，第 1537 页。

窜改如出一辙，盖明末文风所致。故《四库全书总目》谓之："濛初喜取前人小品，以套版刻之，剞劂颇工，而无补艺苑。"

(四)《东坡养生集》

明末清初王如锡编。此书卷首有王思任、邱象升序，据序可知书成于明末崇祯间，而于清康熙中由邱象升批点行世。此书分饮食、方药、居止、游览、服御、翰墨、达观、妙理、调摄、利济、述古、志异等十二卷，收录东坡诗文小品中有关闲适颐养之作，多数不是苏轼的代表作品。故《四库全书总目》讥之曰："使轼仅以此见长，则轼亦一明季山人而已矣，何足以为轼乎?"①

六、署名评本与佚名评本

从作者署名情况来看，可将苏轼诗文评本分为署名评本与佚名评本。

苏轼诗文评本多为署名评本，但也有少量佚名评本。这些佚名评本多是过录茅坤、李贽、查慎行、纪昀等人的评本。存在这些佚名评本的原因是多方面的：一是因为这些评点者多为下层文人，其名不显，故不为人所注意，未能流传下来；二是因为有些评点者为胜朝遗民，心怀故国，评点中颇多不平之气，恐为当朝所不容，故隐其名；三是因为在评本保存及流传过程中，因虫噬、水浸、烛烤或者人为毁坏等因素，评者之名被湮没；四是因为有些批本只是评者供自己欣赏，在批点中寻求自我娱乐，而无意于传刻，亦无意于署名。另外，有些评者乃是过录别人的评本，而非本人之力，认为是否署名无所谓，或担

①[清]永瑢、纪昀等编纂:《四库全书总目》卷一百七十四·集部二十七《东坡养生集》提要,北京:中华书局,1965年,第1537页。

心署名后会为人耻笑，不愿掠人之美，故而其名不传。

在署名评本中，一些书商为了盈利，也陆续出版了一些挂名苏轼的伪作。如《东坡问答录》《艾子杂说》一卷、《渔樵闲话录》上下篇、《东坡杂纂》二卷续一卷、《物类相感志》十八卷（亦有一卷本）、《格物粗谈》二编等，据刘尚荣先生考证，皆疑似假托苏轼之伪作。①

尤其值得注意的是，在明代中后期，书坊主经常聚合一些下层文人，包括书坊主本人，在刊刻苏轼诗文集的时候，特意署上李贽、钟惺、焦竑、杨慎、袁宏道等当时一些社会文化名流批点或编辑的字样，以制造影响，吸引读者，扩大销路，遂渐成风气，致使后人真假难辨。因此对于这些评本需要做认真辨识。

七、原批本与过录本

从评点来源来看，可将苏轼诗文评点分为原批与过录两大类型。有些评本会在序跋中交代是否属于过录，如国家图书馆藏明万历王永积刻本《东坡先生诗集注》三十二卷，内有黄裳题识："余旧藏王注苏诗，与此板刻正同。茅维一行则属'明梁溪王永积崇严阅'，盖取此本书板挖补重印者。经钱简臣评阅，更得翁同龢过录严思庵评，甚珍视之。近拟斥去，不无怅惋。会于传薪所获群书中得此本，初印精好，胜于翁本，卷中有黄笔批校，遂以廉直获之。更抽暇过录严批及同龢手跋，当重装之，以存故迹。"而有些评本并未标明，则需与他本相互比勘甄别。

①参见刘尚荣:《明代苏轼文集选本考述》,《苏轼著作版本论丛》,成都:巴蜀书社,1988年,第161～164页。

此外还有多部未刊批本，书名某某人批点，实乃过录他人的评语，这些评语主要集中在苏诗评点本中。如彭元瑞、李鸿裔、孙原湘、翁同书、潘奕隽、丁菊泉等人的手批本，事实上却是过录或选录查慎行、汪师韩、纪昀评语。在这些评语中，有的是基本上全同纪评，如孙原湘、丁菊泉手批苏诗。有的是节录其中一部分，如纪评苏诗五十卷，彭元瑞只过录前二十七卷。有的则是选录，如李鸿裔、潘奕隽等手批苏诗，选录查、汪、纪等人评语。还有的是通过变换位置、删节等形式进行了某些修改，如翁同书手批苏诗即是如此。对于这类评本亦当审慎待之。

苏轼诗文评点能产生这么多过录本，主要是因为有些评点者如查慎行、纪昀、茅坤、钟惺、李贽等人，或是诗文大家，或为高官显贵，具有较强的影响力，为人所青睐。其他评点者过录他们的评本，或是投其所好，抑或是作为教材流传后人，以供学习，但更多的还是出于对这些名家的敬仰而过录珍藏之。因此我们在考察过程中，要摸清评者的评点动机，才能做出恰切的学术评判。

附：苏轼诗文评点过录批本

书目	作者/评点者/选本	藏书单位
东坡先生诗集注三十二卷	[宋] 苏轼撰，题 [宋] 王十朋纂集，明末王永积刻本，[清] 钱廷锦评点并跋，[清] 翁同龢跋并录，[清] 严虞惇批点及跋	国家图书馆
东坡先生诗集三十二卷	[宋] 苏轼撰，题 [宋] 王十朋纂集，[明] 陈仁锡评，明崇祯陈仁锡刻本，[清] □圻录，[清] 邵长衡批跋	上海图书馆

续表

书目	作者/评点者/选本	藏书单位
施注苏诗四十二卷总目二卷；苏诗续补遗二卷；王注正伪一卷；东坡先生年谱一卷	［宋］苏轼撰，［宋］施元之、顾禧注，［清］邵长衡、顾嗣立、宋至删补；［宋］苏轼撰，［清］冯景补注；［清］邵长衡撰；［宋］王宗稷撰，清康熙三十八年（1699）宋荦刻本，［清］陈廷表抄配并录［清］查慎行评注，［清］陈鳣、钱鸿宝跋，□哲临［清］陈景云录，［清］何焯批点	国家图书馆
施注苏诗四十二卷总目二卷；苏诗续补遗二卷；王注正伪一卷；东坡先生年谱一卷	［宋］苏轼撰，［宋］施元之、顾禧注，［清］邵长衡、顾嗣立、宋至删补；［宋］苏轼撰，［清］冯景补注；［清］邵长衡撰；［宋］王宗稷撰，清康熙三十八年（1699）宋荦刻本，［清］蒋生跋并录，［清］查慎行批校	兰州大学图书馆
施注苏诗四十二卷总目二卷；苏诗续补遗二卷；王注正伪一卷；东坡先生年谱一卷	［宋］苏轼撰，［宋］施元之、顾禧注，［清］邵长衡、顾嗣立、宋至删补；［宋］苏轼撰，［清］冯景补注；［清］邵长衡撰；［宋］王宗稷撰，清康熙三十八年（1699）宋荦刻本，［清］葛继常录，［清］查慎行批注查喜跋	南京图书馆
施注苏诗四十二卷总目二卷；苏诗续补遗二卷；王注正伪一卷；东坡先生年谱一卷	［宋］苏轼撰，［宋］施元之、顾禧注，［清］邵长衡、顾嗣立、宋至删补；［宋］苏轼撰，［清］冯景补注；［清］邵长衡撰；［宋］王宗稷撰，清康熙三十八年（1699）宋荦刻本，□璜录，［清］查慎行、查昇、马墨麟批校	中国社科院文学所

续表

书目	作者/评点者/选本	藏书单位
施注苏诗四十二卷总目二卷；苏诗续补遗二卷；王注正伪一卷；东坡先生年谱一卷	［宋］苏轼撰，［宋］施元之、顾禧注，［清］邵长衡、顾嗣立、宋至删补；［宋］苏轼撰，［清］冯景补注；［清］邵长衡撰；［宋］王宗稷撰，清康熙三十八年（1699）宋荦刻本，佚名录，［清］查慎行、清高宗弘历评	湖北省图书馆
施注苏诗四十二卷总目二卷；苏诗续补遗二卷；王注正伪一卷；东坡先生年谱一卷	［宋］苏轼撰，［宋］施元之、顾禧注，［清］邵长衡、顾嗣立、宋至删补；［宋］苏轼撰，［清］冯景补注；［清］邵长衡撰；［宋］王宗稷撰，清康熙三十八年（1699）宋荦刻本，佚名录，［清］查慎行、纪昀批校	河南省郑州市图书馆
施注苏诗四十二卷总目二卷；苏诗续补遗二卷；王注正伪一卷；东坡先生年谱一卷	［宋］苏轼撰，［宋］施元之、顾禧注，［清］邵长衡、顾嗣立、宋至删补；［宋］苏轼撰，［清］冯景补注；［清］邵长衡撰；［宋］王宗稷撰，清康熙三十八年（1699）宋荦刻本，［清］庄缙度录，［清］纪昀批、庄蕴宽跋	上海图书馆
施注苏诗四十二卷总目二卷；苏诗续补遗二卷；王注正伪一卷；东坡先生年谱一卷	［宋］苏轼撰，［宋］施元之、顾禧注，［清］邵长衡、顾嗣立、宋至删补；［宋］苏轼撰，［清］冯景补注；［清］邵长衡撰；［宋］王宗稷撰，清康熙三十八年（1699）宋荦刻本，佚名录，［清］纪昀批校	安徽师范大学图书馆

续表

书目	作者/评点者/选本	藏书单位
施注苏诗四十二卷总目二卷；苏诗续补遗二卷；王注正伪一卷；东坡先生年谱一卷	［宋］苏轼撰，［宋］施元之、顾禧注，［清］邵长衡、顾嗣立、宋至删补；［宋］苏轼撰，［清］冯景补注；［清］邵长衡撰；［宋］王宗稷撰，清康熙三十八年（1699）宋荦刻本，刘明跋并录，［清］纪昀等批校	福建省图书馆
施注苏诗四十二卷总目二卷；苏诗续补遗二卷；王注正伪一卷；东坡先生年谱一卷	［宋］苏轼撰，［宋］施元之、顾禧注，［清］邵长衡、顾嗣立、宋至删补；［宋］苏轼撰，［清］冯景补注；［清］邵长衡撰；［宋］王宗稷撰，清康熙三十八年（1699）宋荦刻本，易忠箓录，［清］鲍倚云录［清］徐昂发、查慎行批点及鲍倚云跋	湖北省图书馆

第三节　苏轼诗文评点的作者类型

苏轼诗文评点数量繁多，评点者身份不同，评点意图各异，评点方法亦有所差别，因此也就有了不同的标准，而形成了不同的类型。

从评点者身份来看，可将苏轼诗文评点者分为学者型、文人型与书商型三类。

一、学者型

第一类是学者批阅，如南宋时期的苏文评点者吕祖谦和谢枋得都是著名学者，楼昉则是吕氏弟子；苏诗评点者中刘辰翁、方回也是宋元之际著名的文学家。其他如清代的查慎行、纪昀、何绍基、翁同龢等，都是名重一时的显宦硕儒。

他们评点苏轼诗文的目的也有所不同。有些学者是为配合科考，指导学生如何掌握作诗文之法，故其评点有强烈的学术色彩和实用价值，如宋元诸家。吕祖谦编《古文关键》卷首有总论“看文字法”，就有“如何是起头换头佳处，如何是缴结有力处，如何是融化屈折剪截有力处，如何是实体贴题目处”之说，这是教导人们读文章的一般看法，总体上需要注意的问题。其下又分别列数对每一作家的散文的不同读法，如“看韩文法”“看柳文法”“看欧文法”等。吕氏“论文极细，凡文中精神、命脉，悉用笔抹出；其用字得力处，则或以点识之；而段落所在，则钩乙其旁，以醒读者之目”①。可见这些评点本其目的是：“标抹注释，以教初学”②，以提高其写作能力。谢枋得编《文章轨范》不仅对所选文章进行分类，其评点的形式也很丰富，既有夹批，又有尾评，评点符号有圈、点、抹、框等数种。而真德秀编《文章正宗》选文有评有注，但常引前人文字。到了王霆震编《古文集成》，这种集评汇注则更为典型，对评点影响也更大。这些评点家认为苏轼散文足以为学生提供范文。如《范增论》中谢叠山批曰：“此是东坡海外文字，一句一字增减不得，句句有法，字字尽心。后生只熟读暗记此一篇，义理融明，

①[清]俞樾：《东莱先生古文关键后跋》，[宋]吕祖谦编：《东莱先生古文关键》卷末，清光绪廿四年江苏书局本。

②[宋]陈振孙撰，徐小蛮、顾美华点校：《直斋书录解题》卷十五，上海：上海古籍出版社，1987年，第451页。

音律谐和，下笔作文必惊世绝俗。”他们还提到了理解苏轼作品之要旨在于抓住其立意之所在。如楼昉编《续崇古文诀》评《策略五》曰：“此篇主意在通下情，间架整，波澜阔，议论佳，可为策格。作散文生疎，苦于断续不相连者，或语句费力者，熟读不患不进。”而苏轼诗歌评点先导者刘辰翁“出于庐陵（即欧阳修），适科目废，士子专意学诗，会孟点校诸家甚精，而自作多奇崛，众翕然宗之，于是诗又一变矣”①。刘氏全力作诗歌评点，虽与科考没有直接关联，但从其评语来看，涉及诗体源流、章法结构、风格特色、表现方法、主旨立意等诸多方面，有时关乎诗人评骘，因而其目的亦是示人阅读门径，教授学习方法。

有些学者对于苏诗的评点则是着眼于文献考订。如翁同书早年致力于注疏考证，兼及史学，故所撰批语，多有注解性内容。如其评《中隐堂诗（并叙）》曰：“陆游《老学庵笔记》‘东坡祖名序，故为人作序，皆用“叙”字’。”《和董传留别》中颔尾二联为：“囊空不办寻春马，眼乱行看择婿车。得意犹堪夸世俗，诏黄新湿字如鸦。”翁氏评曰：“董时未娶，故有第六四句。”这样的评点提供了苏诗创作的背景材料，颇有助于读者了解作者之寓意真旨，发挥本事批评的功能。翁同书亦有些评点属于对苏诗的文字之是正、真伪之考辩。如《客位假寐》一首，查慎行认为此乃苏轼在凤翔任职时所作，应与《九月二十日微雪怀子由弟二首》之诗编在一起，而翁同书则认为：“查注此首伪载杭州卷中，今以时地考之，其为凤翔作，无可疑者。”而他

①[元]欧阳玄：《圭斋文集》卷八《罗舜美诗序》，清文渊阁四库全书本，第1210册，台北：台湾商务印书馆，1986年，第64页。

在《广陵会三同舍各以其字为韵仍邀同赋·孙巨源》中，亦对施注“异趣不两立，譬如王孙猿。吾侪久相聚，恐见疑排报”提出质疑，肯定了查氏的考辨：“施注非也。‘异趣不两立’，正指介甫一辈人耳。广陵幸得相遇，又恐用此排报，正是交情极挚语，岂有微词于其间哉？查氏已辨之矣。”显示出他犀利的学术眼光和深厚的文学修养。

还有一类学者对苏轼这样的大家情有独钟，对其诗文怀有浓厚的兴趣甚至痴迷其中，对所评作品也以文学的思想艺术品位为准则，如清代诸人。这类学者评点苏轼诗文态度都比较认真，着力甚巨，如纪昀曾这样描述他评点苏诗的过程：

> 余点论是集，始于丙戌之五月。初以墨笔，再阅改用朱笔，三阅又改用紫笔。交互纵横，递相涂乙，殆模糊不可辨识。友朋传录，各以意去取之。续于门人葛编修正华处得初白先生手批本，又补写于罅隙之中，益轇轕难别。今岁六月，自乌鲁木齐归，长昼多暇，因缮此净本，以便省览。盖至是凡五阅矣。乾隆辛卯八月，纪昀记。①

因而，这应是苏轼诗文评点中最富有批评价值和理论色彩的一类评点本。

但是，作为封建士大夫文人，在评点时往往受囿于儒家传统思想。其中以宋代理学的集大成者朱熹最为典型，他论苏文便表现出卫道者的立场：

> 道者文之根本，文者道之枝叶，惟其根本于道，所以发之于文者皆道也。三代圣贤文章皆从此心写出，文便是

①[宋]苏轼撰，[清]纪昀评点：《苏文忠公诗集》卷首，四川大学中文系唐宋文学研究室编：《苏轼资料汇编》，北京：中华书局，2004年，第1853页。

道。今东坡之言曰，“吾所谓文，必与道俱”，则是文自文，道自道，待作文时旋去讨个道来入放里面，此是他大病处。只是它每常文字华妙包笼将去，到此不觉漏逗。说出他本根病痛所以然处，缘他都是因作文却渐渐说上道理来，不是光理会得道理了方作文，所以大本都差。①

朱熹论苏诗同样如此，他将诗歌视为表达性理的工具：“诗者，人心之感物而形于言之余也”，“心之所感有邪正，故言之所形有是非”②。即不重在世人对现实生活的美刺，而重在涵养人的性情，尤其是涵养人的德性。对于苏轼晚年描写其身处逆境而旷达自适的诗作，朱熹评云：“东坡晚年诗固好，只是文字也多是信笔胡说，全不着道理。”③ 他虽然承认苏诗艺术的精湛，却对于苏轼“心之所感”不正，故其诗缺乏理学家所谓诗歌的题中之义——性理，不符合理学家的诗教而表现出不满。

南宋的苏文评点家吕祖谦、楼昉、谢枋得等也是深谙文章之道，朱熹的再传弟子真德秀即云：“文章以明义理、切世用为主。”④ 必须“发挥义理，有补世教”⑤。故而他们所评诗文乃是为了指导他人如何阅读和写作文章，同时更是加上了“正心诚

①[宋]黎靖德辑，王星贤点校：《朱子语类》卷一百三十九，北京：中华书局，1994年，第3319页。

②[宋]朱熹集注：《诗集传》“序”，上海：上海古籍出版社，1958年，第1页。

③[宋]黎靖德辑，王星贤点校：《朱子语类》卷一百三十九，北京：中华书局，1994年，第3311页。

④[宋]真德秀：《文章正宗·纲目》，明正德马卿山西刊本《西山先生真文忠公文章正宗》卷首。

⑤[宋]真德秀：《西山先生真文忠公文集》卷三十六《跋彭肃忠文集》，上海：商务印书馆，1937年，第656页。

意”的标尺。如“赵章泉、韩涧泉所选《唐人绝句》，唯取中正温厚，闲雅平易”[①]。谢枋得认为：“其微言绪论，关世道、系天运者甚众。”“熟于此，杜诗可渐近矣。”[②] 他在《文章轨范》“放胆文”题目下加总评道：“此集皆粗枝大叶之文。本于义礼，老于世事，合于人情，初学熟之，开广其胸襟，发舒其志气，但见文之易，不见文之难，必能放言高论，笔端不窘束矣。”谢氏虽然认为诗文要“合于人情”，强调诗文对人性情的陶冶作用，但前提仍须“本于义礼”，恪守儒家诗教。故而有人称之曰：“叠翁所注，博洽正大，真足以淑人心，扶世教。”[③]

纪昀作为清朝重臣，为维护封建统治，亦是极力推阐“温柔敦厚”之诗教，反对一切逾越“礼义”界限的创作倾向：“要当以不涉怨尤之怀，不伤忠孝之旨，为诗之正轨。”[④] 所以他对苏轼讽刺之作屡屡生发不满：“激愤太甚，宜其招尤。即以诗品言之，亦殊非温柔之旨。”（《送曾子固倅越得燕字》评语）“惟激讦处太多，非诗品耳。”（《送刘道原归觐南康》评语）在他看来，“古人虽不废讽刺，然皆心平气和，乃不失风人之旨”（《张安道见示近诗》评语）。因此，应该“愤懑而出于和平”（《次韵柳子玉过陈绝粮》评语），方符合“温柔敦厚”之诗教主旨。

何绍基性情拘检，又曾因条陈时务得罪权贵，被斥为“肆

①［明］谢榛：《四溟诗话》卷二，北京：中华书局，1985 年，第 24 页。

②［宋］谢枋得：《唐诗序》，［宋］赵蕃、韩淲合选，［宋］谢枋得注：《章泉涧泉二先生选唐诗》卷首，清嘉庆宛委别藏本。

③［宋］胡次焱：《梅岩文集》卷三，《赘笺唐诗绝句序》，清文渊阁四库全书本，第 1188 册，台北：台湾商务印书馆，1986 年，第 552 页。

④［清］纪昀：《纪文达公遗集》文卷九《月山诗集序》，顾廷龙主编：《续修四库全书》（集部），第 1435 册，上海：上海古籍出版社，2002 年，第 366 页。

意妄言”[1]，受谗言所害，降官调职，故而谨小慎微，对苏轼怨刺之言屡加警示。如《送刘攽倅海陵》直刺新法，何氏曰：“此诗岂可令介甫见耶?”而《送刘道原归觐南康》：“‘聊借旧史诛奸强’语得无过激乎?”评《寄刘孝叔》“忽令独奏凤将雏，仓卒欲吹那得谱”句曰：“前直言时事，忽着此淡劲语，足见此篇止借题发泄，非为孝叔而作也。”评《和钱安道寄惠建茶》曰：“一茶耳，褒‘骨鲠’，抑‘权幸’，借题发泄，自然生态。其实建茶有何佳处?”有时他还推己及人，借以劝世。《送安惇秀才失解西归》“旧书不厌百回读，熟读深思子自知。他年名宦恐不免，今日栖迟那可追”，何绍基评曰：“‘今日栖迟那可追’，真有味之言。吾尝谓：落第是好事，又好多读两年矣，与公此言合。”虽不无对苏轼忠君爱民赤诚之心的赞赏之情。但总起来看，多是阐明“温柔敦厚”之旨，大体不出封建伦理范畴和忠正士大夫的标格。

二、文人型

第二类是文人评点，其中又分两种情况。一种是在野文人，如李卓吾、陈继儒等。“隆万以后，运趋末造，风气日偷。道学侈谈卓老，务讲禅宗；山人竞述眉公，矫言幽尚……著书既易，人竞操觚。小品日增，卮言叠煽。”[2] 而又以李贽影响更甚，陈继儒也不禁叹曰：“坊间诸家文集，多假卓吾先生选集之名，下

①[清]何绍基:《东洲草堂诗钞自序》,[清]何绍基撰,龙震球、何书置校点:《何绍基诗文集》,长沙:岳麓书社,2008年,第3页。

②[清]永瑢、纪昀等编纂:《四库全书总目》卷一百三十二·子部四十二《续说郛》提要,北京:中华书局,1965年,第1124页。

至传奇小说，无不称卓吾批阅也。惟《坡仙集》及《水浒传叙》属先生手笔，至于《水浒传》细评，亦属后人所托耳!”①

李贽与王学左派有着深厚渊源。曾以挽回程朱理学颓势为本质出发点的阳明“心学”的兴起，“无论从‘致良知’上或‘知行合’上，处处可以看出一种自由解放的精神，处处是反对八股化道学，打破道学的陈旧格套”②。尤其是王学左派，更是这种“自由解放的精神”的极力宣扬者。李贽则是从理论观念上继承并发扬之，一生“只知进就，不知退去”③。他公开以“异端”自居，反对礼教束缚，激烈地抨击孔孟之道，认定“存天理、灭人欲”是虚伪说教，尊重人的自然性情，在文学上反对复古摹拟，主张抒发“童心”。因而，李贽具有“踏破百年生死窟”的英雄之胆和“倒翻千古是非窠”的卓越之识。④ 其进步思想客观上反映了广大农民阶级和新兴市民阶层的要求，强烈地震撼了他所处的那个时代。正是在这种违世抗俗之胆和剔肤见骨之识的冲击下，他将评点视为一种不带功利目的的自娱活动，“大凡我书皆为求以快乐自己，非为人也”⑤。其友人刘东星亦说：“予为左辖时，获交卓吾先生于楚。先生手不释卷，终日

①[明]陈继儒:《国朝名公诗选》卷六“李贽”,厦门大学历史系编:《李贽研究参考资料》第3辑,福州:福建人民出版社,1976年,第178页。

②嵇文甫:《晚明思想史论》,上海:东方出版社,1996年,第13页。

③[明]李贽:《与周友山》,张建业主编,刘幼生整理:《李贽文集》第一卷《焚书》卷二,北京:社会科学文献出版社,2000年,第64页。

④[明]刘侗、于奕正著,孙小力校注:《帝京景物略》卷八《李卓吾墓》引《乌程释真程吊卓吾先生墓》,上海:上海古籍出版社,2001年,第535页。

⑤[明]李贽:《寄京友书》,张建业主编,刘幼生整理:《李贽文集》第一卷《焚书》卷二,北京:社会科学文献出版社,2000年,第65页。

抄写，自批自点，自歌自赞，不肯出以示人。”① 因而他在阅读欣赏过程中随意“批抹”：

> 天生龙湖，以待卓吾。天生卓吾，乃在龙湖。龙湖卓吾，其乐何如？四时读书，不知其余。读书伊何？会我者多。一与心会，自笑自歌。歌吟不已，继以呼呵。恸哭呼呵，涕泗滂沱。歌匪无因，书中有人。我观其人，实劳我心。……②

可见他所追求的是一种“一与心会，自笑自歌。歌吟不已，继以呼呵”的境界，乃是为了在作品的规定情境中求得内心的精神快慰，而这种精神快慰就是直接抒发郁结于心中的情感思想。所以，他的批语简洁明快，直抒胸臆，顺口而发，随心而出，经常大呼“趣”“真”“妙”。李贽评选《坡仙集》，同样体现着他一贯的反潮流性格，他对苏轼超然洒脱、乐观旷达的人生态度极为敬仰，对其嬉笑怒骂、收放自如的艺术风格深表赞赏，故选文偏爱苏轼题跋、尺牍，亦收录了许多其他选本中较少选择的铭、赞、颂、祝文、偈等文体。而对于《六观堂赞》亦批之曰：“饶舌。”此乃是一种“真性情”的自然流露，“使世人不待读长公之全集，而能得长公之全人”③。由此也可看出他的审美趣味和文学观。此书的选材尤其是评语，为晚出的苏文选本提供了借鉴。与李贽其他著述一样，此书亦屡禁而不绝，

---

①[明]刘东星：《藏书序》，张建业主编，刘幼生整理：《李贽文集》第二卷《藏书（上）》卷首，北京：社会科学文献出版社，2000年，第2页。

②[明]李贽：《读书乐》，张建业主编，刘幼生整理：《李贽文集》第一卷《焚书》卷六，北京：社会科学文献出版社，2000年，第213～214页。

③[宋]苏轼撰，[明]李贽评辑：《坡仙集·凡例》，明万历庚子本《李卓吾批选坡仙集》卷首。

传刻颇多。

陈继儒兼隐士、诗人于一身，既有清高之名，又有世俗之乐，颇具道家及受道家影响的魏晋名士风流，代表了此际文人的人格追求。与李贽相比，陈继儒对苏轼更为推崇，对其作品亦是喜爱之极：

> 乾德丁卯，五星聚奎。窦俨指为天启文明之兆，而余惟长公足以当之。古今文章大家以百数，语及长公，自学士大夫以至贩夫灶妇，天子太后以及重译百蛮之长，谁不知有东坡？其人已往而其神日新，其行日益远，则千古一人而已……而其所遭人文之盛，实可与汉武比隆……而天地之人文，至此极矣。人文凑合，如五星相聚，而长公以奎壁之精临之。……故曰，古今文人，一人而已。兰亭不入帖，李杜不入选，无可选也，长公集亦然。①

为此他还补订《坡仙集》为三十八卷，对李贽原书的内容、卷数、编次都有所调整增订，且对补选诗词加以评点，于万历年间刊刻行世。陈继儒对于苏文也评价颇高，他认为其政论文："指陈利弊，历历如指其掌"（《策略五》评语），"亦是一时挽弊之论"（《策别一》评语），"暗指宋家时事而语语警策，可垂不朽之文"（《策别十一》评语）。对于苏轼的小品文，陈氏则评曰："坡公诸赞铭，理言玄著，亦复兴趣幽微。""诵坡公诸偈，肺腑清凉。"等等。而他的创作也受到了苏轼小品文的影响，文风博雅而有灵气，典型地反映出当时文人的生活情趣。

还有一种属于遗民文人，他们出于对胜朝的怀念，较为看重

---

①［明］陈继儒：《苏长公集选序》，［明］钱士鳌编选，［清］吴莲甫评批：《苏长公集选》卷首，明万历二十六年何文叔校刻本。

苏轼的旷达情怀与隐逸思想，或将评点看作是个人情感的一种书写，在揭示作品内涵的同时，更注重通过作品的规定情境来抒发自身的情感思想、现实感慨乃至政治理想，借他人手中之酒杯，浇自己胸中之块垒。如明遗民萧奇中，亲身感受到鼎革以后故土沦丧所带来的悲愤忧愁，日与山僧野老诗酒徜徉，不预户外事。兼之他对苏轼的生平遭遇非常同情，对苏诗中所流露出来的伤时悼世之情体会尤深，更加重视文学抒述愤懑、批判时政的作用，努力发掘苏诗中内含的现实意义。故其所批苏诗眉端行间，评语殆遍，致力颇深。其所评陟之语，皆噍杀哀婉，时常呈现黍离麦秀之音。如《竹枝歌》“乘龙上天去无踪，草木无情空寄泣”之句，萧氏认为：“惟‘无情’，故‘空寄’。嗟乎，真无情也哉？以有情寄无情，未免以无情索有情耳”；而“招君不归海水深，海鱼岂解哀忠直”之句亦让他发出“呜呼，亦知哀者”之叹。其评《中隐堂诗》“当时夺民田，失业安敢哭”句曰：“何透畅至此，势豪富横，丧良恣暴，曾一省及多。”《石苍舒醉墨堂》起句“人生识字忧患始”，萧氏评曰：“千言万言不及此七字真理真铭。”《送刘道原归觐南康》诗中，作者“交朋翩翩去略尽，惟我与子犹彷徨。世人共弃君独厚，岂敢自爱恐子伤”之语，亦颇令他有“知己之感”。这些都体现出评者对于人生价值和人生理想的深层思索。而苏轼兼容释道、自然天成的审美观及苏诗中蕴含的那种“物我两忘，身心俱空”的达人风旨，也使萧奇中有了超然世外的参悟，如评《琴诗》曰：“奇参。不必说禅，不必说诗；”评《和刘道原咏史》曰：“不独为仲尼、接舆言之也，可以悟身，可以悟世”。但在晚明主情文艺思潮的影响下，他又能发现苏诗的“真”“趣”之处，如评《襄阳乐府三篇·上堵吟》“我悲亦何苦，江水冬更深，鳊鱼冷难捕”句曰“妙；谐得趣”；评《神释》“堪欲随陶翁，移家酒中住”句曰“妙；趣而快”；等等。总之，萧批苏诗乃是有所感而发，融入了真情实感，因而也就能探知苏诗个中之三昧，从而获得评点的乐趣。

三、书商型

第三类是书商参与。明中叶以后，社会动荡，政治、经济、思想、文化诸方面都发生了显著的变化，资本主义萌芽的出现也引起了商业化气息的日渐浓厚。苏轼及其作品在这一时期颇受世人所青睐，书商们也纷纷利用苏轼的影响力，包装其作品加以宣传推广而借机牟利。

一些书商将苏轼原有评点作品重新编辑，并增添批语。如明代书商凌濛初认为初刻《东坡禅喜集》未为详备，将原编九卷增加了十七则，又重作编次，厘为十四卷，并与冯梦祯“各加评语于上方”①，评语主要取自王圣俞、李卓吾、茅鹿门、陈眉公、钱文登等人的选评本，而变更位置，甚至张冠李戴，卷首署名“真空居士冯梦祯批点，即空居士凌濛初辑增”，便成为当时盛行的苏文选本。又如王圣俞选评《苏长公小品》原于明万历三十九年辛亥（1611）由王圣俞之友人章万椿作序付梓，是为心远轩刻本，凡两卷。后不久吴兴书商凌启康重编此书为四卷，除原有王圣俞批语外，在天眉或篇末又增补了唐顺之、茅坤、姜宝、钱穀、楼昉、李贽、陶望龄、吕雅山、蔡菜之、袁宏道、陈继儒、刘士璘、郑之惠等十余家评语，以朱墨二色套印刊行。而尤为著名者当属万历四十八年庚申（1620）永陵

①［清］永瑢、纪昀等编纂:《四库全书总目》卷一百七十四·集部二十七《东坡禅喜集》提要，北京:中华书局，1965年，第1537页。

氏歧晟阁朱墨蓝三色套印本《苏长公合作》，是书乃是凌启康在明万历三十年壬寅（1602）《苏长公合作内外篇》不分卷刻本的基础上重刻印版。凌氏重刻本打乱了郑之惠原编内外篇的体例和文章次序，厘为八卷，以赋为首。凌启康增选的各体苏文五十八篇单编为补遗二卷，不与郑选者相混。此外凌氏还增补了本传、杂说、评论等汇为附录一卷。在古今六十三家评语中，以明高启、李贽为主，郑之惠的评语反而未占重要地位。重刻本首列明万历庚申四十八年（1620）钱一清《序苏长公合作》、明万历庚申凌启康《小引》、明郑之惠《苏长公合作引》。次为歧晟阁《刻苏长公合作凡例》十则（分：选集、原评、裒评、批点、考释、附存、序次、卷帙、朱黛、校正等）。又次为《苏长公合作目录》。各卷首行题"苏长公合作卷〇"，书眉朱、黛色小字，半页十六行，行六字。本文墨色，行间有朱、黛色小字批评与圈点，其中高启及各家评点用朱印，李贽及诸家考释用蓝印。最后一册为附录。附有传：《苏长公本传》；赞：《宋孝宗题苏文忠公文集赞（并序）》；诰：《宋孝宗赐苏文忠曾孙峤诰词一道》；评词：《古今总评》；姓氏：（批点姓氏、评选姓氏、附评姓氏、考释姓氏、参订姓氏、校阅姓氏）。该书印制精良，在各种苏集选本中首屈一指。

有些书商利用著名评点家对读者的吸引力，将他们的评语汇集起来，并采用多色套印，刻成汇评本或集评本招揽读者。如晚明时期的苏文汇评、集评本，就有上文提到的郑之惠、凌启康辑，高启、李贽等评《苏长公合作》八卷、补二卷；凌濛初辑，冯梦祯等评《东坡禅喜集》十四卷；钱椟辑，李卓吾等评《苏长公表启》五卷；李贽评选《坡仙集》十六卷；李一公选，吴京辑评《苏长公密语》十六卷等。这一时期还将三苏或唐宋八大家散文评点放在一起合刻成套出版。如陈仁锡评选《苏集选》九卷，徐肃廣辑、陈继儒评《新刻徐陈二先生评选三苏文则》八卷，李廷机评选《镌李相国九我先生评选苏文汇精》六卷，詹奎光辑《选辑诸名家评注批点苏文》八卷等。他们的评点带有明显的商业特性。这些汇评、集评合刻本虽是书商因牟利而为，但在具体操作中涉及对于评点者的挑选、评点对象的确定、评点内容的增删、集评刊本的发售等相关问题，往往加以“凡例”的方式说明录选标准，能够体现出书商作为集评者的文学史观念和批评意识①，客观上起到了启蒙人们理解作品的作用，不仅可以吸引广大读者，也利于研究者较为清楚地发现各家各派对于作品的不同看法，同时利于把握评点者的总体面貌或整体态度。

还有一些书商为了盈利，陆续出版了一些挂名的伪作。如冯梦龙、金圣叹、李渔等作者名字便经常在明清之际的通俗小说刊本中出现，苏轼作为文化名人自然也成为假托的重点对象。② 而且，书坊主借机聚合一些下层文人，包括书坊主本人，特意署上一些名人批点或编辑的字样，以制造影响，吸引读者，扩大销路，渐成风气。如刊于万历四十三年（1615）的姑苏龚绍山梓本《春秋列国志传》在书名中冠以“陈眉公先生批评”字样，同样刊于此际的《三教开迷归正演义》署名当时的状元

①参见曾绍皇:《试论明清时期文学名著的“集评”现象》,载《复旦学报》2012年第5期。

②刘尚荣先生考证,如《东坡问答录》、《艾子杂说》一卷、《渔樵闲话录》上下篇、《东坡杂纂》二卷续一卷、《物类相感志》十八卷(亦有一卷本)、《格物粗谈》二编等,皆为疑似假托苏轼之伪作。参见刘尚荣:《明代苏轼文集选本考述》,《苏轼著作版本论丛》,成都:巴蜀书社,1988年,第161～164页。

"朱之藩评订"，而戏曲界则喜欢借名"汤显祖批评"。[①] 这种做法致使后人真假难辨。清代有人讥之曰：

明人刻古人书，往往伪撰古人评注，如《管子》《庄子》……皆有唐宋诸公评，意若古书必藉此而增重者，渐而至于经传亦伪之，今市上所传有《苏批孟子》，以为出于老泉，尤可哂也。[②]

晚明书坊伪托苏轼诗文编辑评点者，多为杨慎、李贽、钟惺、焦竑、袁宏道等当时社会文化名流。如明天启间徐氏曼山馆刊本《苏长公二妙集》二十二卷，其中包括《东坡先生尺牍》二十卷与《东坡先生诗余》二卷。旧题明焦竑批点，夜郎杨文骢阅，钱塘徐象橒梓。卷前有万历四十六年（1618）焦竑自序，及天启元年（1621）辛酉西安方应祥、庐陵杨师孔二序。焦竑自序称："余得密阁藏本，独缀书、词二种，揭其妙处，以示同志，见坡公之妙，不尽于论、策、序、记。"然而所谓的"密阁藏本"乃是编者故弄玄虚，此书实取材于明万历三十四年（1606）吴兴茅维刊七十五卷本《东坡全集》，而略有增删。因焦竑自序不见于其文集，评语颇为浅陋，故有人疑为坊贾依托。又尺牍各卷所署校阅者姓氏不尽相同，应是得力于众多学者的

①［明］沈自晋：《解酲乐·偶作（窃笑词家煞风景事）》："那得胡圈乱点涂人目，漫假批评玉茗堂，坊间伎俩。"参见谭帆：《中国小说评点研究》，上海：华东师范大学出版社，2001年，第74～75页。

②［清］苏时学：《爻山笔话》，四库未收书辑刊编纂委员会编：《四库未收书辑刊》第7辑11册，影印清同治三年羊城味经堂刻本，北京：北京出版社，2000年，第459页。

共同努力，并非一人之功，也因此留下坊刻之迹。① 又如《三苏文范》十八卷，《四库全书总目》云："旧本题明杨慎编。然所取皆近于科举之文，亦不类慎之所为。殆与《翰苑琼琚》均出依托也。"② 晚清著名藏书家平步青亦云："嘉乐堂选评注《三苏文范》十八卷，云'袁中郎增删、参阅'。……盖明末坊贾不读书者所为，绝不出中郎手也。"③ 但这些疑似伪作相对于苏轼诗文评本总量来说毕竟属于少数，书坊主本身也有一个文化层次不断提高的过程，有些书坊主在当时社会上具有一定的声誉，集文化名士与刻书家于一身，故而他们加入评点者行列中，并没有影响评点家的声誉，也没有影响苏文评点的整体面貌，客观上促进了苏轼诗文的传播。

通过对苏轼诗文评点者的主体类型的考察，我们可以看出，这种创作主体的多样构成，迎合了读者对苏轼作品的欣赏口味的不同选择，客观上也促成了评点内容的复杂性和丰富性，从而影响了评点的整体面貌和发展格局，值得我们做深入探讨和细致分析。

---

①参见刘尚荣：《明代苏轼文集选本考述》，《苏轼著作版本论丛》，成都：巴蜀书社，1988年，第139～140页。

②［清］永瑢、纪昀等编纂：《四库全书总目》卷一百九十二·集部四十五《三苏文范》提要，北京：中华书局，1965年，第1745页。

③［清］平步青：《霞外攟屑》卷六《玉树庐芮录》"三苏文范"条，上海：上海古籍出版社，1982年，第356页。

第三章　苏轼诗文评点的理论贡献与批评功能

宋代以降，文学评论日渐繁荣，相继出现了一批诗话、词话、文话等话体类理论批评著作。文学评点作为一种批评形态，乃是评点者文艺理论思维的成果，既受到这些理论批评的影响，又因为其附着于作品文本的特殊批评形态，而更显得丰富细致，也更加贴近文本的文类特性。也正是因为这样，评点的理论视角和由此生发的理论观念，往往未能同其他理论批评形态一样为人所注意而予以充分阐发。更有人认为评点不值得研究，对此，钱锺书先生发表了比较中肯的意见：

> 也许有人说，这些鸡零狗碎的东西不成气候，值不得搜采和表彰，充其量是孤立的、自发的偶见，够不上系统的、自觉的理论。不过，正因为零星碎屑的东西易被忽视和遗忘，就愈需要收拾和爱惜；自发的孤立见解是自觉的周密理论的根苗。再说，我们孜孜阅读的诗话、文论之类，未必都说得上有什么理论系统。更不妨回顾一下思想史罢。许多严密周全的思想和哲学系统经不起时间的推排销蚀，在整体上都垮塌了，但是它们的一些个别见解还为后世所采取而未失去时效。好比庞大的建筑物已遭破坏，住不得人，也唬不得人了，而构成它的一些木石砖瓦仍然不失为

> 可资利用的好材料。往往整个理论系统剩下来的有价值的东西只是一些片断思想。脱离了系统而遗留下来的片段思想和萌发而未构成系统的片断思想，两者同样是零碎的。眼里只有长篇大论，瞧不起片言只语，甚至陶醉于数量，重视废话一吨，轻视微言一克，那是浅薄庸俗的看法——假使不是懒惰粗浮的借口。①

因此，尽管大量的批语虽显简单、零碎而缺乏系统性，但是，它们无疑是一定理论观念的外化；有的批语和序跋相互联系，直接阐发了一定的理论见解。所以，蕴藏在诗文评点中的文学理论是十分丰富的。正是因为如此，评点拥有了自我理论价值。对苏轼诗文评点展开深入的研究，不仅可以帮助我们品读苏轼作品，领略其高下得失，也可以深化对苏轼本人的认识，深化对苏轼作品的思想内容与审美趣味的把握。

第一节　评点视阈下的苏轼诗文审美观

文学是主体审美意识的语符化显现，具备审美与意识形态双重属性：既是审美的又是社会的。故而诗文应具有审美性，予人以精神愉悦。而要实现其社会价值，首先要以情感人。“气之动物，物之感人，故摇动性情，形诸舞咏。”② 孔子则曰：“发乎情，止乎礼义。”③ 诗歌在不逾越“礼义”的界限内，要言之

①钱锺书：《读〈拉奥孔〉》，《七缀集》，上海：上海古籍出版社，1994年，第33～34页。

②[南朝梁]钟嵘：《诗品序》，《诗品》卷首，北京：中华书局，1991年，第2页。

③[汉]毛苌传述，[宋]朱熹辩说：《诗序》，北京：中华书局，1985年，第2页。

有物，成为诗人真情实感的自然流露。文学是生活的反映，这种反映是通过人的头脑进行的，是外界事物触动了人们的思想感情而进行的主观抒发。因而，对生活反映得是否真实，就必然是文学作品是否具有美感的重要因素。古希腊哲学家亚里士多德将其起源归之于人的“摹仿”天性：“经验证明了这样一点，事物本身看上去尽管引起痛感，但惟妙惟肖的图像看上去却能引起我们的快感。”① 17世纪法国古典主义理论家布瓦洛更加强调“真”之于“美”的作用：“只有真才美，只有真可爱；真应统治一切，寓言也不例外。”② 而在《庄子·渔夫》中，有一段孔子问客“何谓真”的议论，就表达了“法天贵真”的思想。刘勰亦主张文学创作要“酌奇而不失其真，玩华而不坠其实。”③ 尤其是晚明时期，在主情文艺思潮的影响下，文人更加看重诗文所应具有的真实感情，以予人以强烈的感受。徐渭认为作品“果能如冷水浇背，陡然一惊，便是兴观群怨之品。如其不然，便不是矣。”④ 李贽则认为作者应如同普通百姓一样，“身履是事，口便说是事，做生意者但说生意，力田作者但说力田，凿凿有味，真有德之言，令人听之忘厌倦矣。”⑤ 公安派同

①[古希腊]亚里士多德：《诗学》，北京：人民文学出版社，1982年，第11页。

②[法]布瓦洛：《诗简》，转引自北京大学哲学系美学教研室编选：《西方美学家论美和美感》，北京：商务印书馆，1980年，第81页。

③[南朝梁]刘勰著，陆侃如、牟世金译注：《文心雕龙译注》第五篇《辩骚》，济南：齐鲁书社，1995年，第134页。

④[明]徐渭：《答许口北》，张忍叟校阅：《徐文长全集(下)》。上海：中央书店，1935年，第2页。

⑤[明]李贽：《答耿司寇》，张建业主编，刘幼生整理：《李贽文集》第一卷《焚书》卷一，北京：社会科学文献出版社，2000年，第28页。

样要求“独抒性灵，不拘格套，非从自己胸臆流出，不肯下笔”①，坦率、大胆地流露自己的真性灵、真感情。

苏轼非常重视文学的社会作用，反对脱离现实的文学倾向，认为创作须有真实感受，“有触于中而发于咏叹”②，应该直抒胸臆，“言发于心而冲于口”③，而不要言不由衷。他的很多诗文都以感情是否真实作为评诗的标准。如他特别推崇陶渊明，就因为陶诗情真：“有士常痛饮，饥寒见真情”“渊明独清真，谈笑过此生”④。苏诗中有许多发自肺腑、充满身世之感或兄弟情深的优秀篇章，都为评者所称道。如《游金山寺》，其中“闻道潮头一丈高，天寒尚有沙痕在。中泠南畔石盘陀，古来出没随涛波。试登绝顶望乡国，江南江北青山多”句，张廷济评曰“就江心所见，见世路之变幻，与杜《渼陂行》同”；萧奇中评曰“茫茫逼真”。“怅然归卧心莫识，非鬼非人竟何物”句，何焯评曰：“予尝登韬光绝顶观日初升，见湖中红灯二盏出水面，徙转无定。此境非身历者不知也。”《子由自南郡来陈三日而别》王文诰评曰：“通篇悉出兄弟至情。”《感旧诗》纪昀评曰：“真至之言，自然浑厚。”《熙宁中轼通守此郡除夜直都厅囚系皆满日暮不得返舍因题一诗于壁今二十年矣衰病之余复忝郡寄再经除

---

①[明]袁宏道著，钱伯城笺校：《袁宏道集笺校》卷四《续小修诗》，上海：上海古籍出版社，1981年，第187页。

②[宋]苏轼：《南行前集叙》，孔凡礼点校：《苏轼文集》卷十，北京：中华书局，1986年，第323页。

③[宋]苏轼：《思堂记》，孔凡礼点校：《苏轼文集》卷十一，北京：中华书局，1986年，第363页。

④[宋]苏轼：《和陶渊明〈饮酒〉》，[清]冯应榴辑注，黄任轲，朱怀春校点：《苏轼诗集合注》，上海：上海古籍出版社，2001年，第1778页。

夜庭事萧然三圄皆空盖同僚之力非拙朽所致因和前篇呈公济子侔二通守·前诗》纪昀评曰："语语真至。"《辛丑十一月十九日既与子由别于郑州西门之外马上赋诗一篇寄之》严虞惇评曰："真情苦语，令我心恻。"而其中"苦寒念尔衣裳薄"句，更"使人友爱之心，油然而生"（张廷济评语）。又如《病中闻子由得告不赴商州三首》杭世骏评曰："坡与子由诸作，意思绵邈，情生于文，味之亹亹不尽，未尝求工于字句，即此三诗，可以隅反"。《次韵李公择梅花》汪师韩评曰："胸次郁勃，随处激发，其言感饥贫、念羁旅，如无当于梅花，触绪濡毫，忽深感慨，固知文必本于情也。"

在评点者看来，苏轼的多篇散文包括他的政论文同样能够以情动人。如《上神宗皇帝书》，郑之惠评曰："踈踈可人，散不厌散；绵绵不绝，多不厌多。字字简练，句句痛快。"祁班孙评曰："慷慨处剖肝泣血，尽言无忌，而委宛处又常曲折周旋，使闻者易听。大约精神模范治安策，而入以笔端之條畅，便是今古奇文。"王翰评曰："通达治体，而忠君爱国之忧，溢于言表，读之未尝不流涕。"而储欣亦持此种论调，其评曰："念不忘君，忠之至也。思之经月，夜以继昼，表成复毁，至于再三。余每读至此，未尝不呜咽流涕。"即使恪守"文道合一""文以载道"的茅坤也对苏文的这一特点颇为称赏，如他评《思治论》曰："首尾二千五百言，如一串念佛珠，其深入人情处，如川云岭月。"评《乞郡札子》曰："览此而不呜咽流涕者，非人情也。"评《黄州上文潞公书》曰："呜咽，然亦情悃洒然。"评《祭欧阳文忠公文》曰："欧阳文忠公知子瞻最深，而子瞻为此文以祭之，涕入九原矣。"评《方山子传》曰："余特爱其烟波生色处往往能令人涕洟。"评《代滕甫辨谤乞郡状》曰："予观子瞻一生所横被谗构处，往往痛心矣。故所代滕甫辩谤处，亦种种刺骨，呜咽涕洟。”评《答临江军知军王承议启》曰：“以编管而逢故知，情谊婉然。”

苏轼强调“非勉强所为之文也”，“譬之候虫时鸟，自鸣而已，何足为损益”①。即不要为文而造情，而应取其自然，缘情而发：

> 夫昔之为文者，非能为之而工，乃不能不为之为工也。山川之有云雾，草木之有华实，充满勃郁，而见于外，夫虽欲无有，其可得耶！自少闻家君之论文，以为古之圣人有所不能自已而作者。故轼与弟辙为文至多，而未尝敢有作文之意。②

汪师韩评点苏诗对于此论颇有同感，如《答吕梁仲屯田》是一首写徐州防洪的诗篇，其中有“旋呼歌舞杂诙笑，不惜饮醑空瓶盆”之句。何焯批评说：“诗宜殷忧恻怛，一人歌舞行乐，便伤体裁。此才人失检处。”亦有人认为：“不于此时殷忧恻怛，而以行乐为言，似为失体。”但汪师韩则持相反意见：“然此语乃在河复之后，幸得免为鱼鼋，因而饮醑，固是人情所有。正见其率真，不作妄语，岂比后之矫情自饰者，对人作凄怆之词，而实于民事漠不加意者耶。”

不过苏轼作为朝廷大臣、地方官吏，必然要有许多官场应酬、人情交往，为此写作了不少酬和诗，而且在他政治失意后，

①[宋]苏轼:《答李端叔书》,孔凡礼点校:《苏轼文集》卷四十九,北京:中华书局,1986 年,第 1432 页。

②[宋]苏轼:《南行前集叙》,孔凡礼点校:《苏轼文集》卷十,北京:中华书局,1986 年,第 323 页。

更从佛学中寻求慰藉，写下了许多禅偈诗，这些诗作很难说是真正“发乎情”而作。因而，评者在强调“发乎情”的同时，也对“为文造情”的倾向提出了批判。纪昀明确反对写空洞无物的应酬诗，反对写往复不已的和韵诗，反对写故意逞才的窄韵诗，反对写空疏无当的禅偈诗。如苏诗卷二十九乃是作者任职翰林时之作，纪昀认为：“居富贵者多应酬，其间为文造情，殆亦不少。”① 他在其后的该卷总评中也说：“此卷多冗杂潦倒之作，始知木天玉署之中，征逐交游，扰人清思不少。虽以东坡之才，亦不能于酒食场中吐烟霞语也。”而对于《次韵孔毅甫久旱已而甚雨三首》，他则认为：“三诗皆排宕兀傲，奇气纵横，妙俱从自己现境生情，不作应酬泛语。凡和诗最忌作应酬，人与己两无涉也。”

事实上，艺术作品的品目，除了它的真实性，还在于它所具有的社会含义的大小。苏轼进而认为，即便是同样“工”于物体的作品，也有开掘深浅之别。他举例说：

> 司空图表圣自论其诗，以为得味于味外。“绿树连村暗，黄花入麦稀”，此句最善。又云：“棋声花院静，惜影石坛高。”吾尝游五老峰，入白鹤院，松阴满庭，不见一人，惟闻棋声，然后知此句之工也，但恨寒俭有僧态。若杜子美云：“暗飞萤自照，水宿鸟相呼。四更山吐月，残夜水明楼。”则才力富健，去表圣之流远矣。②

①[清]纪昀:《纪文达公遗集》文卷九《月山诗集序》,顾廷龙主编:《续修四库全书》(集部),第1435册。上海:上海古籍出版社,2002年,第366页。

②[宋]苏轼:《书司空图诗》,孔凡礼点校:《苏轼文集》卷六十七,北京:中华书局,1986年,第2199页。

杜甫的《倦夜》透露出诗人“万事干戈里，空悲清夜徂”的忧国忧民的悲凉感慨，境界也就较之司空图的两首诗高超许多。由此，苏轼反对空论，文学应当是“皆有为而作，精悍确苦，言必中当世之过，凿凿乎如五谷必可以疗饥，断断乎如药石必可以伐病”①。而且他在创作上力破当时流行的粉饰现实的“浮巧轻媚丛错采绣之文”②，大力提倡“幽忧愤叹之作”，要求“蔼然有治世之音”③，反映民生疾苦，以对社会的进步和发展有所裨益。这些无疑具有积极的进步意义。故而，即使《荔枝叹》这样的讽喻篇章，也能受到评者的高度赞扬。如其中“君不见武夷溪边粟粒芽”以下一段，直刺时事，略无隐避，而作者忧国忧民的赤诚之心，却使得恪守“温柔敦厚”之旨的纪昀也暂时忘记了“礼义”之大防，亦认为“波澜壮阔，不嫌露骨”，并情不自禁地赞美道：“自此以下，百端交集，胸中郁勃有不可以已者。不可以已而言，斯为至言！”

但是宋代作家都从注重外部事功向注重内心修养转变，使得士大夫对传统的处世方式进行了整合，承担社会责任与追求个性自由不再是互相排斥的两极；宋人的人生态度倾向于理智、平和、稳健和淡泊，以平淡美为艺术极境。审美情趣方面，宋人的审美态度也世俗化了，他们认为审美活动中的雅俗之辨，关键在于主体是否具有高雅的品质和情趣，而不在于审

①[宋]苏轼:《凫绎先生诗集叙》,孔凡礼点校:《苏轼文集》卷十,北京:中华书局,1986年,第313页。

②[宋]苏轼:《上欧阳内翰书》,[宋]郎晔注,庞石帚校订:《经进东坡文集事略》卷四一《书》,北京:文学古籍刊行社,1957年,第715页。

③[宋]苏轼:《王定国诗集叙》,孔凡礼点校:《苏轼文集》卷十,北京:中华书局,1986年,第318页。

美客体是高雅还是凡俗之物。这种高层次、高品位的美的推赏，是主体一种高贵资质的外透，呈现为世代书香陶养而成的潇洒气度，既能传达主体先天的真纯，又能表现后天文化酝酿的深厚与丰富，具有含蓄之美。苏轼的诗文有时为了实现它的社会价值而表现得太露太尽，也成为人们批评的主要弊病之一。苏轼也注意到这一毛病："赋诗必此诗，定非知诗人。"①故而他在理论上也很强调诗贵言外之意、题外之旨、弦外之音：

> 东坡曰："意尽而言止者，天下之至言也。然言止而意尽，尤为极致。"又曰："某平生无快意事，惟作文章，意之所到，则笔力曲折，无不尽意，自谓世间乐事无逾此者。"②

在苏轼看来，只有主体情意做到了充分准确的表达，才能达到艺术创造的自由境界，生成审美主体的最大愉悦，而这也是生命存在的一种大欢喜快活状态。因此，由此回到主体，则要求艺无止境，"话语蕴藉"，使文本"蕴含着丰富的意义生成可能性"，"从有限中体味无限"③，不但要做到像陶诗那样情真，更应该达到它那种"质而实绮、癯而实腴"④ 的余味无穷的艺术境界。因而这种好诗的获得，是主体心境与客体物境的天然凑泊，即情与景合，意与境会："是故幽居默处而观万物之变，尽

①[宋]苏轼:《书鄢陵王主簿所画折枝》,[清]王文诰辑注,孔凡礼点校:《苏轼诗集》卷二十九,北京:中华书局,1982 年,第 1525 页。

②[清]潘永因编,刘卓英点校:《宋稗类钞》卷六《称誉》,北京:书目文献出版社,1985 年,第 498 页。

③参见童庆炳主编:《文学理论教程》,北京:高等教育出版社,2004 年。

④[宋]苏辙:《子瞻和陶渊明诗集引》,四川大学中文系唐宋文学研究室编:《苏轼资料汇编》,北京:中华书局,2004 年,第 62 页。

其自然之理，而断之于中。”① 所以，苏轼于诗作注重托物兴寄。他屡屡提及：“原子美之意，类有所感，托物以发者也。亦六义之比兴、《离骚》之法欤?”② “《古风二首》，托物引类，真得古诗人之风。”③ 他的诗作“因感微物，以寄妙理”④，意婉而旨远，突出地表现了诗人的文化人格与审美理想。故而，《寓居定惠院之东杂花满山有海棠一株土人不知贵也》纪昀评曰：“纯以海棠自寓，风姿高秀，兴象深微，后半尤烟波跌宕，此种真非东坡不能，东坡非一时兴到亦不能。”《十一月二十六日松风亭下梅花盛开》纪昀评曰：“朱晦庵极恶东坡，独此诗属和不已，岂晋人所谓‘我见独怜’耶?”相反，有些诗作如《郿坞》：“衣中甲厚行何惧，坞里金多退足凭。毕竟英雄谁得似，脐脂自照不须灯。”潘奕隽就批评曰：“无意无味，率笔也。”

要使得作品具有回味的余地，达到一种高妙的境地，必然要讲求创作艺术笔法。苏轼认为：“清诗要锻炼，乃得铅中银。”⑤ 而在评者看来，他的许多诗文作品也是反复磨揉，千锤

---

①[宋]苏轼:《上曾丞相书》,孔凡礼点校:《苏轼文集》卷四十八,北京:中华书局,1986年,第1378页。

②[宋]苏轼:《辨杜子美杜鹃诗》,孔凡礼点校:《苏轼文集》卷六十七,北京:中华书局,1986年,第2100页。

③[宋]苏轼:《答黄鲁直书》,孔凡礼点校:《苏轼文集》卷五十二,北京:中华书局,1986年,第1532页。

④[宋]苏轼《与程正辅七十一首》其六十四,孔凡礼点校:《苏轼文集》卷五十四,北京:中华书局,1986年,第1619页。

⑤[宋]苏轼:《崔文学甲携文见过萧然有出尘之姿问之则孙介夫之甥也故复用前韵赋一篇示志举》,[清]王文诰辑注,孔凡礼点校:《苏轼诗集》卷四十五,北京:中华书局,1982年,第2442页。

百炼。如《辛丑十一月十九日既与子由别于郑州西门之外马上赋诗一篇寄之》“起句突兀，有意味。前叙既别之深情，后忆昔年之旧约，亦知人生要有别，转进一层，曲折遒宕”（汪师韩评语）。《病中大雪数日未尝起观虢令赵荐以诗相属戏用其韵答之》“‘西邻’下生出一波，便笔有起伏，不至直泻，此于无顿挫处生顿挫，不必真有其事”（孙原湘评语）。《贾谊论》“文字翻覆变幻，无限烟波”（王慎中评语）。《留侯论》“此文若断若续，变幻不测，曲尽文家操纵之妙”（王慎中评语）。《礼论》“文特纡徐曲折可诵”（茅坤评语）。而这些都是建立在苏轼深厚的学养基础之上的，张道说他“博极群籍，左抽右取，纵横恣肆，隶事精切，如不著力；尤熟于史汉、六朝唐史，《庄》《列》《楞严》《黄庭》诸经，及李、杜、韩、白诗；故如万斛泉源，随地喷涌，未有羌无故实者”[①]。罗大经则云：“《庄子》之文以无为有，《战国策》之文以曲为直，东坡平生熟此二书。故其为文横说竖说，惟意所到，俊辩痛快，无复滞碍。”[②] 因而纪昀评其诗“意境开拓，而理趣亦融彻之极。”（《次韵和刘京兆石林亭之作石本唐苑中物散流民间刘购得之》评语）“唐人旧格而意境恣逸，则东坡本色。”（《和子由渑池怀旧》评语）但苏轼并非一味追求韩愈式的艰涩险怪，也不同于黄庭坚的“无一字无来处”，[③]

---

①[清]张道:《苏亭诗话》卷第一《考摘类》,四川大学中文系唐宋文学研究室编:《苏轼资料汇编》,北京:中华书局,2004 年,第 1998 页。

②[宋]罗大经:《鹤林玉露》卷九《东坡文》,四川大学中文系唐宋文学研究室编:《苏轼资料汇编》,北京:中华书局,2004 年,第 711 页。

③[宋]黄庭坚:《宋黄文节公全集·正集》卷十八《答洪驹父书三首》(其三),刘琳、李勇先、王蓉贵校点:《黄庭坚全集》,成都:四川大学出版社,2001 年,第 475 页。

他曾教导后辈说："凡人文字务使平和至足，余溢为奇怪，盖出于不得已尔。"① 相反他一贯主张平易流畅，"大略如行云流水，初无定质，但常行于所当行，常止于所不可不止，文理自然，姿态纵横"②。"信手拈得俱天成"，使得"此种诗平浅浑浩，笔游天外，少陵却未开此境"（《石鼻城》何绍基评语）。如《壬寅二月有诏令郡吏分往属县减决囚禁自十三日受命出府至宝鸡虢郿盩厔四县既毕事因朝谒太平宫而宿于南溪溪堂遂并南山而西至楼观大秦寺延生观仙游潭十九日乃归作诗五百言以记凡所经历者寄子由》"起结叙致，不衫不履"（钱廷锦评语）。"五百字一气相生，不见窘束，亦不见纷杂，笔力殊不可及"（纪昀评语）。苏文亦是"行文如行云，如江流，曲尽文家游衍之妙"（《策略五》茅鹿门评语）。"通篇过渡处，圆活流转，真是角宣徵应，不期然而然，非神解不能到此"（《伊尹论》徐中行评语）。"音调清亮，笔势雄杰，有穿云裂石之声，有冲霄贯日之气"（《策略四》钱文登评语）。"长江一泻千里，而波澜曲折，自有妍姿，真文人之豪也"（《司马温公神道碑》唐顺之评语）。

要之，评点家们揭示出了苏轼诗文"情"与"真"的审美观，反映了对于生活真实与艺术真实的关系的认识，具有较强的理论意味，也都具有值得我们重视的理论价值。

---

①[宋]苏轼：《与鲁直书》，臧清、叶爱民、舒炜整理：《苏轼集》，北京：国际文化出版公司，1997年，第1327页。

②[宋]苏轼：《答谢民师书》，孔凡礼点校：《苏轼文集》卷四十九，北京：中华书局，1986年，第1418页。

第二节　东坡“本色”与苏诗评点

“本色”是中国古代诗学批评体系中的重要范畴，自宋代正式提出，经过陈师道、刘克庄、严羽等人的开拓和推进日渐成熟，并于其后各个时期的诗学批评视域中不断丰富和完善。而对于“本色”的认识也从宋人关注诗人本位拓展到明清时期的关注诗歌内容、风格、情感、语言等方面，指向诗人的主体风格及创作所呈现出来的主要特色和整体面貌，如明陆时雍《唐诗镜》卷五十一《晚唐第三》论温庭筠《兰塘词》云：“深著语，浅著情，是温家本色。”又如明郑鄤《峚阳草堂诗文集》文集卷八《刘小善制义序》认为李白诗：“‘圣代复元古，垂衣贵清真。’此自青莲本色。”再如清翁方纲《石洲诗话》卷一评储光羲《张谷田舍》：“‘碓喧春涧满，梯倚绿桑斜。’虽只小小格致，然此等诗，却是储诗本色。”① 这体现了“本色论”在明清诗学批评体系中的多方突破和全面展开，自然也在明清时期盛行的诗歌评点中得以呈现。尤其是对于此际颇受欢迎的苏轼诗歌，评点者多称赏其诗风“本色”，其中诸如刘辰翁、方回、袁宏道、萧奇中、查慎行、汪师韩、纪昀、杭世骏、何焯、严虞惇、王文诰、翁同书、何绍基等，颇多名家的未刊批语，不但为解读苏诗提供了新的文献和路径，而且这些评点对于确立苏诗的文学史地位，以及认识苏诗的审美内蕴不无价值和意义。

---

①在明清诗学批评体系中，“本色”还逐步扩展到指代某个时期或特定历史阶段的诗歌的主体特征、风格和面貌。参见潘明福、王兆鹏：《中国诗学批评视域中的“本色论”》，载《文艺理论研究》2013年第4期。

一

苏轼在诗歌创作上力求“自出己意”,①不随人后，独具特色，对于重在直觉体悟的评点者来说自然多关注其艺术“本色”。如《申王画马图》刘辰翁评曰：“极是本色。”《八月十七复登望海楼自和前篇是日榜出余与试官两人复留五首》之“楼上烟云怪不来”一诗，纪昀评曰：“本色得好。”《饮湖上初晴后雨二首》纪昀评曰：“二诗本色却佳。”《百步洪二首》之“长洪斗落生跳波”一诗，赖山阳评曰：“此诗是东坡本色。”《聚星堂雪》方东树评曰：“本色正锋。”等等。那么，苏诗具体呈现为怎样独特的本色呢？评点者们也有各自的见解。如《和子由渑池怀旧》开篇：“人生到处知何似，应似飞鸿踏雪泥。泥上偶然留指爪，鸿飞那复计东西。”纪昀评曰：“前四句单行入律，唐人旧格；而意境恣逸，则东坡本色。”《病中闻子由得告不赴商州三首》之“病中闻汝免来商”一首，赵克宜辑《角山楼苏诗评注汇钞》评曰：“意蕴藉而语气却快，此东坡本色也。”《渼陂鱼》纪昀评曰：“窄韵巧押，神锋骏利，东坡本色。”《僧清顺新作垂云亭》纪昀评曰：“力摹昌黎，而气机流走处，仍是本色耳。〇摹古须见几分本色，方不是双钩填廓。”《谢郡人田贺二生献花》纪昀评曰：“本色语极雅健。此老境不易效，无其火候而效之，便入香山门户。”《书韩干牧马图》赖山阳评曰：“雄杰，公本色。”《铁拄杖》钱廷锦评曰：“便似老杜，而一种奔轶之气，自是公本色。”《雨后荇菜圃》纪昀评曰：“淳古中自作本

①[宋]严羽:《沧浪诗话·诗辩》,四川大学中文系唐宋文学研究室编:《苏轼资料汇编》,北京:中华书局,2004年,第688页。

色。”《初秋寄子由》赵克宜辑《角山楼苏诗评注汇钞》评曰：“落笔便极痛快，此公本色。”《次韵林子中春日新堤书事见寄》纪昀评曰：“气机疏畅，东坡七绝之本色，所乏沉实之致耳。”《次韵范纯父涵星砚月石风林屏诗》赵克宜辑《角山楼苏诗评注汇钞》评曰：“篇中亦是本色清快语，未见深至。”《游博罗香积寺》何焯评曰：“通首流逸，是坡公本色。”《和移居二首》之“我岂丁令威”一首，纪昀评曰：“绾合有致，此是东坡本色。”等等。以上评语从语言、句法、结构、意境等不同方面论及苏轼的诗风特点。

在诗歌语言的运用方面，最能体现出苏轼的艺术个性。苏轼对韩愈“豪放奇险”的诗风颇为神往，称其“怪词欲逼龙飞起，险韵不量吾所及”①，甚至认为：“诗之美者，莫如韩退之，然诗格之变，自退之始。”② 故此他本人也喜用怪词险韵，且难中见巧，如苏轼《石鼓歌》中就有维鲔”“鷇瞉”“耆耈”“虒虎”“鞭杻”等怪癖词字，袁宏道评曰：“道古不减昌黎”。《书韩幹牧马图》中云：“骓駓骃骆骊骝騵，白鱼赤兔骍皇䮷。”杭世骏评曰：“柏梁体应有此句法，从韩文公《陆浑山火》来，后人遂转相仿效”。翁同书评曰：“本昌黎《陆浑山火》诗‘鸦鸱雕鹰雉鹄鹍’句法，渔洋谓本《急就篇》。”另如《渼陂鱼》《雪后书北台壁》《送陈睦和知潭州》等都是窄韵巧押的范例，艺术功力甚至要超过韩愈。但不同的是“昌黎好用险韵，以尽其锻炼；东

①[宋]苏轼：《次韵舒尧文祈雪雾猪泉》，[清]王文诰辑注，孔凡礼点校：《苏轼诗集》卷十七，北京：中华书局，1982 年，第 897 页。

②[宋]王直方：《王直方诗话》，四川大学中文系唐宋文学研究室编：《苏轼资料汇编》，北京：中华书局，2004 年，第 166 页。

坡则不择韵，而但抒其意之所欲言”，[①] 故而苏轼又能“自趋昌黎一格，而洋洋洒洒，益放厥辞”，[②] 如对于他的《与顿起孙勉泛舟探韵得未字》，纪昀评之曰：“窄韵巧押，东坡长技。昌黎亦能押窄韵，而自然则逊矣。”

苏轼的豪放自由性格也使得他在艺术手法上经常突破近体诗的种种束缚和羁绊，借用形式较为自由的散文之字、句、章法来进行诗歌写作，亦即所谓的“以文为诗”。赵翼评价苏轼云：“东坡大气旋转，虽不屑屑于句法字法中别求新奇，则笔力所到，自成创格。”[③] 此乃言苏轼在创作过程中不但奇思天外，而且艺术手法亦不循常规，经常运用一些特殊格式。如苏诗善用对语，评者便有所论及。如《二十七日自阳平至斜谷宿于南山中蟠龙寺》，翁同书评曰：“自首至尾皆用对语”。何焯亦曰：“自起至结，无一语不属对，章法独创”。而汪师韩则将苏诗的用对与前人加以比照：“颜谢以后，古诗多有对偶终篇者。入唐，遂以有声病者为律，无声病者为古。至于七言古体，亦时一有之。若少陵之‘霜皮溜雨四十围，黛色参天二千尺。子规夜啼山竹裂，王母昼下云旗翻。’昌黎之‘大蛇中断丧前王，群马南渡开新主。何人有酒身无事，谁家种竹门可欵。’硬语排奡。视唐初四子及元白诸家之宛然律调者，不可同日语也。若其自首至尾，无句不对，无对不瑰伟绝特，则惟轼集中有之，

①［清］赵翼：《瓯北诗话》卷五，四川大学中文系唐宋文学研究室编：《苏轼资料汇编》，北京：中华书局，2004 年，第 1312 页。

②严恩纹：《东坡诗渊源之商榷》，载《文史杂志》第 5 卷 1～2 期合刊，民国 34 年 1 月，中华书局版。

③［清］赵翼：《瓯北诗话》卷五，四川大学中文系唐宋文学研究室编：《苏轼资料汇编》，北京：中华书局，2004 年，第 1310 页。

实为创格，此作亦其一也。其中写景处，语刻画而句浑成，读之可怖、可喜，笔力奇绝”。这当属于古人用对的形象诠释。何绍基同样认为苏诗具有一种波澜壮阔的气势和恣肆纵放的意境，如其评《游径山》曰：“遒劲跌宕，有骏马奔川之势。”评《真兴寺阁》曰：“一气持满，坡集中亦属仅见。”评《司竹监烧苇园因召都巡检柴贻勖左藏以其徒会猎园下》曰：“波澜逋陗。”而在何绍基看来，这种气势和意境在苏诗的入笔与结语上表现得尤为明显。如《留题延生观后山上小堂》首联云：“溪山愈好意无厌，上到巉巉第几尖。”何氏评曰：“起得突远。”评《常润道中有怀钱塘寄述古五首》曰：“起有力。”其评《监试呈诸试官》曰：“亦是作论起结，激昂生态。”评《秦穆公墓》曰：“通首似论矣，赖有结语便有神。”评《大秦寺》曰：“结句亦宕甚。”虽点到即止，却一语中的。

苏轼在谈到创作经验时曾说：“某平生无快意事，惟作文章意之所到，则笔力曲折，无不尽意。”① 由此可知他在诗歌创作上是非常重视构思的。刘辰翁的评点涉及到苏诗结构的起承转合，如其评《次韵王晋卿上元侍燕端门》首句“起得好”。评《四时词》其三首句“起得又好”。评《送王伯扬守虢》“结得太速”。评《次韵王定国谢韩子华过饮》“谁要卿料理，欲说且止止”二句“转得又奇”。评《书王定国所藏烟江叠嶂图》“山耶云耶远莫知”句“接得妙。”这对汪师韩等人颇多启发。汪师韩评点苏诗每以分解为主，亦以起承转合为法，在串解诗作的章法结构、段落层次中品评创作得失。如其评《入峡》诗云：“用

①［宋］何薳：《春渚纪闻》卷六，四川大学中文系唐宋文学研究室编：《苏轼资料汇编》，北京：中华书局，2004年，第151页。

险韵作长律，尽如其意之所出，固称体大，亦由思精。首二句虚笼以作起局。‘长江’六句又作总挈。其‘入峡’十二句，峡中之景物也；‘绝涧’十二句，峡中之人事也；‘气候’八句，则言人居峡之陋；‘叹息’八句，则言已入峡之劳。至‘独爱孤栖鹘’以下十二句，前六句单就孤鹘写其高超自得之乐；后六句以我之局促与鸟之飞扬两相对照，作开合之势，知高超之乐则知高遁之甘矣。章法明孊，如观远岫，列秀青青。”作者采取抽丝剥笋之法，逐层分析，思路清晰，推断严谨，不但点出了苏诗的写作特点，更是阐发出了诗旨题意。查慎行也关注到了苏诗的谋篇布局。如其评《游金山寺》云：“起结奇横”，评诗中“羁愁畏晚寻归楫，山僧苦留看落日”二句“二语作转捩”。又如评《傅尧俞济源草堂》云：“直到第五、六方说明诗旨，章法奇绝。”评《送曾子固倅越得燕字》“翁今自憔悴，子去亦宜然”二句“入题飘忽”，评末联“结意独远，三百篇所谓赋而比也。”而赵克宜同样重视苏诗的脉络结构。苏轼《竹枝歌》序云：“《竹枝歌》本楚声，幽怨恻怛，若有所深悲者。岂亦往者之所见有足怨者欤？夫伤二妃而哀屈原，思怀王而怜项羽，此亦楚人之意相传而然者。且其山川风俗鄙野勤苦之态，固已见于前人之作与今子由之诗。故特缘楚人畴昔之意，为一篇九章，以补其所未道者。”赵氏照据序文论此诗结构云：“依序重伤二妃、哀屈原、思怀王、怀项羽，平列四段，下三段事本相因，惟此处（‘水滨击鼓何喧阗’句）是突接。”既脉络清楚，又简便省力。又如评《出峡》云，谓起处“以宾形主，双起总顿”；谓“东西径千里……高绝每先上”句“四语虚领下文”；谓“忆从巫庙回”“以下追叙”；谓“玉虚悔不至”则是“以未至之处反托所已至，用笔已妙矣，又以所不知名者多于所知（指‘峡山富奇伟’四句），将前文一齐托空，两重裹结，运掉自如”；而“今朝脱重险”六句“此方入题，篇幅已毕，格意绝奇”。经赵氏如此评点，《出峡》之诗的脉络结构便清晰地展现了出来。

由此观之，苏轼做诗习惯于任意挥洒，放笔纵意，“觉来落笔不经意”，① “兴来一挥百纸尽”，② 一气呵成，一挥而就，使得苏诗“气象宏阔”，③ “不啻长江大河，汪洋恣肆，变化万状”，④ “如屈注天潢，倒涟沧海，变眩百怪，终归雄浑”。⑤ 可以说，意境开阔、想象独特、出奇制胜、自由奔放是苏诗的艺术特点，而其本色则可以归之为豪放。钱锺书先生甚至认为：“李白之后，古代大约没有人能够赶得上苏轼这种豪放。”⑥

二

苏轼一生历经北宋仁宗、英宗、神宗、哲宗、徽宗五代皇帝，这段时期朝廷内忧外患愈发严重，社会危机急剧发展，政治局面动荡不安。苏轼也深陷其中，宦海沉浮，几多波折，经

①[宋]苏轼：《仆曩于长安陈汉卿家见吴道子画佛碎烂可惜其后十余年复见之于鲜于子骏家则已装背完好子骏以见遗作诗谢之》，[清]王文诰辑注，孔凡礼点校：《苏轼诗集》卷十六，北京：中华书局，1982年，第829页。

②[宋]苏轼：《石苍舒醉墨堂》，[清]王文诰辑注，孔凡礼点校：《苏轼诗集》卷六，北京：中华书局，1982年，第236页。

③朱自清选注：《宋五家诗钞》，上海：上海古籍出版社，1981年，第111页。

④[宋]王十朋：《王状元集注分类东坡先生诗序》，四川大学中文系唐宋文学研究室编：《苏轼资料汇编》，北京：中华书局，2004年，第474页。

⑤[宋]敖陶孙：《臞翁诗评》，[宋]魏庆之：《诗人玉屑》卷二引，四川大学中文系唐宋文学研究室编：《苏轼资料汇编》，北京：中华书局，2004年，第681页。

⑥钱锺书选注：《宋诗选注》，北京：人民文学出版社，2005年，第62页。

历了两次“在朝——外放——贬居”的起落过程。曲折的际遇，多变的环境，丰富的生活，通达的思想，造成了他复杂矛盾而又经常变动的意识形态和艺术追求，也必然要对他诗歌的内容和形式产生影响乃至制约作用，使得其诗之豪放本色亦有所变化，这种变化可以大体分为前后三个阶段。

公元1069年（北宋熙宁二年）王安石新法实施以前为第一阶段。苏轼好友释参寥曾说：“东坡天才无施不可，以少也，实嗜梦得诗，故造词遣言，峻崎渊深，时有梦得波峭。”① 苏轼少时作诗学刘禹锡，好骂而语多讥讽，如《寄题清溪寺》《夜泊牛口》等诗，喜欢议论，笔露锋芒，正是学梦得诗的现实批判精神与战斗性。但由于作者此时意气风发、欲有所为、“奋厉有当世志”②，又缺少深刻的生活经历与人生感悟，故所发议论往往流于空泛，审美意蕴比较淡薄，不够感人。虽也写出了像《过巴东县不泊闻颇有莱公遗迹》这样精练警策、“一往骏爽”（纪昀评语）的佳作，但毕竟为数不多。从1061年（北宋嘉祐六年）冬赴凤翔任，苏轼诗歌创作在题材内容、思想观念上开始发生了变化，艺术上也成熟了许多。这时苏轼刚出仕不久，一面对仕宦人生感到迷惘与怀疑，一面又刻意探索人生的真谛，企图寻找一种永恒的人生价值。兼之北宋诗歌革新运动提倡宗韩学杜，他在这一时期的诗作更多地受到了杜诗沉郁顿挫和韩诗雄奇险怪的风格影响，而增强了腾挪跌宕之感。因此诗风虽

①[宋]朱弁：《曲洧旧闻》卷九，四川大学中文系唐宋文学研究室编：《苏轼资料汇编》，北京：中华书局，2004年，第328页。

②[宋]苏辙：《东坡先生墓志铭》，四川大学中文系唐宋文学研究室编：《苏轼资料汇编》，北京：中华书局，2004年，第63页。

初见豪放，却在意境恣肆的背后回旋着低沉的咏叹。如《送安惇秀才失解西归》“狂谋谬算百不遂，惟有霜鬓来如期”。安惇秀才怀才不遇，屡困场屋，苏轼于为其失解送别之时，借机抒发自己远大志向无从实现的牢骚不平，但言外亦不无怅惘、迷茫的叹息。杭世骏批曰：“此诗宜书座右，为狂谋谬算者痛下针砭，只是敷衍沈攸之两言，而清劲之气，令人言下猛省”。《辛丑十一月十九日既与子由别于郑州西门之外马上赋诗一篇寄之》，汪师韩评曰：“轼与其弟辙友爱特至，时辙以父洵被命修礼书，旁无侍子，因奏乞留养亲，轼赴凤翔签判之任，既别而作此诗。起句突兀，有意味。前叙既别之深情，后忆昔年之旧约，亦知人生要有别，转进一层，曲折遒宕。轼是时年甫二十六，而诗格老成如是”。而其结语：“君知此意不可忘，慎勿苦爱高官职”，陈仁锡眉批曰：“公志如此，犹栖仕宦，非其志也。”何绍基眉批曰：“时坡公甫出仕，已作此语，而一生为官职所羁，何耶?”又如《凤翔八观·王维吴道子画》一诗，纪昀评曰：“奇气纵横，而句句浑成深稳”。何焯评曰：“句句写出雄放清厚精神”。这个时期在艺术上最有代表性的是《石鼓》：“波澜老成，纯乎少陵”（何焯评语），“雄文健笔，句奇语重，气魄与韩退之作相埒”（汪师韩评语），纵横开阖、大起大落，如鹰隼掠空，有奔腾浩瀚之势，堪与韩愈的《石鼓》相媲美，形象地诠释了苏轼“以议论为诗、以才学为诗、以文字为诗”① 的特点。

从新法实行到1079年被贬黄州止为第二阶段。这时的苏轼因反对新法，“不避陛下雷霆之威，安石狼虎之怒，上书对策，

---

①[宋]严羽:《沧浪诗话·诗辩》,四川大学中文系唐宋文学研究室编:《苏轼资料汇编》,北京:中华书局,2004年,第688页。

直陈得失”,[①] 在政治上受到打击排挤，先后外任杭、密、徐、湖等地，甚至被羁狱中，使他不仅能够正视现实，慨叹“宏才乏近用，巧舞困短袖”,[②] 以嘲谑的心情揭示官场的龌龊，而且更严肃地审视人生，企图建立一种合理化的生活法则，故出现了谐、理二趣共存的特色。诗风转为恣肆豪放并显现出思想的敏锐和深刻，具有浓厚的幽默的政治抒情意味，促进了艺术的进一步成熟。如《送曾子固倅越得燕字》起句：“醉翁门下士，杂沓难为贤”，指的是同年曾巩因劝谏挚友王安石变法不果而被调离京师，作者在这里表达的分明是对王安石变法的不满，对此何绍基批曰：“言贤者之多也，语淡意激”。《出颍口初见淮山是日至寿州》将古诗的声调运用于七律，构成一种特殊的音乐美，以映衬其郁勃不平之气，正如王士禛所谓“苍莽历落中自成音节”[③] 者，故而汪师韩评曰：“宛是拗体律诗，有古趣兼有逸趣”。又如《次韵子由柳湖感物》，翁同书评曰：“为‘柳’解嘲，为‘松’寄慨，总是不平之鸣”。又曰：“子由原作，先说柳，后说松，末以‘物生禀受，久已异世俗，何始分愚贤’结之。故先生诗有讥评，不少借语”。何绍基亦认为：“是足为柳解嘲矣”。而《雨中游天竺灵感观音院》一首，乃是写“杭俗祈晴雨西，祷大士下天竺，岂宋时即有，此风即坡翁笃信佛氏河下，语亦会嘲讽”（何焯评语）。“以讥废业而事虚无也”（钱廷锦

①[宋]邵博:《邵氏闻见后录》卷二十三,四川大学中文系唐宋文学研究室编:《苏轼资料汇编》,北京:中华书局,2004 年,第 269 页。

②[宋]苏轼:《次韵答章传道见赠》,[清]王文诰辑注,孔凡礼点校:《苏轼诗集》卷九,北京:中华书局,1982 年,第 425 页。

③[清]王士禛:《分甘余话》卷三,四川大学中文系唐宋文学研究室编:《苏轼资料汇编》,北京:中华书局,2004 年,第 1149 页。

评语)。“刺当事之不恤民也，妙于不尽其词”，“似谚似谣，盎然古趣”(纪昀评语)。此外如《和柳子玉过陈绝粮二首》“淡语传神”，“愤懑而出和平，故但觉沉着，而不露怒张”(纪昀评语)。《泗州僧伽塔》“极力作摆脱语，纯是涉理路，而仍清空如话”(纪昀评语)。《吉祥寺赏牡丹》“豪嬉有致”(何绍基评语)。而且此际“东坡长于趣”① 的天性也使得其诗颇含“谐风”，如刘辰翁评《次韵舒教授寄李公择》曰：“言多善谐”，评《戏书吴江三贤画像》曰：“三诗皆戏语”。何绍基则认为《安州老人食蜜歌》“恰似饮茶甘苦杂，不如食蜜中边甜”两句将佛祖作为“调侃”对象，而《叶教授和溽字韵诗复次韵为戏记龙井之游》之诗亦语含“戏谑”。等等。都彰显了苏诗“俊逸豪丽”② 而又挥洒自如的特点。

1080年被贬黄州以后为第三阶段。苏轼主动请求外任，企图远离统治阶级内部斗争的漩涡，避开是非，保全自身。而且诗人在宦海中经过大起大落之后，也促使他对人生进行检索和反思，开始倾向佛老，藉以解脱痛苦。他在专注于自然美和生活美的同时，更重视心灵的恬适自得和精神的超凡脱俗，这个时期的诗作，有如智慧老人妙解人生的独语，于清淡的诗味中抒发着高远的情思，具有一种超然之风神。谪黄期间，苏轼与子由相见共游寒溪西山，兄弟同遭贬逐理应不胜感怆，但东坡诗云：“吾侪流落岂天意，自坐迂阔非人挤。”萧奇中评曰：“可以安命，可以乐天。”纪昀感叹曰：“东坡难得此和平之音。”翁

①[清]刘熙载：《艺概》卷二，四川大学中文系唐宋文学研究室编：《苏轼资料汇编》，北京：中华书局，2004年，第1528页。

②[明]胡应麟：《诗薮·外编》卷五，四川大学中文系唐宋文学研究室编：《苏轼资料汇编》，北京：中华书局，2004年，第1030页。

同书则认为此乃"诗人忠厚之旨。"由此方东树也评曰:"'吾侪'二句,作诗意旨。凡作诗,必有此等语,乃见意旨。"此际创作的《东坡八首》也是"柴桑真面目,愈淡愈永,愈浅愈厚。读之百回不厌"(何焯评语),"首首清朴,句句自然,真气流行,奇趣尽溢,似此乃不为杜、韩牢笼"(杭世骏评语)。这既是苏轼落其虚华而磨砺自己,也是调整心态不怨天尤人的表现。而当诗人贬谪惠、儋期间,更是"祸福苦乐,念念迁逝,无足留胸中者。"① 因而,苏轼"诗意悠然,而放逐之情不直露。"(《桄榔杖寄张文潜一首时初闻黄鲁直迁黔南范淳父九疑也》刘弘评语)其心态愈发超脱坦然,诗风亦更趋于古朴平淡。如其"和陶诗""极平浅而有深味,神似陶公"(《和归园田居六首》潘奕隽评语),"有自然之乐,形神俱似陶公"(《和游斜川正月五日与儿子过出游作》潘奕隽评语)。其《和贫士七首》亦是"淡语超绝"(何绍基评语),"数首平淡,气味与陶为近"(何焯评语),"置之陶集中,几不可辨"(纪昀评语)。

但是,因为苏轼诗风的多样性与兼容性,其诗歌创作也是多种风格并存,并非严格遵循这三个阶段的变化过程。比如,在北宋元丰戊午苏轼外放徐州尚未被贬黄州期间所作《雨中过舒教授》一诗,查慎行评曰:"诗境淡静,耐人玩味"。纪昀评曰:"淡远,有王、韦之意"。钱廷锦评曰:"似柳州"。何焯评曰:"愈炼愈淡,愈曲愈静"。汪师韩评曰:"一种闲情逸趣,煅炼出以淡雅。任拈一语,无不静气迎人"。又如此际所作《答仲屯田次韵》汪师韩评曰:"寥亮清音,超心炼冶"。《台头寺步月

①[宋]苏轼:《与孙志康二首》,孔凡礼注:《苏轼文集》卷五十六,北京:中华书局,1986年,第1681页。

得人字》汪师韩评曰："清辉娱人，穆然意远"。诗风已经显现出平淡的特点。而在元丰五年苏轼谪任黄州时仍作有"排宕兀傲，奇气纵横"（纪昀评语）的《次韵孔毅父久旱已而甚雨》，元丰七年在常州时作有"盘空硬语，具体昌黎"（汪师韩评语）的《次韵王定国南迁回见寄》。甚至在元祐辛未谪守颍州时所作《次前韵送刘景文》诗中，依然"墨气淋漓，一往酣畅"（纪昀评语）。"极曲折顿宕、抑扬爽朗之妙"（潘奕隽评语）。"情事曲折裁约，以入有韵之言，徘徊俯仰，逸趣横生。一唱三叹，声坎坎于青云矣"（汪师韩评语）。"此独数语简净，而俯仰飞散，遥遥有百年万里之悲"（何焯评语）。不过整体观之，苏轼诗歌创作的三个阶段可谓是其发展链条上很有顺序的互相联系的环节，而通过评点者对其诗歌的美学风格批评，不仅让我们看到了贯穿在这些作品中的作者的思想感情、性格特点、审美趣味、艺术修养，由此也得知了苏诗之本色的演变过程与整体风貌。

三

苏诗是宋诗的杰出代表。宋人面对登峰造极、兴象玲珑的唐诗，而欲有所突破，"于是反思转向，自觉地运用心力去经营诗歌的形式美，将诗歌美学的内涵，诸如词句的排列、意象的组合、修辞的运用、技巧的精化等等，做淋漓尽致的发挥和研究。"① 相较于唐人，宋人对于诗歌特色或艺术风格的自觉省察"大致表现在六个方面：一、出位之思，注重整合融会；二、翻

①张高评：《宋诗特色之自觉与形成》，北京大学古文献研究所、四川大学古籍研究所编：《国际宋代文化研讨会论文集》，成都：四川大学出版社，1991年，第314页。

转变异，强调推陈出新；三、转益多师，题材拓展广博；四、深造有得，内容体现深远；五、精益求精，努力技法洗炼；六、别裁创获，期于自成一家。此六者相激相荡，交互影响，于是形成宋诗的特色。"① 而这在苏轼身上得到了充分体现。评点者在论及苏诗时，也往往喜欢用"唐音"、"唐韵"与"宋格"、"宋调"等概念，从唐宋诗对比的角度进行探讨，这不但是关乎朝代的概念，更是针对"本色"的概念。苏轼一方面能够继承诗学传统，广泛接受唐人之影响，融众长于一炉，重托物兴寄，意与境会，显示了其与唐诗学一致的审美取向；另一方面又有所取舍超越，重以文为诗，好议论说理，喜逞才擅辩，显示了宋诗学的独特风尚。这在其诗歌创作中成为一种艺术优势，故而能够时作"唐音"，时作"宋调"，并由此表现为鲜明的"本色"特点。

苏轼注重诗歌的托物兴寄，意与境会，他不仅推崇陶渊明的"采菊东篱下，悠然见南山"，② 也欣赏柳宗元的"孤舟蓑笠翁，独钓寒江雪"，③ 认为"诗人有写物之功"，④ 要能够"类有

①张高评:《宋诗特色之自觉与形成》,北京大学古文献研究所、四川大学古籍研究所编:《国际宋代文化研讨会论文集》,成都:四川大学出版社,1991年,第303页。

②[宋]苏轼:《题渊明饮酒诗后》,孔凡礼注:《苏诗文集》卷六十七,北京:中华书局,1986年,第2092页。

③[宋]苏轼:《书郑谷诗》,孔凡礼注:《苏诗文集》卷六十七,北京:中华书局,1986年,第2119页。

④[宋]苏轼:《评诗人写物》,孔凡礼注:《苏轼文集》卷六十八,北京:中华书局,1986年,第2143页。

所感，托物以发”,[①]“因感微物，以寄妙理”,[②] 达到形神俱似，情景交融，天然凑泊之境界。他还十分重视通过摹写景物来借以传达主体之情思，如其描写西湖欲雪之景：“天欲雪，云满湖，楼台明灭山有无。水清石出鱼可数，林深无人鸟相呼”,[③]追求一种既生动真切不为浮泛、又意味深远颇有余韵之境界，这与唐诗重“兴象”是一致的。又如《南堂》第五首：“扫地焚香闭阁眠，簟纹如水帐如烟。客来梦觉知何处，挂起西窗浪接天。”描写诗人扫地焚香、闭门昼眠的情景。诗中所描绘的清凉如水的竹席和轻柔似烟的纱帐，正是宜于做一场好梦的场所，于是诗人很快进入到深深的睡乡中。当有客来临惊醒他时，作者对于仍在美丽梦境中迷离惝恍，不知身处何所的情状描写十分真切。末句以西窗外碧浪连天、浩渺无边的清远壮阔之景作结，衬托了诗人超然尘外的闲静心境。但此种心境，并非来自一般士大夫优游卒岁的生活，而是源于诗人善处逆境的旷达性情。与前四首相比，诗中更能凸显出一种潇洒清旷的宁静之美。纪昀据而评曰：“此首兴象自然，不似前四首有宋人桠杈之状。”又如《行琼儋间肩舆坐睡梦中得句云千山动鳞甲万谷酣笙钟觉而遇清风急雨戏作此数句》，想象瑰奇，气势宏阔，意象组合严谨跌宕，又时时夹以抒情议论，令人荡气回肠，神与物游，堪与李白《梦游天姥吟留别》相媲美，故而纪昀评曰：“以杳冥诡

①[宋]苏轼:《辨杜子美杜鹃诗》,孔凡礼注:《苏轼文集》卷六十七,北京:中华书局,1986年,第2100页。

②[宋]苏轼:《与程正辅七十一首》之六十四,孔凡礼注:《苏诗文集》卷五十四,北京:中华书局,1986年,第1619页。

③[宋]苏轼:《腊日游孤山访惠勤惠思二僧》,[清]王文诰辑注,孔凡礼点校:《苏轼诗集》卷七,北京:中华书局,1982年,第317～318页。

异之词，抒雄阔奇伟之气，而不露圭角，不使粗豪，故为上乘。”此外如《席上代人赠别三首》“凄音怨乱不成歌”一首，杭世骏评点曰：“却是唐音，可为知者道也”。《虔州八境图》“涛头寂寞打城还”一首，纪昀评曰：“此首纯是唐音。”也都指出诗歌具有唐诗一唱三叹、余味无穷的风格特点。而《有美堂暴雨》“浙东飞雨过江来”冯班评曰：“大手如此才力，何必唐诗？”《次韵黄庭坚鲁直画马试院中作》汪师韩评曰：“此格乃《禁脔》所谓‘促句换韵’者，唐诗惟岑参有之，后人遂以此诗为岑嘉州体，要其源，固出于秦碑也。是须适然得之，不由作意，令转换承接，一气卷舒，不可增减，方称入妙。若惟是三句一换韵，三迭而止，以此为新，亦何难能之有。此篇次韵自然，又且奇气勃窣，实较黄庭坚原唱为更胜。”则从另面揭示了苏诗的这一特点。

苏轼善于学习唐人，尤其喜欢学杜，故也主张像杜甫一样“读书破万卷，下笔如有神”，① 而且受宋人重视提高学术修养的影响，十分看重以才学为诗。如其曰：“别来十年学不厌，读破万卷诗愈美。”② “诗人雕刻闲草木，搜抉肝肾神应哭。不如默诵千万首，左抽右取谈笑足。”③ 便是要博览诗书，来增强学养，提高创作水平，如此方能左右逢源，得心应手。反之，苏轼认

①[唐]杜甫:《奉赠韦左丞丈二十二韵》,《杜工部集》卷一,长沙:岳麓书社,1989年,第9页。

②[宋]苏轼:《送任伋通判黄州建及其兄孜》,[清]王文诰辑注,孔凡礼点校:《苏轼诗集》卷六,北京:中华书局,1982年,第233页。

③[宋]苏轼:《次韵孔毅父集古人句见赠五首》其四,[清]王文诰辑注,孔凡礼点校:《苏轼诗集》卷二十二,北京:中华书局,1982年,第1157页。

为孟浩然之诗“韵高而才短，如造内法酒手，而无材料尔。”①虽有高情远韵，但缺少丰厚蕴涵。而且，苏轼认为作诗既要积学而得，才能才思敏捷，又要千锤百炼，不见斧凿之痕：“清诗要锻炼，乃得铅中银”，②最终达到“新诗如弹丸，脱手不暂停”③之境地。这也显示出宋诗与唐诗不同之处，亦即所谓之“宋格”或“宋调”。而“东坡博集群籍，左抽右取，纵横恣肆，隶事精切，如不著力；尤熟于史汉、六朝唐史，《庄》、《列》、《楞严》、《黄庭》诸经，及李、杜、韩、白诗；故如万斛泉源，随地喷涌，未有羌无故实者。”④可谓是宋诗风格的代表者。如《吊天竺海月辩师三首》纪昀评曰：“三首皆不脱宋格。”《盐官绝句四首》纪昀评曰：“四首俱不脱宋调。”《除夜野宿常州城外二首》赵克宜辑《角山楼苏诗评注汇钞》评曰：“二诗亦皆宋调。”其中亦注意到宋格之所长，如《赠钱道人》纪昀评曰：“纯为介甫辈发，全用宋格，然自是一种不可磨灭文字。”《广倅萧大夫借前韵见赠复和答之》第二首“赠我皆强韵，知君得异书”句，赵克宜辑《角山楼苏诗评注汇钞》评曰：“次联宋格之佳者。”《王中父哀词》纪昀评曰：“纯是宋格，而气体浑阔，无

①[宋]陈师道:《后山诗话》,四川大学中文系唐宋文学研究室编:《苏轼资料汇编》,北京:中华书局,2004年,第138页。

②[宋]苏轼:《崔文学甲携文见过萧然有出尘之姿问之则孙介》,[清]王文诰辑注,孔凡礼点校:《苏轼诗集》卷四十五,北京:中华书局,1982年,第2442页。

③[宋]苏轼:《次韵答参寥》,[清]王文诰辑注,孔凡礼点校:《苏轼诗集》卷十八,北京:中华书局,1982年,第949页。

④[清]张道:《苏亭诗话》卷一,四川大学中文系唐宋文学研究室编:《苏轼资料汇编》,北京:中华书局,2004年,第1991页。

江西生硬之痕。”《无言亭》纪昀评曰：“气机一片。此宋格而不嫌宋格者，《无言亭》先是宋题，不得不作宋诗矣。”《送蜀僧去尘》“谁为善相宁嫌瘦，复有知音可废弹”句，纪昀评曰：“五、六是到骨宋格，然用意甚深。”《首夏官舍即事》“吾庐想见无限好，客子倦游胡不归”句，纪昀评曰：“三、四宋调之清历者。”但是如果掌控不好，则容易显出宋格之弊，筋脉毕露，流入油滑，缺乏形象美。纪昀便对“宋调”颇有微词。如《除夜野宿常州城外二首》其二“老去怕看新历日，退归拟学旧桃符”句，纪昀评曰：“三、四是到地宋格，在东坡不妨，学之便入恶趣。”《臂痛谒告作三绝句示四君子》纪昀评曰：“三首到骨宋格，废之则不能，效之则不必。”《二乐榭》纪昀评曰：“此则宋格之恶者。”《虔州八境图》“使君那暇日参禅”一首，纪昀评曰：“此则纯是宋格，语亦少味。”《留别金山宝觉圆通二长老》“康济此身殊有道，医治外物本无方”句，纪昀评曰：“此则宋调之取厌者。”《次韵刘贡父李公择见寄二首》其一“曲无和者应思郢，论少卑之且借秦”句，纪昀评曰：“三、四宋调之不佳者。”方东树也不喜宋调，如《次韵穆父尚书侍祠郊丘瞻望天光退而相庆引满醉吟》“喜气到君浮白里，丰年及我挂冠前”句，方东树评曰：“三、四宋调，吾不取。”《八月七日初入赣过惶恐滩》方东树评曰：“此亦宋调，吾不取。”《狱中寄子由二首》其一，方东树评曰：“此亦宋调，虽有警句，吾不取。”当然，后代诗人有祖唐祧宋之不同，对于诗歌风格亦各有好尚。如《白鹤峰新居欲成夜过西邻翟秀才二首》其一“系闷岂无罗带水，割愁还有剑铓山”句，查慎行评曰：“属对绝工，移唐音作宋调，使事天然。”纪昀则反驳曰：“余谓此种终是小样，不可揭以为式。”但纪昀同样不满于“唐音”末流的空疏无当，如其评《望云楼》

曰："纯用宋格，然较胜唐装门面腔。"在他看来，学习前人的正确途径尤贵于坚持本色。如其评《泛颍》曰："源出次山，而运以本色机轴，遂成奇调。"评《行琼儋间舆坐睡梦中得句云千山动鳞甲万谷酣笙钟觉而遇清风急雨戏作此数句》曰："源出太白，而运以己法，不袭其貌，故能各有千秋。"能够在传承中创新，这也是苏诗能够长存文学史的一个重要原因。

另外可以看到，苏轼对唐音宋调的兼擅并举，代表了宋人为创建宋诗本色所做的理论思考与实践努力，也表明宋调的形成与唐音有着密切的关联，唐诗传统在宋人心目中变成了继承与创新的对立统一体，二者之间相互交合，作为同一事物的两个不同方面，又共同促进诗歌的发展和风格的嬗变。虽然从评点本身来看，此类批评方式多是主观感悟，又主要侧重于字句、用语等细节分析，往往略嫌琐碎，显得语焉不详。但是毋庸置疑其中闪烁的思想火花，对于我们进行苏诗研究乃至中国文学批评史研究具有重要参考价值。

四

一般来说，每个作家都有其独特且较为稳定的艺术风格，所谓"子美不能为太白之飘逸，太白不能为子美之沉郁"。①但苏轼却能够于豪放之外而渐为平淡之风，既能歌"唐音"，又可咏"宋调"，其"本色"可谓是稳定性与变动性的统一、多样性与兼容性的统一。其主要原因是苏轼"英才绝识，卓冠一世。平生斟酌经传，贯穿子史，下至小说杂记，佛经道书，古诗方言，莫不毕究。故虽天地之造化，古今之兴替，风俗之消长，

①[宋]严羽:《沧浪诗话·诗评》,北京:中华书局,1985年,第36页。

与夫山川草木禽兽，鳞介昆虫之属，亦皆洞其机而贯其妙。”① 他博学多识，涉猎广泛，转益多师，兼收并蓄，堪称“胸有洪炉，金、银、铅、锡，皆归熔铸。”② 就苏诗而言，乃经历了一个初学梦得，经李、杜而入陶的过程。苏轼曾自谓：“子美之诗，退之之文，鲁公之书，皆集大成者也。学诗当以子美为师，有规矩，故可学。”③ 尤其是其晚年作品，既能“深入少陵堂奥”，④ 又能得杜诗之“老而严”。⑤ 苏辙说：“公诗本似李、杜，晚喜陶渊明，追和之者几遍。”⑥ 陈师道则云：“苏诗始学刘禹锡，故多怨刺，……晚学太白，至其得意，则似之矣。”⑦ 张戒亦谓：“苏子瞻学刘梦得，学白乐天、太白，晚而学渊明。”⑧ 这些见解虽不完全一致，但说明了苏诗具有集大成的特性。

①[宋]王十朋：《王状元集注分类东坡先生诗序》，四川大学中文系唐宋文学研究室编：《苏轼资料汇编》，北京：中华书局，2004年，第474页。

②[清]沈德潜：《说诗晬语》卷下，四川大学中文系唐宋文学研究室编：《苏轼资料汇编》，北京：中华书局，2004年，第1223页。

③[宋]陈师道：《后山诗话》，四川大学中文系唐宋文学研究室编：《苏轼资料汇编》，北京：中华书局，2004年，第138页。

④[宋]朱弁：《曲洧旧闻》卷九，四川大学中文系唐宋文学研究室编：《苏轼资料汇编》，北京：中华书局，2004年，第328页。

⑤[宋]胡仔：《苕溪渔隐丛话·后集》卷三十云：“余观东坡自南迁以后诗，全类子美夔州以后诗，正所谓‘老而严’者也。”四川大学中文系唐宋文学研究室编：《苏轼资料汇编》，北京：中华书局，2004年，第402页。

⑥[宋]苏辙：《东坡先生墓志铭》，四川大学中文系唐宋文学研究室编：《苏轼资料汇编》，北京：中华书局，2004年，第72页。

⑦[宋]陈师道：《后山诗话》，四川大学中文系唐宋文学研究室编：《苏轼资料汇编》，北京：中华书局，2004年，第138页。

⑧[宋]张戒：《岁寒堂诗话》卷上，四川大学中文系唐宋文学研究室编：《苏轼资料汇编》，北京：中华书局，2004年，第300页。

评点者对苏诗与前人之间的渊源关系亦有精妙的论说与评析。如查慎行评点苏诗，其所最为关注者便是打破了诗与文之间的界限，指出苏诗中变化莫测、匪夷所思的艺术想象与庄子之文有着密切的联系。如《赠眼医王彦若》描写针灸大夫医术高妙之语，纵横捭阖，挥洒自如，查氏评云："游刃有余，汪洋恣肆，漆园之言也。不谓有韵之文，亦能驰骋至此。"可谓发前人所未发。又如评《次韵郭功甫二首》（其一）："臭腐神奇，语出庄子"，评《影答形》"无心但因物"二句："理本漆园"等等，皆见识独到，颇为可取。而于苏诗的众多渊薮之中，查慎行对苏轼学杜之评价不仅较为全面，也较前人更为深入。如其评《倦夜》"通首俱得少陵神味"，评《新年五首》（其二）"格律纯学少陵"，评《新居》"朝阳入北林"四句"神似少陵"，等等，都显示出查氏有意识地将两位大诗人联系起来，以说明苏诗艺术创作上的前后继承关系。不仅如此，查氏有时更是将苏诗与杜诗的具体作品加以比较，如其评《寓居定惠院之东杂花满山有海棠一株土人不知贵也》云："读前半，竟似海棠曲矣，妙在'先生饱食'一转。此种诗境，从少陵《乐游园歌》得来，同其神理而化其畦畛，斯为千古绝作。"全诗由"海棠"而生发感慨，在结构、立意与情调等不同层面皆与杜诗相似。查氏称此诗堪得杜之"神理"，认识到二者之间存有紧密关联，体现出了评者较高的审美感悟力。

何焯于此亦多所洞见，尤其是对于苏诗学唐有着精到认识。如其评《和子由踏青》"人闲正好路旁饮，麦短未怕游车轮"句曰："学昌黎气味颇似。"评《石鼓》"忆昔周宣歌《鸿雁》，……岂有名字记谁某"一段曰："此段波澜老成，纯乎少陵。"评《宋叔达家听琵琶》曰："似义山体。"评《和子由中秋见月》

曰："逼近太白。"评《端午遍游诸寺得禅字》曰："已得柳州深致。"不惟如此，何焯评点苏诗颇为客观，其中既有赞赏之语，如评《司竹监烧苇园因召都巡检柴贻勖左藏以其徒会猎园下》"迎人截来砉逢箭，避犬逸去穷投罝"句曰："《羽猎赋》逊其精炼。"评《游金山寺》"微风万顷靴文细，断霞半空鱼尾赤"句曰："缥缈无迹，并非青莲所及。"但也时见批评之言，如评《有以官法酒见饷者因用前韵求述古为移厨饮湖上》曰："香山后身。"指出其冗沓、率意之弊。又如评《真兴寺阁》"侧身送落日，引手攀飞星"句曰："二句终逊'七星在北户'矣。"评《秋怀二首》曰："此等极学晋宋人语，但无远旨。"等等，均是中肯之论。

汪师韩亦认为苏轼"无所不学，亦无所不工"，[①] 其诗兼具众家之长。如其评《荆州十首》："俯仰陈迹，怀古者所同。悲壮慷慨，则唐贤得意笔也"；评《荔枝叹》："'君不见'一段，百端交集，一篇之奇横在此。诗本为荔枝发叹，忽说到茶，又说到牡丹，其胸中郁勃，有不可以已而言，斯至言至文也。"乃是称苏诗具有杜甫诗歌沉郁顿挫的风格。又如其评《书丹元子所示李太白真》："笔歌墨舞，实有手弄白日、顶摩青穹之气概，足为白写照矣。赵葵《行营集录》云，神宗一日与近臣论人才，因曰：'轼方古人孰比?'近臣曰：'颇似李白。'上曰：'不然。白有轼之才，无轼之学。'神宗之知轼者深，虽李定华百方媒孽，而终得保全也。"评《行琼儋间肩舆坐睡梦中得句云千山动鳞甲万谷酣笙钟觉而遇清风急雨戏作此数句》："行荒远僻陋之

---

①[清]汪师韩:《苏诗选评笺释叙》,四川大学中文系唐宋文学研究室编:《苏轼资料汇编》,北京:中华书局,2004年,第1811页。

地，作骑龙弄凤之思，一气浩歌而出，天风浪浪，海山苍苍，足当司空图‘豪放’二字。”乃是说苏诗具有李白诗歌豪迈不羁的风格。再如其评《雨后行菜圃》：“质而实绮，癯而实腴，得陶公《田园》诸诗之神髓。”评《安州老人食蜜歌)》：“游戏三昧，掣电机锋，合之以成绝世奇作。昔轼尝引佛言‘譬如食蜜，中边皆甜’之语以论陶、柳诗，谓‘人食五味，知其甘苦，皆是能分别其“中边”者，百无一二也’。如此篇，其亦诗之‘中边皆甜’者乎?”则是认为苏诗具有陶潜诗歌清新雅淡的风格。

纪昀也极为注意苏诗对前代文学的继承与借鉴，并屡屡加以对照和提示。他先后拿来与苏诗进行比较的诗人流派有：“宋子侯、陈林、曹植、左思、陶渊明、张九龄、陈子昂、孟浩然、王维、崔颢、李白、高适、岑参、杜甫、元结、刘长卿、韦应物、张籍、王建、孟郊、贾岛、韩愈、柳宗元、白居易、杜牧、李商隐、皮日休、陆龟蒙，以及《庄子》、汉赋、齐梁体、初唐体、晚唐五代体、武功派、九僧派，等等，难以遍举。”① 如其评《腊日游孤山访惠勤惠思二僧》：“其源出于古乐府。”评《颍州初别子由二首》之“征帆挂西风”一首：“用李陵‘且复立斯须’意。”评《参寥上人初得智果院会者十六人分韵赋诗轼得心字》：“起二句全袭左思。”评《次韵刘贡父独直省中》：“首句用杜预语。”评《和子由闻子瞻将如终南太平宫溪堂读书》：“此一段纯是陶诗气脉。”评《游道场山何山》：“纯用唐人转韵格。”评《于潜令刁同年野翁亭》：“似晚唐人七古下调。”评《新城陈氏园次晁补之韵》：“忽作王、孟清音。”评《次韵黄鲁直画马试

①参见项楚:《读〈纪评苏诗〉》,中国苏轼研究学会编:《东坡诗论丛》,成都:四川人民出版社,1983年,第10页。

院中作》："此格本之嘉州《走马川》诗。"评《襄阳乐府三篇·上堵吟》："有太白之意。"评《次韵张安道读杜诗》："句句似杜。"评《和拟古九首》之"有客叩我门"一首："结二句调用刘随州。"评《新居》："正在韦、柳间。"评《新滩》"纯是香山门径。"评《僧清顺新作垂云亭》："力摹昌黎。"评《太白山下早行至横渠镇书崇寿院壁》："首句直写刘方平语。"评《襄阳乐府三篇·襄阳乐》："似张、王不着意作。"评《读孟郊诗二首》："二首即作'东野体'。"评《李钤辖坐上分题戴花》："气味似玉溪生。"评《谢人惠云巾方舄二首》："纯作皮、陆格。"等等。举凡汉唐之间，尤其是唐人有成就者均曾提及，用以说明苏诗的艺术渊源。不但可见纪昀视野之开阔，也足见苏轼接受前代文学影响之广泛。

同时，苏诗具有如此之特色还因为作者能够师法古人却又独出机杼，所谓"出新意于法度之中，寄妙理于豪放之外。"① 同样"东坡诗如'成都画手开十眉'、'楚山固多猿，青者黠而寿'，皆出新意于法度，表前贤所未到。"② 而且苏轼"敏捷善谑"，③ 乐观旷达，阅历丰富，思想融通，能够以宽广的胸襟去拥抱大千世界，以深邃的眼光去审视艺术对象，别具慧眼，坚持本色，所以凡物皆有可观，到处都能发现美的存在，"其尤不可及者，天生健笔一枝，爽如哀梨，快如并剪，有必达之隐，

①[宋]苏轼:《书吴道子画后》,孔凡礼注:《苏轼文集》卷七十,北京:中华书局,1986年,第2210页。

②[宋]吕本中:《童蒙诗训》,四川大学中文系唐宋文学研究室编:《苏轼资料汇编》,北京:中华书局,2004年,第254页。

③[宋]王辟之:《渑水燕谈录》卷十,四川大学中文系唐宋文学研究室编:《苏轼资料汇编》,北京:中华书局,2004年,第23页。

无难显之情。”[①] 形成了其作品的多重艺术意境和艺术特色，从而在题材内容和表现手法两方面开辟了新的天地，也奠定了苏诗的文学史地位。正如叶燮所说：“苏轼之诗，其境界皆开辟古今之所未有，天地万物，嬉笑怒骂，无不鼓舞于笔端，而适其意之所欲出。此韩愈后之一大变也，而盛极矣！”[②] 朱自清也高度赞赏曰：“子瞻气象宏阔，铺叙婉转，子美之后，一人而已……而世之訾宋诗者，独于子瞻不敢轻议。”[③]

评点者在对苏轼诗歌“本色”的批评中，较为准确地揭橥和挖掘出作品所蕴涵的美学意义与艺术价值，既有整体风貌的把握，亦能反映出苏轼不同人生阶段的艺术追求，为读者开启了积极的导向作用。可以说是评点“通作者之志，开览者之心”，[④] 促进了读者与评者、作者的心灵融合。但相对于其他传统批评方式，评点者对于苏轼诗歌“本色”的阐释，多是简约玄远的直观感悟，而鲜有深邃宏通的理性阐发，批评者往往用凝练传神的语言，将其对于艺术的审美经验的独特感受，生动形象地表现出来，因而，对于苏轼诗歌多偏重艺术分析，寻绎诗外之味，相对忽略作品的理论阐释，难以探究其深层意蕴，且在批评观念上容易忽视结合作者的时代环境、生平思想等外部因素去知人论世，难以进行全局性的展开研究。但这也是评

①[清]赵翼：《瓯北诗话》卷五，四川大学中文系唐宋文学研究室编：《苏轼资料汇编》，北京：中华书局，2004 年，第 1306 页。

②[清]叶燮：《原诗》卷一，四川大学中文系唐宋文学研究室编：《苏轼资料汇编》，北京：中华书局，2004 年，第 1119 页。

③朱自清选注：《宋五家诗钞》，上海：上海古籍出版社，1981 年，第 111 页。

④[明]袁无涯：《忠义水浒全书发凡》，朱一玄编：《水浒传资料汇编》，天津：南开大学出版社，2002 年，第 133 页。

点的客观缺陷所致，我们不能因此而否认其所具有的价值。

第三节 苏轼诗文评点的批评功能

不可否认，文学评点中蕴藏着丰富的理论内涵，目前评点研究中最受重视、进展最充分的部分无疑是它的理论价值。不过，因为评点从根本上说是一种批评形态，“批评是揭示文学艺术作品的美和缺点的科学。”① 能够从一定的理论观念和理论立场出发，对具体的作品展开由表及里、由粗而细的批评，充分发现其中蕴含的“美”，并敢于“揭露”它的“缺点”，则是评点批评的最主要的任务，评点也由之而能够最行之有效地实现它的批评功能。因此，审视苏轼诗文评点批评功能的展开，考察它对作品“美和缺点”的展示角度及程度，是我们研究苏轼诗文评点的不可缺少的环节，也是我们衡量苏轼诗文评点价值的一个重要层面。

苏轼诗文的评本多样，评者众多，评批目的不同，评点角度各异，故而评语内容十分繁杂。既有提供须知见闻的简短评注，也有触文兴意，一时感应的谈吐；还有关于艺术技巧的文本分析，更有涉及作品思想内容的论述。对此，难以用一个统一的标准做同一层级的详细分类，我们“举其大端”，将其分为思想内容、写作方法、借题发挥三大类别，来分析它的批评价值。

①［俄］普希金著，李邦媛译：《论批评》，转引自伍蠡甫主编：《西方文论选》（下卷），上海：上海译文出版社，1979 年，第 373 页。

一、思想内容的解读

诗文作为雅文学，乃是我国占据统治地位的传统文学形式，“文章者，经国之大业也”①，“文所以载道也”②，尽管因人因时而标准有所不同，但重视诗文的思想内容基本是一致的。不仅编选古文须要“可以鼓吹六经者”③，即便是制艺时文题旨也要“代圣贤立言”④，都是将有正统封建思想作为选文的首要标准。而诗文评点较为全面地反映了我国传统文艺思想中的价值观念。谭帆先生认为，“传统文艺思想中的价值观念约有三个层次：功利性、宣泄性和娱乐性，其中又以功利性的价值观念占据主导地位”⑤。功利性的价值观是以儒家思想为其理论依据的，其特点是追求文艺自上而下的教化、自下而上的讽谏这种双向关系，并强调文艺以维系个体和社会群体之间的和谐为目的。

囿于儒家“以文为用”正统思想的束缚，千百年来，中国儒家文化中那种根深蒂固的“微言大义”式的文学功能阐释，

---

①[三国魏]曹丕:《典论·论文》,六臣注《文选》卷五十二,北京:中华书局,1987年,第967页。

②[宋]周敦颐著,[元]保八注:《周子通书训义·文辞第二十八》,顾廷龙主编:《续修四库全书》(子部),第934册,上海:上海古籍出版社,2002年,第135页。

③[清]爱新觉罗·玄烨:《御制古文渊鉴序》,[清]徐乾学等纂集:《御制古文渊鉴》卷首,清康熙四十九年武英殿刻五色套印本。

④语出[清]方苞:《进四书文选表》:“而况经义之体,以代圣人贤人之言。”《望溪集》“外文卷”二“奏札”,清咸丰元年戴钧衡刻本。后多引作“代圣贤立言”。

⑤谭帆:《试析古代文论中的价值观念》,载《文艺理论研究》1991年第4期。

一直把文学作为政治和道德的附庸来看待，教化、认识功能始终占据主导地位。孔子提出了“兴”“观”“群”“怨”说，却又认为“迩之事父，远之事君”（《论语·阳货》）。《毛诗序》亦宣扬“正得失，动天地，感鬼神，莫近于诗。先王以是经夫妇，成孝敬，厚人伦，美教化，移风俗”①。而文论家们认为，文艺必须通过对生活的美或刺，歌颂或暴露，即“善善颂焉，恶恶刺焉”②，“善善则咏颂之，恶恶则风刺之”③，才能达到“劝善惩恶”的目的。唐代白居易虽也是主张通过“美刺”去“惩劝善恶”的，但他给“美刺”说注入了新内容。按照传统的儒家诗教，诗歌的美刺、讽喻是要“约之以礼”（《论语·雍也》）、“怨而不怒”（《国语·周语上》）。可是白居易所倡导的“美刺比兴”“补察时政”“为时而著”“为事而作”④，却包含着对时政的激烈抨击，对人民疾苦的直切反映。

苏轼同白居易一样，作为富有社会责任感和民本思想的儒家士大夫，“视民如视其身，待至愚者如其至贤者”⑤，既具有关心人民利益、同情百姓疾苦的人道思想，又充满了维护道义、不惧邪恶的斗争精神，还树立了建功立业、热爱生活的积极人

①[汉]毛苌传述，[宋]朱熹辩说：《诗序》，北京：中华书局，1985年，第1页。

②[宋]释智圆：《钱唐闻聪师诗集序》，曾枣庄、刘琳主编：《全宋文》（第八册）卷三百一十《闲居编》卷二十九，成都：巴蜀书社，1990年，第223页。

③[唐]吴融：《禅月集序》，[清]董诰等编：《全唐文》卷八百二十，上海：上海古籍出版社，1990年，第3831页。

④参见[唐]白居易著，顾学颉校点：《白居易集》卷四十五《与元九书》，北京：中华书局，1979年，第959～966页。

⑤[宋]苏轼：《既醉备五福论》，孔凡礼点校：《苏轼文集》卷二，北京：中华书局，1986年，第51页。

生态度，“在心为志，发言为诗”①，在他的文学创作理论中，其基本观点就是提倡“诗须要有为而作”②，要“有意于济世之用，而不志于耳目之美观”③。在苏轼看来，这是作为一个文人士大夫应有的使命和责任，同时也是他坚守一生的人生准则。为此，他多次上书讽谏，“言必中当世之过”④，坐此口舌之端，屡遭贬谪之祸，但一刻也未曾停止过对时政的关注：“今虽在外，事有关于安危而非职之所忧者，犹当尽力争之，而况其事关本职而忧及民生者乎?”⑤ 苏轼为政地方期间，心怀用世之心，体察民情，更能亲身感受到社会现实中存在的种种不平与弊端，所以，即使他在晚年被贬谪到充满瘴疠之气的岭南，仍然慷慨表示：“《春秋》古史乃家法，诗笔《离骚》亦时用。但令文字还照世，粪土腐余安足梦。”⑥“投章献策谩多谈，能雪冤忠死亦甘。一片丹心天日下，数行清泪岭云南。”⑦

在这种文学思想的指导下，苏轼从青少年时起就“纷然诵

①[汉]毛苌传述,[宋]朱熹辩说:《诗序》,北京:中华书局,1985年,第1页。

②[宋]苏轼著,屠友祥校注:《东坡题跋》卷二《题柳子厚诗》(其二),上海:上海远东出版社,1996年,第99页。

③[宋]苏轼:《答虔倅俞括奉议书》,臧清、叶爱民、舒炜整理:《苏轼集》,北京:国际文化出版公司,1997年,第1318页。

④[宋]苏轼:《凫绎先生诗集叙》,孔凡礼点校:《苏轼文集》卷十,北京:中华书局,1986年,第313页。

⑤[宋]苏轼:《上文侍中论榷盐书》,孔凡礼点校:《苏轼文集》卷四十八,北京:中华书局,1986年,第1400页。

⑥[宋]苏轼:《寄诸子侄》,[清]王文诰辑注,孔凡礼点校:《苏轼诗集》卷四十二,北京:中华书局,1982年,第2304页。

⑦[宋]苏轼:《过岭寄子由》,[清]王文诰辑注,孔凡礼点校:《苏轼诗集》卷四十七,北京:中华书局,1982年,第2565页。

说古今，考论是非”[①]，且极为喜爱“论古今治乱不为空言”的著作[②]，因此创作了大量时论之文。如“策”“论”各有二十五篇。其二十五“策”分为“策略”五篇、“策别”十七篇、“策断”三篇。其中“策略”是其政治观点的总体阐述，“策别”提供具体的措施，“策断”则专为如何应对辽和西夏的问题而作。在《策略一》中，作者纵论“天下治乱”与“方今之势”，提出宏观战略，就是要“涤荡振刷，而卓然有所立”[③]，一言以蔽之，就是要改革。范仲淹、欧阳修以来知识分子的高昂的理想主义与“以天下为己任”的强烈责任感，在这里得到了充分的体现。评点者们对此亦颇为赞同。如郑之惠就认为：“宋室陵夷，只‘不自立’三字说尽，至于‘不知其然’一语，则千古通弊也。此老胸中具有千古之的，而下语又足破的，所以为妙。”又如《策略五》中，唐顺之评曰：“此文论时弊处，皆借古为论，亦一体也。”《策别一》中，陈继儒评曰：“宋家三百年诛戮不及大臣，所以远过汉唐。坡公创出此策，亦是一时挽弊之论。”

苏轼所作“论”同样二十五篇，王慎中在《荀卿论》中评点说，苏轼喜欢以“异说高论”四字立案。在《宋襄公论》中，作者也是翻奇出新，不循常理。他认为宋襄公是王莽一类的阴谋家，残酷、阴险，根本不能与周文王、齐桓公、晋文公等贤君相提并论。对此，茅坤评论说堪称“千古只眼之论正当”。又

①[宋]苏轼:《答李端叔书》,孔凡礼点校:《苏轼文集》卷四十九,北京:中华书局,1986年,第1432页。

②[宋]苏辙:《栾城集·后集》卷二十二《东坡先生墓志铭》,四川大学中文系唐宋文学研究室编:《苏轼资料汇编》,北京:中华书局,2004年,第71页。

③[宋]苏轼:《策略一》,孔凡礼点校:《苏轼文集》卷八,北京:中华书局,1986年,第227页。

如《大臣论（下）》中，李九我评曰："此论大臣之体，从容以俟其成，不在急遽以速其祸。末引平、勃相和事，尤奇特峻伟，意思高出一层，便有过人议论。"而《屈到嗜芰论》中，钱文登评曰："阐左氏之说，破子厚之论，道理最是，且笔势变化，意见反复，作辩难攻击之文，此其正印。"因而，评者认为苏轼散文能够为治国提供对策，乃是"有关系宋室之文章"（《代张方平谏用兵书》李九我评语），堪称"经国之言"（《策别十四・定军制》茅坤评语），"悉切时弊"（《御试制科策》茅坤评语）。"先名后实，亦救时之策"（《策别十五・蓄材用》郑之惠评语），"此疏处分，与欧阳公之议西事，并关朝廷之大者，可谓经国手"（《因擒鬼章论西羌夏人事宜札子》茅坤评语）。

苏轼的有些散文虽未必是针对国家时政而发，却也有其社会作用，如《李氏山房藏书记》本属于"一篇劝学文"（高启评语），堪见坡公"一片婆心"（袁石公评语），茅坤亦认为："题本小而文旨特放而远之，才不鲜腆。"又如《宝绘堂记》立意为"君子可以寓意于物，而不可以留意于物"，认为"凡物之可喜，足以悦人而不足以移人者，莫若书与画。然至其留意而不释，则其祸有不可胜言者"，并举出自己作为例证，规劝友人王晋卿，"恐其不幸而类吾少时之所好，故以是告之，庶几全其乐而远其病也"①。对此吕留良评曰："凡规讽人借己身为言，则语切而情易晓。"蟠洲亦认为："书画本微物也，寓意足以为乐，留意足以为病，不值。谓王君当鉴往事，且就自家身上说去，文字有反复回互处。"唐顺之认为此乃"小题从大处起议论，有箴规之意焉"。

①[宋]苏轼：《宝绘堂记》，孔凡礼点校：《苏轼文集》卷十一，北京：中华书局，1986年，第356页。

郑之惠评曰："可当收藏书画者一剂药。"

在苏轼的政治生涯中，他针对当时的政局，"见事有不便民者，不敢言，亦不敢默视也。缘诗人之义，托事以讽，庶几有补于国"①。他甚至明确指出诗歌应加强议论。据《东坡乌台诗案》所载，苏轼为《张安道见示近诗》一诗辩诬时"欲张方平勿为虚言之诗，当作讥讽朝廷政事阙失，如祭父作祈招之诗也"②，就提倡诗歌要直议时政。可以说，有意识地以议论入诗是苏轼在当时社会背景下行之终身的自觉主张。他发挥诗歌托事寓意、讽谏刺美的手法，写下了一系列为时而作、反映社会现实的篇章。评点者亦借此发表高论。如刘弘选评《苏诗摘律》六卷，其评语主要侧重于揭示苏诗的思想内涵。他对苏轼的生平遭遇非常同情，因而对苏诗中所流露出来的伤时悼世之情体会尤深，故其评点每每留意于此。如《至济南李公择以诗相迎次其韵二首》（其二）抒发人生感慨，诗中"夜拥笙歌霅水滨，回头乐事总成尘"，"聚散思量都是梦，身名渐觉老非亲"，透露出了一股悲凉意绪，故刘弘评曰："意甚凄凉悲感，不得志之言也。"又如刘弘评《次韵王定国会饮清虚堂》云："先生盖不特伤定国倅扬州之久，而悼己之情亦不自掩。"评《和孙莘老次韵》云："诗谓以谗外补之因，情甚落落。"评《李钤辖坐上分题戴花〉云："此诗先生伤己感物之情隐然可见，刘辰翁所谓'慷慨巉岩，句句见题'是也。"而且刘弘对于苏轼人生个性中达观旷放的一面也有着清楚的认识。如《龟山》诗感慨古今，

①[宋]苏辙:《栾城集·后集》卷二十二《东坡先生墓志铭》,四川大学中文系唐宋文学研究室编:《苏轼资料汇编》,北京:中华书局,2004年,第65页。
②[宋]明九万:《东坡乌台诗案》,上海:商务印书馆,1939年,第20页。

回首往事，大有洞察人情世故的襟怀。刘氏评曰："意甚豁达，识破世事。"可谓言简意赅，颇中肯綮。更可贵的是，刘弘还能对苏诗中潜藏的思想意蕴进行挖掘，亦成一家之言。如《惠山谒钱道人烹小龙团登绝顶望太湖》，前六句写惠山风景，末两句用孙登故事，表达归隐之情。刘弘评此诗曰："惠山泉水甚清，煮茶则香而甜，九龙峰在山之左，太湖居山之南，登绝顶而望，风景极美，先生末借孙登故事，言乃托兴寄意耳。"又如《刁景纯赏瑞香花忆先朝侍宴次韵》托物寓兴，刘弘评曰："此诗以一物之微，而感慨恋阙之意两存，先生忠爱若是哉！"

苏轼深受儒家仁政思想影响，一生忠君爱民。宋神宗就曾称赞"苏轼终是爱君"①。评点者对此也深有感触。苏轼《郊祀庆成诗》有云："可颂非天德，因箴亦下情。民言知有酌，帝谓本无声。富国由崇俭，祈年在好生。无心斯格物，克己自销兵。化国安新政，孤臣返旧耕。还将清庙什，留与野人赓。"汪师韩评论此诗云："诗共十四韵，而自'可颂非天德'以下俱作箴规之语，此所谓因事纳规，不借扬厉铺张以矜其华藻。"又评《赠写御容妙善师》云："诗虽为妙善而作，而意则眷恋先皇，无句不是惓惓忠爱之诚。此即轼所谓'发乎情止乎忠孝'，而不仅'止乎礼义'者也。"但儒家思想并不提倡愚忠。孔子曰："人臣以道事君，不可则止。"（《论语·先进》）孟子曰："有官守者，不得其职责去；有言责者，不得其言则去。"（《孟子·公孙丑下》）苏轼根据一生仕宦的经验否定了事君愚忠，在诗歌中批判锋芒常常指向当朝统治者，有不少诗篇为刺新法扰民而作，汪师韩也指出了这一主旨，如其评《汤村开运盐河雨中督役》云：

①[清]沈雄编撰：《古今词话》"词评"卷上，清康熙刻本。

"职役之劳与夫妨农病民之实，历历如绘。所以指陈得失，有《国风》《小雅》之遗。"评《画鱼歌》云："时新法盛行，故即'短钩画水'以为喻。所言'此意岂复遗鳅鲵'与'一鱼中刃百鱼惊'者，似皆指新法之病民，王、吕辈坏法乱制，岂异拔渚蒲而乱藻荇哉！其《请罢条例司疏》有云：'造端宏大，民实惊疑，创法新奇，吏皆惶恐'，正与诗意相同。而其绘事如画，笔端有神，虽寥峭短章，读其词如有千百言在腕下。"

但苏轼也同其他追求"修身、齐家、治国、平天下"的志士仁人一样，济世理想与目标往往被社会现实所粉碎，当儒家的社会价值取向无法实现时，只好到释、道之境中重新思考人生、评价人生。汪师韩也注意到苏轼所受老庄思想的影响，如《韩子华石淙庄》是称颂韩绛能急流勇退的诗，汪氏评此诗说："此盖嫉世之贪位固禄者。轼通《道藏》，又尝撰《广成子解》，故有取乎老庄知足不辱之旨，非为韩绛有手疏之词，遂顺其意而称道之也。"而其评《秀州僧本莹静照堂》云："厌事人无事更悲，说来绝倒。即就起动相以证真谛之寂然，何必坐断千崖，乃得慧眼无见。"却是针对苏轼的禅学思想而发。但苏轼不同于他人之处却在于他能以旷达的态度自我解脱，而非消极沉沦避世。如《十二月二十八蒙恩责授检校水部员外郎黄州团练副使》云："此灾何必深追咎，窃禄从来岂有因。"对自己获释颇有不以得失为怀之意，汪师韩亦不禁感叹曰："诗狱甫解，又矜笔如神，殆是豪气未尽除。"

纪昀对于苏轼的宦海浮沉颇多感慨，对其生平遭际深表同情，他多次点出此类苏诗创作的寓意。如评《纵笔》曰："此诗无所讥讽，竟亦贾祸，盖失意之人作旷达语，正是极牢骚耳。"《九月二十日微雪怀子由弟二首》乃是苏轼"居下僚而不得志，愤激而为立功边外之思，郁郁时实有此想”，故而，“骤看若不相属也。必西夏有事而发此慨耳”。另如其评《荆州十首》其八云：“寓多材为累之感。”评《磻溪石》曰：“借写仕宦之劳，浑然无迹。”评《秦穆公墓》云：“纯寓与上官不合之感，所谓借他人酒杯，浇自己块垒。”但纪昀作为清朝重臣，为维护封建统治，极力推阐“温柔敦厚”之诗教：

> 余谓西河卜子，传诗于尼山者也，《大序》一篇，确有授受，不比诸篇小序，为经师递有加增。其中“发乎情、止乎礼义”二语，实探风雅之本源。后人各明一义，渐失其宗。①

故而，纪昀论诗，反对一切逾越“礼义”界限的创作倾向：“要当以不涉怨尤之怀，不伤忠孝之旨，为诗之正轨。”② 所以他在评点苏诗时对其讽刺之作屡屡生发不满，并一再强调：“激愤太甚，宜其招尤。即以诗品言之，亦殊非温柔之旨。”（《送曾子固倅越得燕字》评语），“惟激讦处太多，非诗品耳。”（《送刘道原归觐南康》评语）“讥刺太多，自是东坡大病。然多排诋权倖之言，而无一毫怨谤君父之意，是其根本不坏处，所以能传于后世也。”（《予以事系御史台狱狱吏稍见侵自度不能堪死狱中不得一别子由故作二诗授狱卒梁成以遗子由》评语）但他也不是一概反对讥刺，在他看来，“古人虽不废讽刺，而皆心平气和，乃不失风人之旨”（《张安道见示近诗》评语）。因此，应该“愤懑而出于和平”（《次韵柳子玉过陈绝粮》评语），方符合“温柔敦厚”之诗

①[清]纪昀:《纪文达公遗集》文卷九《云林诗钞序》,《续修四库全书》(集部),第 1435 册,上海:上海古籍出版社,2002 年,第 368 页。

②[清]纪昀:《纪文达公遗集》文卷九《月山诗集序》,《续修四库全书》(集部),第 1435 册,上海:上海古籍出版社,2002 年,第 366 页。

教。故而他认为《发洪泽中途遇大风复还》"与《涡口》诗同刺小人之排抑，然俱不露，所以为佳"。他又进一步指出："虽不废讽刺，而心平气和"之方法，乃在于用"比"："寓刺却不甚露，好在比而不赋"（《和述古冬日牡丹四首》前二首评语）。如苏轼的《寄刘孝叔》通篇讽刺新法，但作者却善于以比论事，其中"平生学问只流俗，众里笙竽谁比数，忽令独奏"凤将雏，仓卒欲吹那得谱"之句，乃是用了南郭处士滥竽充数之事，内含不与新法同流合污之意，如此处理便显得语气委婉而内蕴锋芒，故而纪昀评曰："妙于用比，便不露激讦之痕。前人立比体，原为一种难着语处开法门。"如果就苏诗某些篇章存在的形象性薄弱之病来看，纪评此种"太露""太激"的针砭亦可谓有所见地。

二、艺术奥秘的揭示

古人十分注重诗文字、词、句、篇的锻炼谋构。明代王世贞曾说过："首尾开阖，繁简奇正，各极其度，篇法也；抑扬顿挫，长短节奏，各极其致，句法也；点缀关键，金石绮采，各极其造，字法也。篇有百尺之锦，句有千钧之弩，字有百炼之金。"① 清人刘熙载亦云："文字皆知炼句炼字，然单炼字句则易，对篇章而炼字句则难。字句能与篇章映照，始为文中藏眼，不然，乃修养家所谓瞎炼也。"② 而在苏轼诗文评点中，评点者也是屡屡指出作品的写作技法，其中不乏真知灼见。

这些评点者较多关注苏氏的用字法。《九月二十日微雪怀子

①［明］王世贞撰，陆洁栋、周明初批注：《艺苑卮言》卷一，南京：凤凰出版社，2009年，第14页。

②［清］刘熙载：《艺概》卷六，上海：上海古籍出版社，1978年，第178页。

由弟二首》中有“冷官无事屋庐深”句，表现出官吏遭到闲置后那种落寞无聊的心态，也是苏轼自己内心之写照，纪昀极为欣赏：“‘屋庐深’二字传神。”《东湖》“泉源从高来，随流走涵涵。东去触重阜，尽为湖所贪”句，何绍基评曰：“‘涵’‘贪’两韵甚健。”杭世骏评曰：“押‘贪’字，奇。长韵、平韵，必须有此等为一篇之首，诗乃磊落不群。”何焯亦认为：“‘贪’字妙”。汪师韩评《真兴寺阁》曰：“苍苍莽莽，意到笔随。中间‘侧身送落日，引手攀飞星’十字，奇警夺目，可与老杜‘七星在北户，河汉声西流’相匹敌。”《和子由记园中草木十一首》中“亭亭乱叶中，一一芳心插”，何焯评曰：“‘插’字神妙”。《大秦寺》后半云：“信足幽寻远，临风却立惊。原田浩如海，衮衮尽东倾。”何绍基评曰：“‘临风’五字奇，结句亦宕甚”。查慎行亦对苏诗语言的凝练简洁有足够的认识，评价较高。如其评《送范纯粹守庆州》“当年老使君，赤手降于菟。诸郎更何事，折箠鞭其雏”四句曰：“他人遇此题，须多少铺叙。老手只以数语了之，何等简要。”评《朱寿昌郎中少不知母所在刺血写经求之五十年》首三句“嗟君七岁知念母，怜君壮大心愈苦，羡君临老得相逢”云：“他人数百言不能了者，先生只以三语了之，能使人堕泪。”显示出作者与评者精湛的文字功底。

赵翼评价苏轼云：“东坡大气旋转，虽不屑屑于句法字法中别求新奇，则笔力所到，自成创格。”① 苏轼在创作过程中不但奇思天外，而且艺术手法亦不循常规。如苏诗善用对语，不少评者观察到这一点。《二十七日自阳平至斜谷宿于南山中蟠龙

①[清]赵翼：《瓯北诗话》卷五，四川大学中文系唐宋文学研究室编：《苏轼资料汇编》，北京：中华书局，2004 年，第 1310 页。

寺》翁同书评曰："自首至尾皆用对语。"何焯亦曰："自起至结，无一语不属对，章法独创。"而汪师韩则将苏诗的用对与前人加以比照："颜谢以后，古诗多有对偶终篇者。入唐，遂以有声病者为律，无声病者为古。至于七言古体，亦时一有之。若少陵之'霜皮溜雨四十围，黛色参天二千尺''子规夜啼山竹裂，王母昼下云旗翻'，昌黎之'大蛇中断丧前王，群马南渡开新主''何人有酒身无事，谁家种竹门可款'，硬语排奡。视唐初四子及元白诸家之宛然律调者，不可同日语也。若其自首至尾，无句不对，无对不瑰伟绝特，则惟轼集中有之，实为创格，此作亦其一也。其中写景处，语刻画而句浑成，读之可怖、可喜，笔力奇绝。"

对于文体之变，苏轼更是不拘常法，独出机杼。如他的人物传记常不及传主的世系和生平，沈德潜评曰："传中变调。"李卓吾也评之为："变传之体。"其记游叙事体散文亦常如此，如《盖公堂记》一文，《室中语》评云："东坡作文如天花变现，初无根叶，不可揣测。如作《盖公堂记》，共六百余字，却三百余字说医。"钱东湖评曰："记者，纪事之文也。此篇先譬喻后纪事，亦记之变体。"这也因此常为严守体制界限的文家所诟病。如王安石："评文章，常先体制，而后文之工拙。尝观苏子瞻《醉白堂记》，戏曰'文词虽极工，然不是《醉白堂记》，乃是《韩白优劣论》耳'。"① 但方回论诗特别注重"变体"等法则，其《瀛奎律髓》卷二六专论变体之法。在他看来，变体是

①[宋]黄庭坚:《宋黄文节公全集·正集》卷二十五《书王元之〈竹楼记〉后》，刘琳、李勇先、王蓉贵校点:《黄庭坚全集》，成都:四川大学出版社，2001年，第660页。

指创作律诗时妥善处理情句与景句、实字与虚字以及色彩的浓与淡、辞意的轻与重等对立又统一的各种矛盾，使诗歌的体制富于变化。他对苏诗创新求变的一面给予了充分的肯定。如其评《岐亭道上见梅花戏赠季常》云："坡，天人也，作诗不拘法度，而自有深意。"评《首夏官舍即事》云："此诗变体，他人殆难继也。"评《送春》云："坡妙年诗律颇宽，至晚年乃神妙流动。"等等，都说明了他具有较为融通而开放的诗学观点，这比那些谨守盛唐之法而不敢逾越半步的人要进步得多。

苏轼在修辞运用上也是手法多样，显示出较高的艺术性。魏庆之曰："子瞻作诗，长于譬喻。……如一联则'少年辛苦真食蓼，老境清闲如啖蔗'，如一句即'雪里波菱如铁甲'之类，不可胜记。"① 汪师韩评点《百步洪二首》亦曰："用譬喻为文，是轼所长。此篇摹写急浪轻舟，奇势迭出，笔力破余地，亦真是险中得乐也。"不仅苏诗如此，苏文亦然。以用喻为例，从用喻类别来说，苏文有明喻、暗喻、借喻、博喻等，尤以博喻为多，以逞奔放畅达之势。如《上神宗皇帝书》，凌启康按外纪评曰："韩苏两公为文用譬喻处，重复至有七八转者，此类是也。"在文中，作者设喻说："今有人为其主牧牛羊，不告其主，而以一牛易五羊。一牛之失，则隐而不言，五羊之获，则指为劳绩。"以此论证"今官买是物，必先设官置吏，簿书廪禄，为费已厚。非良不售，非贿不行，是以官买之价，比民必贵。及其卖也，弊复如前，商贾之利，何缘而得"。李卓吾评曰："官买之弊，洞悉无遗，可谓照妖镜矣。"而高启却关注苏轼的修辞之妙，评之曰："喻最切当。"又如"夫国之长短，如人之寿夭，人之寿夭在元气，

①[宋]魏庆之:《诗人玉屑》卷一七，上海：商务印书馆，1938年，第313页。

国之长短在风俗”，茅鹿门评曰：“善譬。”作者还以养生为喻，用“尪羸而寿考”“盛壮而暴亡”分别“喻君子”“喻小人”（吕留良批语）。并且，“借张释之之薄啬夫，诸葛亮之抑黄忠，汉文之沮贾生，暗折当时用事之臣”（茅鹿门批语）。从在文中的地位说，有喻起，如《代滕甫论西夏书》连用医者治病、彭祖观井两喻开篇，反对急于求功，主张慎于用兵。茅鹿门评曰：“苏家最善设喻。”也有喻结，同样是在《代滕甫论西夏书》中，作者感慨：“虽谪守在外，不当妄言，然自念旧臣，譬之老马，虽筋力已衰，不堪致远，而经涉险阻，粗识道路，惟陛下哀愍其愚而怜其意。不胜幸甚。”茅鹿门评曰：“又一喻收。”这些比喻，随题生意，自然妥帖，生动易懂，具见其手法的变幻莫测。

评点者对于苏文的间架结构也有所论述。如《上神宗皇帝书》，吕留良评曰：“构大文字，必用间架。是篇以三言分柱是也。但三言仍是一串，为行新法，失人心，因骤用小人而风俗坏，又畏人言拒台谏而纲纪隳。故公文以结人心一段为主，其说最详，而下二段从之，其说稍略，譬之兵法，虽分营犄角，而其机柄呼吸，仍归于一，此唯才力气魄大者，方能统摄得来。否则，但汇作数篇斗凑，万言书人人可为矣。”又如《思治论（嘉祐八年作）》，钱文登评曰：“此文凡三大段，而‘规模’二字是一篇主意。第一段言天下之患在于无财、无兵、无吏，惟其始之不立，故有此三患。第二段言欲立者在于先定规模，而叹当时不能。第三段首言专一，次言能收，三言黜浮议，皆所以定规模。按此篇作于嘉祐，故所言皆变法事。”钱文登评《策别三》曰：“第一段言治世无壅蔽之害，第二段正言壅蔽之害，第三段言去壅蔽之害。此文圆活不羁，真如走盘之珠。”《策别十三・省费用》王翰评曰：“篇分三截，前截先破患贫之惑，中截论制国用之法，末乃指其事言之，局势甚平正。”

苏轼天生健笔一枝，如夭矫龙舞，如弹丸脱手，纵横驰骋，杳不可测，驾空流走，滂沛疏宕，而无窒塞拘滞之病。评点者也关注到苏轼的用笔，而尤为瞩目于对其虚笔的评论。

苏轼早年散文喜欢翻奇出新，“以‘异说高论’四字立案”（《荀卿论》王慎中评语）。如《武王非圣人》一篇中，殷末商纣无道，武王率众灭商兴周，功莫大焉，人皆奉之为圣人。但是苏轼却不循常理，在他看来，“武王克殷，以殷遗民封纣子武庚禄父，使其弟管叔鲜、蔡叔度相禄父治殷。武王崩，禄父与管、蔡作乱，成王命周公诛之，而立微子于宋”。因此断定“武王非圣人也”。茅鹿门评曰：“将无作有。”苏轼举出伯夷、叔齐不食周粟而孔子予之，其罪武王作为佐证，茅坤评曰：“虚证。”苏轼认为这种观点至孟子始反之，“自是学者以汤、武为圣人之正若当然者，皆孔氏之罪人也”。“使当时有良史如董狐者，南巢之事必以叛书，牧野之事必以弑书。而汤、武仁人也，必将为法受恶”。接着以周文王之道、荀文若之心为反衬，论周武王克殷乃弑君之行，非圣人之所为。茅鹿门则评曰：“此一转从《春秋》‘赵盾轼君’来，无中生有。”同样，苏轼认为“殷不伐周，而周伐之。诛其君，夷其社稷，诸侯必有不悦者”。茅鹿门亦评之曰“又是无中生有。”故而，对于此文，王浚川评曰：“通篇看他无中生有”。茅鹿门评曰：“通篇将无作有，转辗不穷，大略从战国辩口中来”；“子瞻之论武工，虽非天下万世之公，而其援孔子之所与以见其所欲罪，援《书》之所及以见其所不及，又以《春秋》所书赵盾者以案武王，亦成一家纵横之言”。钱文登评曰：“文有笔力，而前面虚引作证，后面突入武庚，俱系匠心国手。特其深非武王过，予文若义理未当。”而在《物不可以苟合论》中，作者劈头便虚弄一笔，以引出自己的观点："昔者圣人之将欲有为也，其始必先有所甚难，而其终也至于久远而不废。其成之也难，故其败之也不易。其得之也重，故其失之也不轻。其合之也迟，故其散之也不速。"茅鹿门批曰："空处波澜。"接着作者便就这一虚拟的论点生发开来，"夫圣人之所为详于其始者，非为其始之不足以成，而忧其终之易败也。非为其始之不足以得，而忧其终之易失也。非为其始之不足以合，而忧其终之易散也。天下之事，如是足以成矣，如是足以得矣，如是足以合矣，而必曰未也，又从而节文之，绸缪委曲而为之表饰，是以至于今不废"。对此，茅鹿门评曰："看他俱是空中行，全无着脚处。"其他如袁宏道评点苏轼的《王定国砚铭》等六铭时也提到："六砚铭，俱相题发挥，无中生有。"体现出苏文命题立意的多变性。故而叶水心赞曰："苏文架虚行危，纵横倏忽，数百千言，读者皆知其所欲出，推者莫知其所自来，古今议论之杰也。"①

在苏诗中这种虚笔更是比比皆是。如《越州张中舍寿乐堂》一诗，纪评曰："了无深意，而通体说来精彩，此真善于蹈空。"《八阵碛》本应对八阵碛有明白的说明，但苏轼只是以"神兵非学到，自古不留诀，至人心已悟，后世徒妄说"几句简单带过，纪昀评曰："解以不解，用笔巧妙，善于击虚。"而《登州海市》对于海市蜃楼的奇景也是只用"重楼翠阜出霜晚，异事惊倒百岁翁"二句掠过，故查慎行评曰："只'重楼翠阜'一语正写，此外全用议论，亦避实击虚法也。若将幻影挥写，纵摹拟尽情，

---

①[宋]罗大经：《鹤林玉露》卷九《东坡文》，四川大学中文系唐宋文学研究室编：《苏轼资料汇编》，北京：中华书局，2004年，第711页。

终属拙手。”纪昀评曰：“海市只是‘重楼翠阜’，此正不尽形容，亦正不能形容也。”《陶骥子骏佚老堂》第二首：“我从庐山来，目送孤飞云，路逢陆道士，知是千岁人。”因为陶骥与渊明同姓，作者便拈出曾与渊明交往过的刘宋时庐山道士陆静修，以此来说明陶骥酷似渊明。因此纪昀评曰：“亦是无中生有。”《杜沂游武昌以酴醾花菩萨泉以见饷二首》第一首，本是为花而作，但作者笔锋一转，插入“凄凉吴宫阙，红粉埋故苑。至今微月夜，笙箫来翠巘。馀妍入此花，千载尚清婉”一段，凭空拉来吴宫红粉作为酴醾花的前生，落想实在出人意表。其他如《武昌铜剑歌》等若干篇，都与此诗同一机杼。纪昀评曰：“移空作有，东坡惯法。”而《李氏园》铺陈李茂贞园的景物，不惜笔墨，有如汉赋。结尾“将军竟何事，虮虱生刀韣，何尝载美酒，来此驻车毂。空使后世人，闻名颈欲缩”云云，纪昀评曰：“不惟扫倒茂贞，并园字一齐扫倒。一篇累赘文字，忽然归结虚空，真为超妙之笔。”《和蒋夔寄茶》写自己南北水路珍馐，无不饱享，而结尾“人生所遇无不可，南北嗜好知谁贤？死生祸福久不择，更论甘苦争蚩妍”一段，纪昀评曰：“结处一齐翻尽，乃通篇俱化云烟，笔墨洒脱之至。”

评点者还对苏轼诗作艺术上的不足之处也提出了批评。如刘辰翁批评苏氏早年之作《骊山绝句三首》其三曰：“人固难得少年，少年之作不尽如意。”又评《和子由岐下二十一咏并引》说：“少作皆不甚得意。”他还认为苏诗用语过于轻率，评《再用前韵》“朱颜发过如春醅”句曰“七字率然”。评《发广州》末句曰：“首尾二‘远’字，何率也。”评《西湖绝句》曰“坡翁亦有此俗语耶？”张岱则每每措意于苏诗的缺乏情味，如评《和停云》其一说：“通篇意味俱短”，评《和己酉岁九月九日》

说："意味索然。"评《和郭主簿》其二亦说："味同嚼蜡，奈何奈何!"他还批评苏轼性情浮躁，热衷仕进，甚或言带讽刺。如评《和刘柴桑》"万劫互起灭"一首说："东坡毕竟是高华中人，凡说隐居，终带忙碌。"评《和庚戌岁九月中于西田获早稻》说："东坡豪气未除，何得便言稼穑，虽费揣摩，终属勉强。"查慎行也对苏轼某些诗句语意重复、拖沓杂冗的现象提出批评，如其评《次韵李端叔谢送牛戬〈鸳鸯竹石图〉》"知君论将口，似予识画眼"二句云："不伦不类，写得拉杂。"纪昀则认为苏诗此病与其学白不无关系，如他在评点《龙尾砚歌》时便说："'与天'四语，意好而落笔太快，便入香山门径。"此外纪昀对苏诗中某些炫技式的用典也持批评态度，如赠答诗中的所谓"切姓"之典，《张子野年八十五尚闻买妾述古令作诗》，南宋叶梦得指出此诗颔联"盖全用张氏故事戏之"①，纪评曰："游戏之笔，不以诗论。诗话以其能切张姓盛推之，然则有《万姓统谱》一部，即人人为诗人矣。"此外，对于《台头寺送宋希元》中"三年不顾东邻女"一句用宋玉典，纪批亦曰："切姓已是小样，再加无著，愈成瘢痏。"对于《次韵孔常父送张天觉河东提刑》中"脱帽风流馀长史，埋轮家世本留侯"二句用张旭、张纲之典，纪氏亦批曰："二句切姓，俗格。"这些对于苏轼作品的批评之语虽然有偏颇之处，但也确实指出了其中存在的毛病或弱点，为我们能够全面客观真正的苏轼及其作品提供了必要的帮助。

①[宋]叶梦得:《石林诗话》,[清]何文焕编著:《历代诗话》,北京:中华书局,1981年,第430页。

三、社会批评的发挥

评点者在对文本进行批评的过程中，不可能是一种纯客观的行为，总是或多或少、或隐或显地打上主观的烙印，不仅时时显露出自己的思想意识，而且时时借作品的描写生发对于社会的批评。俄国批评家普列汉诺夫认为："如果某一阶段的历史和当时的状况必然在这个阶段中产生这些或那些审美趣味和爱好，那么科学的批评家也会产生他们自己的一定的趣味和爱好，因为这些批评家不是从天上掉下来的，因为他们也是历史所产生的。"① 因而，文学评点也同文学创作一样，具有"夺他人之酒杯，浇自己之块垒"的性质。

社会批评是一种具有一定可操作性的诠释模式，它将作家作品与社会生活的关系置于突出位置，通过考察作家、作品与所处时代、环境等特定社会历史的关系，来理解作家的思想倾向，进而评判文学作品的社会意义和艺术价值。社会批评将文学作品与社会的关系作为自己的注意目标，其中又包含两个方面：一方面是把社会作为文学作品的母体和基础而研究文学作品的形成、发展、地位意义和内容形式的社会性质，偏重于客观冷静的解释，可以说是批评者社会历史观的具体运用。如刘勰论建安文学："观其时文，雅好慷慨，良由世积乱离，风衰俗怨，并志深而笔长，故梗概而多气也。"② 这是对文学作品的时代特色的根源作解释。这个根源在社会中：动乱的时代和哀痛

①[俄]普列汉诺夫:《俄国批评的命运》,载《世界文学》1960 年 11 月号。

②[南朝梁]刘勰著,陆侃如、牟世金译注:《文心雕龙译注》第四十五篇《时序》,济南:齐鲁书社,1995 年,第 537 页。

而愤懑的民众情绪，加上作家个人主观条件，造就了这种慷慨刚健的建安风骨。另一方面带有一定的功利标准，偏重于评价和规范要求，指向作为作品作用对象的社会，考察文学作品的社会影响和效果，考察读者的趣味及其对文学的左右、影响情况。如白居易论诗曰"'余霞散成绮，澄江静如练'，'离花先委露，别叶乍辞风'，之什，丽则丽矣，吾不知其所讽焉，故仆所谓嘲风雪、弄花草而已。"① 即是在对文学作品的职能作用和社会效果作检查，是以一种尺度衡判作品，同时还使用这种尺度规范作品。白居易要求诗歌为世所用，"上以补察时政，下以泄导人情"，其所引南朝诗人谢朓《晚登三山还望京邑》与鲍照《元月城西门》中的名句，尽管艺术成就高，但缺乏社会批评和教化作用，所以白居易语含讽刺，评价较低。虽然这两方面方向各异，但是合起来却正好构成了社会批评的完整面貌，并鲜明地表现出社会批评的两个重要的特点：一是历史分析，二是对作品的分析往往转化为对社会时代的分析。显而易见，由于批评者所处的时代及其社会阶级地位不同，关于"社会"的观念也千差万别，因而，社会批评的上述两个方面的具体内容乃至表达形式都具有历史性和阶级性。

社会批评这一诠释方法以强烈的现实感为前提，其要旨在于打破作品与现实的时空界限，将评判对象设置于作品以外的环境，把作品与现实社会加以对照，文学批评与时事、政治评论相结合，边分析边从中引申出理论观点，"评"与"论"相结合，以达到文学对社会的干预或社会对文学的干预之目的。苏

①[唐]白居易著，顾学颉校点：《白居易集》卷四十五《与元九书》，北京：中华书局，1979年，第961页。

辙曾谓其兄之诗“缘诗人之义，托事以讽，庶几有补于国”①。南宋理学家魏了翁对苏诗反映时政的诗史价值给予很高评价：“惟文忠公之诗，盖不徒作，莫非感于兴衰治乱之变，非若唐人家、花、车、斜之诗，竟为瘦辞险韵，以相胜为工也。”又曰：“千载而下，诵其诗者，不必身履熙丰祐圣之变，而识世道之升降；不待周旋于熙丰祐圣诸公，而得人品之邪正。”② 在苏轼诗文评点中，对于社会的批评也屡见不鲜，主要是对诗文词句进行引申议论，达到借题发挥的目的，而所论的内容，则主要是哲学、政教、伦理之类的话题。

在此类评点中，有的是针对苏轼的身世遭遇而发的感慨。如苏诗开篇第一首《辛丑十一月十九日既与子由别于郑州西门之外马上赋诗一篇寄之》，描写兄弟惜别，堪显兄弟情深。严虞惇评之曰：“真情苦语，令我心恻。”何绍基则发为感慨：“时坡公甫出仕，已作此语，而一生为官职所羁，何耶?”汪师韩评曰：“轼与其弟辙友爱特至，时辙以父洵被命修礼书，旁无侍子，因奏乞留养亲，轼赴凤翔签判之任，既别而作此诗。起句突兀，有意味。前叙既别之深情，后忆昔年之旧约，亦知人生要有别，转进一层，曲折遒宕。轼是时年甫二十六，而诗格老成如是。”刘辰翁更是叹道：“悲哉。”纪昀对于苏轼屡遭迁谪之祸而仍心怀庙堂之情颇多感慨，对其晚年遭际深表同情，如评《纵笔》“此诗无所讥讽，竟亦贾祸，盖失意之人作旷达语，正

①[宋]苏辙:《栾城集·后集》卷二十二《东坡先生墓志铭》,四川大学中文系唐宋文学研究室编:《苏轼资料汇编》,北京:中华书局,2004 年,第 65 页。

②[宋]魏了翁:《鹤山先生大全文集》卷五十一《程氏东坡诗谱序》,四部丛刊景宋本。

是极牢骚耳。”在他看来，《九月二十日微雪怀子由弟二首》一诗，乃是苏轼“居下僚而不得志，愤激而为立功边外之思，郁郁时实有此想”，故而，“骤看若不相属也。必西夏有事而发此慨耳”。这令恪守“温柔敦厚”之旨的清朝重臣纪昀都发此慨叹，不难看出其中蕴含的寓意。

有些评点则是由作品发为联想，推己及人，借以劝世。如《和子由苦寒见寄》“吾从天下士，莫如与子欢”句，严虞惇评曰：“千古兄弟之乐，无过二苏矣。万钟之富、三公之贵，岂足易此哉。”何绍基则曰：“此两语，吾于子毅同之，今已矣”。《石鼓》“古器纵横犹识鼎，众星错落仅名斗”句，何焯批曰：“余所藏《东方像赞》剥落，中时有锋芒四射，乃知此二句之妙。”《王维吴道子画》“摩诘本诗老，佩芷袭芳荪。今观此壁画，亦若其诗清且敦”句，谭元春评曰：“摩诘诗字字清，却字字厚，我辈评诗如此。今先生称右丞画‘亦若其诗清且敦’，敦即厚之说也。仰证左契，我心洒然。”《和子由论书》一诗，萧奇中评曰：“读此诗，学道为人，无所不妙。”其中“多好竟无成，不精安用伙”句，沈德潜评曰：“唤醒好博者不少。”查慎行评曰：“先生尚云尔，学者可不自警!”《七月二十四日以久不雨出祷磻溪是日宿虢县二十五日晚自虢县渡渭宿于僧舍曾阁阁故曾氏所建也夜久不寐见壁有前县令赵荐留名有怀其人》汪师韩评曰：“夜色苍凉，抚景怀人，想见竟夕，衰回之致。”《连日与王忠玉张全翁游西湖访北山清顺道潜二诗僧登垂云亭饮参寥泉最后过唐州陈使君夜饮忠玉有诗次韵答之》一诗，谭元春评：“‘笔不加点，倚马万言’，此语极误人。纵使真才，何妨稍一钻研？而刺刺不休，取一时庸众张目也。没读坡公诗，恨不得同时以此言进之。”《送安惇秀才失解西归》“旧书不厌百回读，熟读深思子自知。他年名宦恐不免，今日栖迟那可追”，何绍基评曰：“‘今日栖迟那可追’，真有味之言。吾尝谓：落第是好事，又好多读两年矣，与公此言合。”杭世骏评曰：“此诗宜书座右，为狂谋谬算者痛下针砭，只是敷衍沈攸之两言，而清劲之气，令人言下猛省。”《戏子由》“读书万卷不读律，致君尧舜知无术”二句，杭世骏评曰：“二语本含刺讽，今人辄引为口实，是不善读苏者也，律意岂在六籍之外乎？”

有的评点则属于借古喻今。《策略二》乃作者为设行人属国之官而进言，黄贞父评曰：“当宋之急，大计在二虏，长公策略欲清中书之务，在专建行人属国之官，良是。”祁班孙亦评曰：“大臣经国之意如此。”而茅鹿门却推而至今，评曰：“为今日计，只消于兵部中另立一协部尚书或侍郎，专掌北敌之事。用边将、理兵饷、缮边墙，并探牒敌情、储养边材，皆其所掌。岁一春则边，夏四五月间，则归复于朝，与兵、户二部相为筦榷，计之善者也。”又如《策略三》论述“夫天下有二患，有立法之弊，有任人之失。二者疑似而难明，此天下之所以乱也。”苏轼认为：“当今之患，虽法令有所未安，而天下之所以不大治者，失在于任人，而非法制之罪也。国家法令凡几变矣，天下之不大治，其咎果安在哉？曩者大臣之议，患天下之士，其进不以道，而取之不精也。故为之法，曰中年而举，取旧数之半，而复明经之科。患天下之吏，无功而迁，取高位而不让也。故为之法，曰当迁者有司以闻，而自陈者为有罪。此二者，其名甚美，而其实非大有益也。”对此储欣发为感慨：“汉唐诸臣，务守法而已。萧规曹随，载其清净，民以宁一，不闻轻议变也。唐初府兵、租庸调之制，虽武曌不敢更。至张说、杨炎，妄有所易，而不胜其弊，流毒至今，道古者恨之。法可轻言变哉？

此策前半可谓至言当路，诸公知此庶宋治可复于汉唐，而熙宁之祸不作，而惜乎其莫之省也。”在《策别五》中，茅鹿门亦评曰：“宋之举主之法，五品以上皆得推天下文章治行之士，而今则特属抚按以举劾所属，而京朝官不与也，而抚按之举，即子瞻职司之说矣。愚见今之抚按，其有所举属吏，而以赃污败者，决当并坐。其或于举辞之中略露其才识，可取而其中之所守，犹当俟其久而后定，则差可以薄其罚。而藩、臬、守、巡之长与郡太守，虽不得如抚按详行举劾，亦当各书其所甚贤、甚不肖者，以岁上其计于吏部、都察院，朝觐之年，则按其所举刺之中否，以定黜陟。”

以古讽今，借以刺时，也是一种感慨，不乏警戒意义。在苏文中此类讽世刺时之批语更为繁多且寓意深刻。如《策略四》祁班孙评曰：“大妙，大妙，破尽腐儒臭烂胸襟，足为陈汤传介子辈吐气，大妙。”郑之惠评曰：“功名两字，驰逐千古，然只驰逐得庸众人。若真是狂狷，亦驰逐他不动。公所谓狂狷，亦乡愿中之狂狷也。”王芑孙评曰：“取中庸而不取于狂狷，实是切中之言，人才隳而任人之路绝矣。任人之路既绝，则立法愈密，而任法之患成矣。”《策别一·厉法禁》茅鹿门评曰：“切中今日情弊。”祁班孙评曰：“读之便心舒气壮，固是妙论，腐儒见之，即刻吓倒。”《策别十二·去奸民》，储欣评曰：“一县令贤且才，则一县之奸去矣。一郡守贤且才，则一郡守之奸去矣。去奸尤在择吏哉。”如《代张方平谏用兵书（熙宁十年）》中，作者言好兵之祸，百姓遭难。战胜之后，“陛下可得而知者，凯旋捷奏，拜表称贺，赫然耳目之观耳”。而“远方之民，肝脑屠于白刃，筋骨绝于馈饷，流离破产，鬻卖男女，熏眼折臂自经之状，陛下必不得而见也。慈父孝子孤臣寡妇之哭声，陛下必不得而闻也”。为更好地表达这种对比效果，苏轼运用了比喻的手法："譬犹屠杀牛羊、刳脔鱼鳖以为饍馐，食者甚美，见食者甚苦。"对此，李卓吾评曰："譬喻痛切。"郑之惠评曰："痛切，亦效陆宣公奏议体。"《乞常州居住表》钟惺评曰："观子瞻乞恩君父处，不以一字低眉权贵，可知今人媚权贵而抗君父以为名，真罪人也。"都属由诗文引发开来，不仅揭示了苏诗注重比兴寄托的特点，而语中亦颇含对社会的不平之意。

以上，我们对苏轼诗文评点的具体批评作了三个方面的探讨。限于评点的零碎琐屑，我们只能选择部分批语加以例析。实际上，评点批评的细致程度和批评力度，是我们所难以描述的；它所涉及的问题和批评层也不止于我们所论及的范围。尽管如此，我们还是不难看出，由于评点批评形态的细微性、丰富性、多向性，苏轼诗文评点的批评深入到了作品的底里，对作品的思想和艺术作出了多方位、多层面、多角度的揭示；同时，评点家们还由作品的批评展开了社会——文化批评。它们的批评显然不是空洞浮泛的，也不是停留在抽象概括的层面，而是通过对作品的最细小的局部阐幽探微，发现和挖掘出了作品的"美和缺点"。不仅如此，它们的批评又是建立在对经典的推崇和对当代创作现象"积极观察"的基础之上的，这无疑对于我们今天了解、把握明清时期诗文创作的发展历史及其内在精神乃至整个社会文化思潮也有着重要价值。

第四章　苏轼诗文评点的学术价值与社会影响

在中国古代文学批评体系中，评点是一种在最大程度上以“读者”为本位的批评形态，它在创作文本与读者之间架设了一座沟通的桥梁：“书尚评点，以能通作者之意，开览者之心也。”[①] 评点之发生、兴盛，其根本因素乃在于评点所显现出的强烈的多重价值。这里所谓的多重价值乃是指评点对于作品文本、读者阅读以及他人创作所发挥出来的作用与影响。

第一节　苏诗评点的文献价值

苏诗评点的文献价值是指评点者对作品文本所做出的增饰、改订等艺术再创造活动，从而使评点本获得自身的版本价值和文学价值。这一现象如果衡之以当今的文学批评观念乃不可思议，因为这已超出了文学批评的职能范围；而在中国古代也并不多见，古代诗文在其流传过程中随着历史年代的变迁，其版本歧异容或有之，然同一作品经批评者的手定更易而广为流传

---

①[明]袁无涯：《忠义水浒全书发凡》，朱一玄编：《水浒传资料汇编》，天津：南开大学出版社，2002年，第133页。

却是极为罕见的现象。但在这种更易过程中毕竟含有评点的内容，评、注结合，难以截然分开。而要了解其价值就必须对文本加以分析。德国哲学家恩斯特·卡西尔认为，关于文本的分析，是研究文化现象的基础，阐释的目的是通过文化作品了解其背后的意义，理解它们所要传达的东西。然后是对文化本质的确定，全面分析人类的符号行为，对产生作品的心理过程加以研究和分析，探讨人类在符号活动中的符号意识，探讨感觉、想象和信仰的各种模式和指向。[①] 由于评点本一旦出版面世，就已成为与原本不同的文本，具有独立的文本价值。故而，我们对评点本也应该作如是观。

一、题外注释

美国文学批评家勒内·韦勒克和奥斯汀·沃伦认为："有时，文学批评被区分为'注释性的'和'判断性的'两种，作为可供选择的两个类型。把批评分成对意义的阐释和对价值的判断两种当然是可以的，但是在文学批评中，单取其中一种的做法是很少有过的，也是很难行通的。"[②] 这里所谓的"注释性的"和"判断性的"两种文学批评，事实上也就是"注"和"评"这两种不同的批评方式。注是注释、解说，源于经书注解，侧重于考证诗歌语句的出处，追究诗歌中的本事用典，搜罗诗歌创作的时间、地点、境况等材料，根据这些考证出的历

①参见[德]恩斯特·卡西尔著，关之尹译：《人文科学的逻辑》，上海：上海译文出版社，2004 年，第 162 页。

②[美]勒内·韦勒克、[美]奥斯汀·沃伦著，刘若愚等译：《文学理论》，北京：三联书店，1984 年，第 212 页。

史材料来分析诗歌意义，这是一种冷静的、堆垛学问的批评方式。评，则不像注那样从外在的历史事实出发，而是立足于诗歌文本，建立在对特定文本的品玩赏鉴的感悟上，对作品用词造句立意构思和审美意义作出价值判断。批评家的评，往往不是冷静客观的细析，而是饱含情感体验的判断评价。为诗歌作注，给读者提供相关的背景知识；解释字句，消除因时间距离而产生的言语障碍，恢复诗歌文本的历史语境，这对于读者正确欣赏把握原意，是有重要意义的。但是当注解考证走向极端，就会出现“我注六经”或“六经注我”的偏颇：要么停留在对诗歌单字只句作烦琐的注疏考证，要么离开文本主观臆断，任意发挥曲解文意。宋代古文家和理学家正是走向这两个极端。其实注释和评析正是文学批评的两种方法，二者在实际批评中并非一定对立，而是可以相辅相成交相为用。故而，有些评者喜欢在评点苏诗的过程中作些题外注释。

评点者不仅交代出诗歌的作年作地，还对诗题所涉人物、地名作出考释，给读者提供背景材料。如阎士选曾评点《苏文忠公胶西集》四卷，其在《过密州复游卢山次韵章传道》说：“此公守登州，道出密州，复游卢山而作也。故其诗曰：‘出入岩峦千仞表，较量筋力十年初’，是时公去密已十年矣。”而在《东湖》中有“予今正疏懒，官长幸见函。不辞日游再，行恐岁满三。暮归还倒载，钟鼓已鹟鹟”数句。翁同书评曰：“是时陈希亮为府帅，以属礼待先生，故云‘予今正疏懒，官长幸见函。’无聊不平时一发露。当与《客位假寐》诗参看。”又如《中隐堂诗（并叙）》，翁同书评曰：“陆游《老学庵笔记》‘东坡祖名序，故为人作序，皆用‘叙’字’。”《石鼓》“冬十二月岁辛丑，我初从政见鲁叟”句，彭元瑞评曰：“按《集古录》，石鼓在凤翔孔子庙，此云‘鲁叟’者，盖初任谒庙之时，陶诗曰：‘汲汲鲁中叟，弥缝使其淳。’谓孔子也。”对于《诅楚文》中“峥嵘开元寺，仿佛祈年观。旧筑扫成空，古碑埋不烂。诅书虽可读，字法嗟久换”数句，张元济评曰：“文忠所见应尚是原刻。此云‘久换’，尽言秦时字法与今不同也。”《送安惇秀才失解西归》汪师韩评曰：“安惇初从轼游，末流乃与元祐诸贤为难，当时至有童谣曰：‘大惇小惇，殃及子孙。’盖大惇谓章惇，小惇谓安惇也。然则安惇乃正世之‘狂谋谬算’者，此诗知其‘他年名宦恐不免’，而始终以熟读旧书为箴规，固早有以窥其微矣。”等等，均属此类。

尤需指出的是，汪师韩受元代张性《杜律演义》等书的影响较大，郭绍虞先生认为他“论诗较切实，与一般诗话摘句述事者不同”①。其本人也曾自谓：“凡以明体裁之辨，订沿袭之讹，而无取乎一句一字之称善。”② 故而他在评点苏诗时，除专列“笺释”一栏外，还常常于评论中夹杂注释、解说，接近于金圣叹《杜诗解》、黄生《杜诗说》之解读手法，既引述前人旧注诠释史事典故，点明字义句意，又能揣度作者用心，阐明诗旨。如其评点《柏堂》：“‘双干’句，人所能道也。‘九朝’句，对法不测之至。九朝，施注谓：自陈、隋、唐、五代至宋也。”又评《次韵高要令刘湜峡山寺见寄》：“隽语清谈，引人入胜，而古茂之色，望之但觉岫壑冲深。‘应怜五管客，曾作八州督’

①郭绍虞：《清诗话・前言》，丁福保编：《清诗话》，上海：上海古籍出版社，1978年，第21页。

②[清]汪师韩：《诗学纂闻》，丁福保编：《清诗话》，上海：上海古籍出版社，1978年，第439页。

二句，宋援则引《庄子》上有‘五管’之说，李厚则引韩诗‘五管遍历’之句，王注兼采而并录之，古人之虚衷如此。援说诚为未当，李必恒补注是李厚而非宋援可也。其所作《王注正伪》直斥王注为杜撰，是没其实矣。至‘曾作八州督’句，李厚但引《晋书》，只能解释字面，此则补注得之，然观轼《贺子由生第四孙》时，结云‘早谋二顷田，莫待八州督’，有自注云：吾前后典八州，此乃‘八州督’三字之确注补注，但引‘八州怜我往来频’之句，犹未为得也。”汪氏将训释字句与分析艺术技巧结合起来，品评工拙，串讲诗意，剖析章法，批驳旧说，内容丰富，层次清楚，故而能够前后呼应，文气贯通。

纪昀则比较关注苏轼诗歌创作的阶段性，并揭示出其原因所在。如在卷一、卷二之后，纪批曰：“以上二卷，大抵少作，气体未能成就，疑当日删定之余稿，后人重东坡名，拾掇存之耳。施氏本托始辛丑，未必无所受之，未可以疏漏讥也。”在卷四十五之后，纪批曰：“此一卷皆冗漫浅易之作，盖至是而菁华竭矣。”前者作于嘉祐六年辛丑（1061）赴任签书凤翔府节度判官之前，因而稍嫌稚嫩；而后者作于宋徽宗建中靖国元年（1101）苏轼遇赦北归度岭以后直至去世的七个月间，此时诗人衰老多病，所写之诗又大多出于应酬，故而“菁华竭矣。”而在苏轼盛年，亦有因公务繁忙或交游应酬较多而消耗诗思，致使作品不够精警之期。对此，纪昀也以其敏锐的学术眼光予以指出。如卷十一大多作于熙宁六年（1073）十一月至次年五月苏轼刚刚离开杭州通判任而前往常州、润州赈灾期间，纪昀于卷后批曰：“才出杭州，诗便精警，非胸中清思半耗于簿书，半耗于游宴耶？信乎诗非静力不工，虽东坡天才，亦不能于胶胶扰扰时挥洒自如也。”又如卷二十九皆作于元祐二年（1087）苏轼在翰林学士知制诰任上，馆阁期间交游应酬繁多，此类吟风弄月、赏花饮酒的作品亦复多矣，这严重损害了他的诗思，故而这段时间苏轼创作虽多却较平庸。对此，纪批曰："此卷多冗杂潦倒之作，始知木天玉署之中，征逐交游，扰人清思不少。虽以东坡之才，亦不能于酒食场中吐烟霞语也。"由此可见，纪昀对苏轼诗歌创作的阶段性有全面的把握，并独具只眼地指出了苏轼生活中的顺逆与其诗歌质量的高下之间的不平衡。

二、作品考辨

苏轼作品繁多，内容丰富，而其中部分诗歌写作背景难以漶清，注者理解不同，歧义纷呈，异说迭出，各彰其是，相互诘难，真伪难辨，给后人阅读作品带来了困难。因而，有些评者则从不同方面对其加以考辨。如在《壬寅二月有诏令郡吏分往属县减决囚禁自十三日受命出府至宝鸡虢郿盩厔四县既毕事因朝谒太平宫而宿于南溪溪堂遂并南山而西至楼观大秦寺延生观仙游潭十九日乃归作诗五百言以记凡所经历者寄子由》一诗中，纪昀认为："大段似香山《东南行》，不免小小疵累，而五百字一气相生，不见窘束，亦不见纷杂，笔力殊不可及。"严虞惇则曰："此诗仿潘岳《西征赋》体也。〇对仗未甚工，叙事详略亦未妥，盖非公诗之佳者。"不仅为我们指出了苏诗之渊源，更点出了苏诗之优劣处。而汪师韩评《石鼻城》中"独穿暗月朦胧里，愁渡奔河苍茫间"两句曰："挥霍如意，五六一联，深沉雄健，景中有情。'苍茫'二字俱读从上声，前人所未有，此自轼诗创用。唐人如韩诗读张王为去声，白诗读'昽聪'为上声，后人不审所出，遂谓前贤自我作古，恐不尽然耳"。则属于对苏诗创新之处作一考辨。

方回在其《瀛奎律髓》中评点苏诗，喜欢对诗歌系年，交代写作地点，有时甚至将反映同一事件的有关诗歌放在一起评点，给读者一个完整的印象。如苏轼贬黄州期间与故友陈慥的交游经过，苏轼《岐亭五首》并叙云："元丰三年正月，余始谪黄州。……其后数往见之，往必作诗，诗必以前韵。凡余在黄四年，三往见季常，季常七来见余。"对于苏轼造访陈慥的始末，方回在《正月二十日与潘郭二生出郊寻春忽记去年是日同至女王城作诗乃和前韵》一诗中作了较为完整的疏理考辨：

> 东坡初贬黄州之年，即"细雨梅花""关山断魂"之时也。次年正月二十日往岐亭见陈慥季常，是以为女王城之诗。又次年正月二十日与潘邠老等寻春，是以有"事如春梦了无痕"之诗。又次年正月三日尚在黄州，复出东门，仍和此韵云："乱山环合水侵门，身在淮南尽处村。五亩渐成终老计，九重新扫旧巢痕。"谓元丰官制行，罢废祖宗馆职，立秘书省，以正字、校书郎等为差除资序，而储士之意浅矣。观此等语，岂惟可以考大贤之出处，抑亦可见时事之更张、仁庙之所以遗燕安于后世者何其盛，熙丰之政所以大有可恨者何其顿衰。坡下句云："岂惟惯见沙鸥喜，已觉来多钓石温。"又可痛。坡翁一谪数年，甘心于渔樵而忘返也。①

按照方回的考证，苏轼于元丰三年（1080）正月贬黄州途中，二十日至岐亭见到陈慥，被陈留五日，作《陈季常所蓄朱

①[元]方回选评，[清]纪昀刊误，诸伟奇、胡益民点校：《瀛奎律髓》卷十《正月二十日与潘郭二生出郊寻春忽记去年是日同至女王城作诗乃和前韵》，合肥：黄山书社，1994年，第206～207页。

陈村嫁娶图》二首。苏至黄州后，元丰四年（1081）正月二十日初访陈慥，作《正月二十日往岐亭潘古郭三人送余于女王城东禅庄院》，元丰五年（1082）正月二十日与潘邠老等再访陈慥，作《正月二十日与潘郭二生出郊寻春忽记去年是日同至女王城作诗乃和前韵》，元丰六年（1083）正月二十日苏轼三访陈氏，作《六年正月二十日复出东门仍用前韵》。这段苏、陈二人的交游过程考论，与苏轼的《岐亭五首》叙中所云颇为相符。

元明以来，托名王十朋的苏诗分类注本孤行海内，“几于家有其书”①。但此本经茅芟加以删改后，疏漏错误不断，邵长蘅曾指摘其“分门别类失之陋，不著书名失之疏，增改旧文失之妄”三大罪状。而在此之前，查慎行就曾经表达过对分类注本的不满，以编年诗为底本作过补注：“余予苏诗，性有笃好，向不满于王氏注，为之驳正瑕墨，零丁件系，收弃箧中，积久渐成卷帙。”② 查氏将这种习惯也带入他的《初白庵诗评》中，经常评中有注，对苏诗本事加以考辨。如评《病中闻子由得告不赴商州三首》（其二）曰：“颈联俱用商州故事，‘说客’句指张仪诈楚。州北有智亭山，相传四皓所隐。”评《和子由闻子瞻将如终南太平宫溪堂读书》：“先生官职凤翔时，往属县决囚，故云。此诗当作于癸卯甲辰间，仁宗初崩，故有桥山之句。”评《次韵王诲夜坐》曰“王诲，王晋卿之弟也。先生与晋卿交好在熙宁初，时方监官告院，故云‘闲官不计员’。”评《赠孙莘老

①[清]邵长蘅:《施注苏诗・注苏例言》,《施注苏诗》卷首,清文渊阁四库全书本,第1110册,台北:台湾商务印书馆,1986年,第51页。

②[清]查慎行:《补注东坡先生编年诗・例略》,[清]王文诰辑注,孔凡礼点校:《苏轼诗集》附录二《序跋》,北京:中华书局,1982年,第2837页。

七绝》曰："时莘老守湖州，故以下五首皆用湖州事。"评《和子由论书》曰："《韵语阳秋》云东坡《与子由论书》首四句云云，故其子叔党跋公书云：吾先君子岂以书自名哉，特以其至大至刚之气发于胸中，而应之以手，不见其有刻画妩媚之态，而端乎章甫若有不可犯之色。少年喜二王，晚乃喜颜平原，故时有二家风气。俗子不知，妄谓学徐浩，陋矣。观此则知初未尝规规，出于翰墨积习也。"又如《客位假寐》一首，查氏经过考证，认为此乃苏轼在凤翔任职时所作，应与《九月二十日微雪怀子由弟二首》之诗编在一起，何绍基评曰："或谓此诗在凤翔作。"而翁同书则认为："查注此首伪载杭州卷中，今以时地考之，其为凤翔作，无可疑者。"

对于同一作品，不同的评点者在其考辨过程中会得出不同的结论。如《和子由记园中草木十一首》末一首为"我归自南山，山翠犹在目……"作者在诗末自注云："八月十一日夜宿府学，方和此诗，梦与弟游南山，出诗数十篇，梦中甚爱之。乃觉唯记一句云蟋蟀悲秋菊。"对此，翁同书认为："观公自注，盖和至第九首，忽得此梦，故添入此首，而末首遂衍'蟋蟀悲秋菊'五字之意为之，非误入也。"查慎行则曰："按《栾城集》记园中所有止十首，此云十一首，盖讹入《纪梦》一首耳。"而孙原湘亦认为："题系《纪梦》，误编于此。"纪昀则评曰："查氏以此首归之《纪梦》，言子由《和〈纪梦〉诗》乃二首可证也。以'蟋蟀悲秋菊'言之，则此首归《纪梦》未尝不可。以子由《园中草木十首》言之，则和诗必无独和九首之理，此首又未可归入《纪梦》也。"将众人对于作品的不同见解作以梳理分析，可助于廓清研究线索，更为准确地理解和把握作品。

三、指摘舛误

苏轼作品数量之巨大，兼之受自身学识和掌握资料等因素所限，学者在编注过程中难免出现差错。因而，有些评点则是注目于指摘前人在编注方面的错乱之处。刘辰翁在评点苏诗中便喜欢批评王十朋类注本在编次与注释上的错误，为后人注释、理解苏诗提供了非常珍贵的原始材料。如《刘贡父见余歌词数首以诗见戏聊次其韵》：“十载漂然未可期，那堪重作看花诗。门前恶语谁传去，醉后狂歌自不知。刺舌君今犹未戒，灸眉我亦更何辞。相从痛饮无余事，正是春容最好时。”其中“灸眉我亦更何辞”一句，王注曰：“厚晋郭舒为王澄别驾，荆土士人宗廞尝因酒忤澄，怒叱左右棒廞。舒厉色谓左右曰：‘使君过醉，汝辈何敢妄动?’澄恚曰：‘别驾狂邪?诳言我醉。’因遣掐其鼻，灸其眉头。舒跪而受之，廞遂得免。”刘氏评曰：“上句谓贡父，下句引昭君村以自喻，注引宗廞何为?”又如《虎儿》一诗，类注本编入咏史类，刘辰翁于该诗题下评曰：“此篇为远侄作，误编入此。”《四库全书总目》卷一五四《东坡诗集注》提要：“此分类颇多颠舛，如《芙蓉城》诗入古迹，《虎儿》诗入咏史之类，不可殚数。”显然是受到刘氏观点的影响。

汪师韩评点苏诗往往注意分析其篇章结构及艺术特色，亦时对相关注释加以评论，指出其舛误之处。在《仆曩于长安陈汉卿家见吴道子画佛碎烂可惜其后十余年复见之于鲜于子骏家则已装备完好子骏以见遗作诗谢之》一诗中，汪师韩评曰：“……末云：‘不须更用博麻缕’，如用《孟子》‘麻缕轻重同’之语，若云‘不须更论价之轻重’耳。王注谓‘博麻缕’似禅语‘麻三斤’之类，未免曲解。”又如《东湖》一诗中，汪师韩评曰："……诗人之旨，沉屈下僚，勾检簿书，无由得尽其才，不得已而为湖上之游，讵与凿山开道者比。考是时轼为凤翔判官，陈希亮为府帅，以属礼待之，或谒入不得见。轼壮年气盛，不相下其客位，假寐作有云：'同僚不解事，愠色见髯须。虽无性命忧，且复忍须臾。'此诗末复云：'予今正疏懒，官长幸见函。'无聊不平时一发露于辞气，故必知其人、论其世，而后可与言诗。后人注诗者，俱未见及此客位之作，编入通守钱塘时，并其年谱中，次序亦错谬矣。"

纪昀对苏诗的评点虽然仅以查慎行的《初白庵苏诗补注》为对象，并未广参苏诗的各种版本，但是他在评论苏诗时非常关注其文本的是非真伪，有些批语竟具有校记的性质。对于苏诗文字之是正，纪昀用力颇深。王文诰《苏诗编注集成·诸家弁言》按语称，前此苏诗注本"辄于句下载同异字，亦有明知其误而载者，逐句截断，最为可憎。纪氏酌取其一，多有精确。考（冯应榴）《合注》从纪所订者甚多，但不云出之纪耳"。所论较为客观。有时纪昀所考也出差错，如对于《韩幹马十四匹》中"一马任前双举后"之句，他认为："'任'当作'在'。"但事实上此处典出《韩非子·说林下》："夫踶马也者，举后而任前……"是其漏检耳。又如他批《中秋月三首》曰："题当有'寄子由'三字，不然，则二首忽称'君'者为谁?"其批《赵昌四季》其二之"开卷便知归路近"曰："'知'字疑'如'字之误。"此二处孔凡礼先生即据以点校之，且称之为"纪校"。①而《谢曹子方惠新茶》，纪批曰："题必有误，与诗不应。以

①参见[宋]苏轼撰，[清]王文诰辑注，孔凡礼点校：《苏轼诗集》卷十七、卷四十四，北京：中华书局，1994年，第907、2417页。

《左传》'晋重耳''蔡甲午'之例例之，陈王称'陈植'亦可，然终是太生。"按此诗原文为："陈植文华斗石高，景宗诗句复称豪。数奇不得封龙额，禄仕何妨似马曹。蠹简久藏科斗字，剑锋新莹鹏鹈膏。南州山水能为助，更有英辞胜广骚。"后冯应榴注苏诗时指出："此诗通体无谢新茶意，初疑题必有误。后阅刘贡父《彭城集》有《送曹辅奉议福建转运通判官》诗两首，下一首即此诗也，据此则非先生诗矣。"[①] 另如《秋晚客兴》一首，纪批曰："查云：'此诗不类东坡手笔。'细看之，实不相似，亦是晚唐人语。"后王文诰指出："此诗见《至元嘉禾志》，乃沈括作也。"[②] 纪昀据文本分析判定诗题或作者有误，竟为注家的文献考订所证实，可见其目光之敏锐。

此外，评点者指出了一些混入苏诗的作品，包括白居易、欧阳修、苏辙、黄庭坚、秦少游、晁补之以及苏轼的僧友道潜等人之作。如《送淡公二首》，钱陆灿评曰："二首孟东野集见，未辨谁作，谭友夏云翰苑钞舍人句，其为东野无疑"。而对于其中"燕本冰雪骨"一诗，谭元春亦评曰："此东野集中所载十首之一，何以入公集中？此诗甚妙，然是东野作。"另如查慎行也曾指出，《送公为游淮南》"此晁无咎诗"，《赠仲素寺丞致仕归隐潜山》"此栾城诗"等。纪昀在此方面更是眼光如炬，着力甚巨，他还指出了一些混入苏诗的词作。如《次韵曹子方运判雪中同游西湖》一首："词源滟滟波头展，清唱一声岩谷满。未容

①[宋]苏轼撰，[清]冯应榴辑注，黄任轲，朱怀春校点：《苏轼诗集合注》，上海：上海古籍出版社，2001 年，第 1591 页。

②[宋]苏轼撰，[清]王文诰辑注，孔凡礼点校：《苏轼诗集》卷四十七，北京：中华书局，1994 年，第 2548 页。

雪积句先高，岂独湖开心自远。云山已作歌眉浅，山下碧流清似眼。樽前侑酒只新诗，何异书鱼餐蠹简。”事实上，其格律与晏殊的《木兰花》及宋祁的《玉楼春》完全一致，而风格也近于词，纪昀于此批曰：“此是诗余，误入诗集。”甚为确切。又如《题李伯时渊明东篱图》，纪昀认为：“二诗非惟不似东坡，并不似能诗者所为。后来书画贾人伪作伯时之画，因伪作东坡之诗，编诗者不能辨而误收耳。”按苏轼幼子苏过《书先公字后》谓：“今之人以此书为进取资，则风俗靡然。争以多藏者为夸，而逐利之夫临摹百出，朱紫相乱十七八矣。……无知者役于名，以伪为真，不足责。至缙绅士大夫家为世所欺，可为太息!”① 足见苏轼书迹真伪混杂的情况由来已久，则纪昀所谓贾人伪造，似乎不为无据。这类作品的鉴别，往往没有更多的证据，如商汤辨味识伊尹，难以言传，唯有依据丰富的经验，而断以己意。“操千曲而后晓声，观千剑而后识器。”② 以纪昀的渊博学识和对苏诗的深刻领会，其鉴真识伪的能力是值得我们重视的。当然，纪昀也有些辨伪论断值得商榷。如《琴诗》富有禅理，明白如话，寓意深邃，本是宋诗重理性的表现，纪昀却评曰：“此随手写四句，本不是诗，蒐辑者强收入集。千古诗集，有此体否?”又如《洗儿戏作》虽属游戏笔墨，却也饱含了作者饱经患难后的人生感慨，戏谑的背后掩藏着深沉的悲愤。而纪昀却认为：“此种岂可入集?”便显得有些牵强了。

①[宋]苏过:《书先公字后》,四川大学中文系唐宋文学研究室编:《苏轼资料汇编》,北京:中华书局,2004年,第234页。

②[南朝梁]刘勰著,陆侃如、牟世金译注:《文心雕龙译注》第四十八篇《知音》,济南:齐鲁书社,1995年,第586页。

综而观之，评者在其评点过程中，对苏轼诗文加添注释，考辨文本，指摘舛误，帮助读者更易于阅读和理解作品，发挥出了本事批评的功能。而从文本自身来说，这也是一种校勘工作，从而也就使得评点具有了文献价值，为我们今天研究苏轼提供了许多重要的参考资料。

第二节　明代苏轼研究“中熄”说献疑
——兼论明代苏文评点的学术价值

苏轼作为中国文学史上最具有艺术生命力的文学家之一，无论是他的人格魅力，还是他的文学创作乃至文化创造，都影响着一代又一代的学人，因而，几乎从苏轼生活的时代开始，就自然形成了一部以其为对象的研究史。有学者依据时间分期，将南宋、明代、清代分别定为苏轼研究的“风行”“中熄”与“复炽”期，也就是说，“明人对苏轼的研究既落后于前之南宋，更不能与后之清代媲美”①。此论不无道理。但是，如果就苏轼散文研究过程而言，则未必尽然。如江枰从明代对苏文的高度评价、对苏轼及其小品文的喜爱、对苏文相关问题的深刻见解以及苏文编辑出版方面的空前繁荣四方面加以总结：“如果说南宋是苏轼身后苏文研读的第一个高峰的话，晚明时期就是第二个高峰。南宋是苏诗、苏文并重，晚明独重苏文，故就苏文而言，受欢迎的程度似又超过了南宋。”② 付琼经过认真整理苏轼散文选本在明清时期的刊刻情况后认为：“明代苏轼散文选本的

①曾枣庄等：《苏轼研究史》，南京：江苏教育出版社，2001年，第206页。
②江枰：《明代苏文研究史》，南昌：江西人民出版社，2010年，第199页。

刊刻数量几乎六倍于清代，而且在晚明出现了极度亢奋的接受盛况。”因此他得出结论：“清人对苏文的接受，无法与前之明代媲美。”① 一般来说，选本虽也是一种文学批评形式②，但主要是针对以读者为主体的接受效果而言的。对于以学者为主体的苏轼研究，则主要通过注释、评点、论评等方式实现。惜上述两人均未涉及对苏文评点的研究，如果以明代的苏文评点情况而论，则明代苏轼研究“中熄”说更有其值得商榷之处。

一、通过评点数量的对比来凸现明代苏文的贡献

对苏轼作品的评点是从其散文开始的，最早出现于南宋吕祖谦的《古文关键》中，其后楼昉《续崇古文诀》、真德秀《续文章正宗》及谢枋得《文章轨范》也都对苏文进行过评点。应该说南宋时期苏文评点数量不多，这与当时散文评点才开始起步有关，这几种带有评点的散文选本是为科场应试编撰，用来指导举子如何阅读和写作文章，因而其影响颇大。与之相比，明初程朱理学与专制集权政治相表里，文坛空气沉闷，文学流派产生甚少，“有质行之士，而无同异之说；有共学之方，而无专门之教”③。且讲学授课之风不盛，刊刻水平有所提高，人们乐于借用南宋时传下来的如刘辰翁评点的《集千家注批点杜工部诗集二十二卷》现成刻本，或者像高棅《唐诗品汇》那样集

①付琼：《苏文选本在明清时期的刊刻和流行——兼评明代苏轼研究“中熄”说》，载《兰州学刊》2009年第7期。

②参见邹云湖著：《中国选本批评·导言》，上海：三联书店，2002年，第1页。

③[明]何乔远：《名山藏》卷八十四《儒林记》(上)，扬州：江苏广陵古籍刻印社，1993年，第5194页。

结前人评点，由此也造成了明初文学评点的寂寞。又因苏文风格与这一时期文坛主流台阁体相左，且前后七子倡导“文必秦汉，诗必盛唐”，这段时期本就冷清的文学评点也多集中于先秦两汉散文与唐诗。关于苏文则仅出现了高启的选评（明万历四十八年凌启康刻三色套印本《苏长公合作》八卷、补二卷中辑有高启的批点）。

到了明中叶弘治年间，在李东阳的努力及七子派的积极倡导下，文坛逐渐活跃，许多著名的作家或者当时有声望的文人名士，都喜欢通过评点、批选前人或时人的文学作品，表达自己的文学主张，或者将别人的评点进行汇集整理。评点随之开始兴盛起来。这一时期的苏文评者主要是以唐顺之、王慎中、归有光、茅坤为代表的反对七子派复古思潮的“唐宋派”，如茅坤评点过《苏文》六卷、《苏文忠公策论选》十二卷、《三苏文抄选》五十八卷、《三苏文百家评林》十六卷，唐顺之选批并辑评过《苏文嗜》六卷，归有光曾辑评《宋大家苏文忠公文选》九卷，杨慎也曾辑评过《合诸名家评注三苏文选》十八卷、《嘉乐斋三苏文范》十八卷等。

万历以后，历史进入晚明时期。朝纲的废弛及士林讲学之风尚激发了文人们立言的热情。随着李贽在文坛的崛起及其影响下，明代文学评点进入全面繁荣和空前发展时期。评点队伍空前庞大，几乎稍有知名度的作家都热衷于评点文学之道。苏轼能够深入于儒、道、释三家典籍，并将所学所悟灵活运用于人生，使他面对种种坎坷而应付裕如。他也因此而在某种意义上成为文人士大夫的行为典范。在文艺思潮上，明人大多尊唐黜宋，明初江西派之首刘崧诗尊唐格，谓“宋绝无诗”①，实开明代“宋无诗”之说。受时代风气的感染，明人多认为苏轼在文学创作上文优于诗，如王世贞曾说：“子瞻书胜词，词胜画，画胜文，文胜诗。”② 谭元春亦曾转述他人言曰：“东坡诗不如文，文通而诗窒，文空而诗积，文净而诗芜，文千变不穷而诗固一法，足以泥人。”③ 而且，商品经济的活跃促进了出版业的高速发展，套版印刷大受欢迎。随之而产生了一批刻印精良的苏轼散文选集，深受读者喜爱。宋元以来旧有的某些苏文选本，也被明人改头换面，广为传刻。这为苏文评点提供了充足的底本。由此也造成了苏文论评的高涨。有些评本如李贽评点《坡仙集》等甚为畅销，还被不同书商加以刊刻。

书商利用著名评点家对读者的吸引力，将他们的评语汇集起来，并采用多色套印，刻成汇评本或集评本招揽读者。这一时期的苏文汇评、集评本，其评点内容主要由三个方面构成。一是尽取前人评点，如许多评本都大量采用了南宋吕东莱、谢叠山、楼迂斋等家批语。二是将前人诗话、文话笔记论诗、论文之语改成批点文字，也采用明代高启、杨慎、唐顺之、茅坤、归有光等人的评论。第三则是个人评点，一般都是三言两语，描绘一时触景兴意的感应，表达他们对散文内容的主观印象。这些汇评、集评本虽是书

---

①[明]叶盛:《水东日记》卷二六转录黄容《江雨轩诗序》，清康熙刻本，台北：台湾学生书局，1965 年，第 660 页。

②[明]王世贞:《弇州四部稿》卷一五二《说部・弇州山人词评》，四川大学中文系唐宋文学研究室编:《苏轼资料汇编》，北京:中华书局，2004 年，第 1015 页。

③[明]谭元春:《谭友夏合集》卷八《东坡集选序》，四川大学中文系唐宋文学研究室编:《苏轼资料汇编》，北京:中华书局，2004 年，第 1067 页。

商因牟利而为，但客观上却起到了启蒙人们理解作品的作用，也利于研究者较为清楚地发现各家各派对于作品的不同看法。

这一时期也有大量的苏文评点合刻本出现，一般是将三苏或唐宋八大家散文评点放在一起合刻成套出版。如陈仁锡评选《苏集选》九卷，徐肃廣辑、陈继儒评《新刻徐陈二先生评选三苏文则》八卷，李廷机评选《镌李相国九我先生评选苏文汇精》六卷，詹奎光辑《选辑诸名家评注批点苏文》八卷，杨慎辑、李维桢评注《合诸名家评注三苏文选》十八卷，陆梦龙评、顾懋樊参订《陆君启先生评选唐宋四大家》四十四卷（含《苏子瞻集选》二十卷），茅坤辑评《唐宋八大家文钞》一百六十六卷（含《宋大家苏文忠公文钞》二十八卷），李贽辑评《三苏文抄》二十卷（含《东坡文抄》十二卷），孙鑛评选《四大家文选四种》八卷（含《苏文忠公集选》二卷），王世元辑、汤宾尹评《苏隽》五卷（含《东坡先生集》三卷），茅坤、钱穀、钟惺等评《三苏文汇》六十卷（含《东坡文汇》四十卷），董应举辑并评《眉山苏氏三大家文选》四卷（含《宋大家苏东坡先生文选》二卷），黄嘉惠辑评《苏黄风流小品》十六卷（含《东坡题跋尺牍小词》八卷）等。不仅可以吸引广大读者，也同时利于把握评点者的总体面貌或整体态度。

我们再来看清代的苏文评点情况。就笔者所查，仅见张溥编选辑评、吴伟业评点《苏长公文集》六卷，吕留良选、王翰批校《苏文精选》一卷，缪荃孙批校《苏文忠公全集》一百一十卷、陈绍英辑、弘晓批校《苏长公文燧不分卷》，储欣编、王芑孙及沈钦韩评点《东坡先生全集录》九卷，茅坤编、祁班孙批《宋大家苏文忠公文钞》二十八卷，黄始辑、王承志批校《听嘤堂选苏长公尺牍》二卷，清石竹居士辑、翁同龢批点《苏文忠公尺牍》不分卷，清锡山蔡焯评注并自刊《苏东坡先生上神宗皇帝书》不分卷等寥寥数种。这与晚明的繁盛状况是无法相比的。

当然，苏文评点的发展既与评点的总体演进有关，也与各个时代的社会文化背景有关。就评本和评点者数量来看，与南宋、清代相比，明代堪称苏文评点的顶峰时期。所以，如果从这一点上来看，将明代定为苏轼研究的“中熄”期就显得有些欠妥了。

二、从明人评点来认识苏文的成就与地位

明代苏文评点之所以发展繁盛，在很大程度上得益于明人对于苏轼及其文学成就和地位之认同。

苏轼为人正直，忠君爱民，沉定坚毅，乐观旷达，不因迫害而退，不为功名所累，无论仕宦沉浮，始终未失其本色，其“不可夺者峣然之节，莫之制者自然之名”①，上至皇帝大臣，下至田妇野老，无不为之倾倒。明人对苏文多所褒扬，这首先缘于他们对苏轼人品气节的敬仰与钦佩。李卓吾曰：“苏长公何如人！故其文章自然惊天动地。世人不知，只以文章称之，不知文章直彼余事耳。世未有其人不能卓立而能文章垂不朽者。”②高启亦曰：“先生盖进不淫，退不伤，凌厉万古，麾斥八荒，而大肆其文章者也。”③ 王直则指责舒亶、李定之流构陷苏轼，致

①[宋]赵构：《苏文忠公赠太师制》，[宋]郎晔注：《经进东坡文集事略》卷首，四川大学中文系唐宋文学研究室编：《苏轼资料汇编》，北京：中华书局，2004年，第610页。

②[明]李贽：《复焦弱侯》，张建业主编，刘幼生整理：《李贽文集》第一卷《焚书》卷二，北京：社会科学文献出版社，2000年，第43页。

③[明]高启：《凫藻集》卷四《东坡小像赞》，清文渊阁四库全书本，第1230册，台北：台湾商务印书馆，1986年版，第299页。

使其贬谪黄州，然后评云：“先生虽为所困，然胸次悠然，无适而非乐，其清忠直节，自足以照映千古，不特文章之美也。”①因而，“公之文章气节，天下莫不尊之”②。

苏轼之文深受众人青睐与其才华横溢也不无关系。王世贞谓：“苏公才甚高，蓄甚博，而出之甚达而又甚易。”③ 李东阳曰：“苏子瞻才甚高，子由称之曰‘自有文章，未有如子瞻者。’其辞虽夸，然论其才气，实未有过之者。”④ 茅坤曰：“予谓苏子瞻之于文、李白之于诗、韩信之于兵，天各纵之以神仙佚世之才，而非世之学问所及者。”⑤ 袁宏道则云：“苏轼超过李杜。盖其才既高，而学问识见又迥出二公之上，故宜卓绝千古。”⑥ 而且，作为北宋文坛的实际领袖，他喜欢奖掖后进，吸引了众多学子求学，其作品也被争相珍藏。南宋党禁解弛，苏轼的集子更以多种版本广为流传，翻刻不绝，宋孝宗还曾为其《东坡集》

---

①[明]王直:《抑庵文集》卷十二《题赤壁图后》,清文渊阁四库全书本,第1241册,台北:台湾商务印书馆,1986年,第278页。

②[明]李东阳:《怀麓堂集》卷六十八《文后稿》卷八《蜀山苏公祠堂记》,清文渊阁四库全书本,第1250册,台北:台湾商务印书馆,1986年,第712页。

③[明]王世贞:《弇州山人四部续稿》卷四十二《文部·苏长公外纪序》,明燕石斋刻本。

④[明]李东阳:《怀麓堂诗话》,四川大学中文系唐宋文学研究室编:《苏轼资料汇编》,北京:中华书局,2004年,第951页。

⑤[明]茅坤:《东坡文钞引》,《唐宋八大家文钞·东坡文钞》卷首,四川大学中文系唐宋文学研究室编:《苏轼资料汇编》,北京:中华书局,2004年,第976页。

⑥[明]袁宏道著,钱伯城笺校:《袁宏道集笺校》卷二十一《答梅客生开府》,上海:上海古籍出版社,1981年,第733页。

作序，称其“雄视百代，自作一家”，“可谓一代文章之宗”①，一时之间“人传元祐之学，家有眉山之书”②。民间更有“苏文熟，吃羊肉；苏文生，吃菜羹”的说法。③

不仅苏轼进退自如、宠辱不惊的人生态度及其超逸绝伦的博学宏识为人大加称赞，他宽广而独到的审美眼光在题材内容和表现手法方面也为后人提供了富有启迪意义的创作范式。宋初古文运动在反对五代浮靡积习时“余风未殄，新弊复作”，“求深者或至于迂，务奇者怪僻而不可读”④，苏轼在欧阳修革除古文新弊的基础上，更以扎实的功力和奔放的才情发展了他平易舒缓的文风，为散文创作开创了新天地。苏轼独特的文风，诚如自己所言：“如万斛泉源，不择地而出，在平地滔滔汩汩，虽一日千里无难。及其与山石曲折，随物赋形，而不可知也。所可知者，常行于所当行，常止于不可不止。”⑤ 这在作者生前

①[宋]赵昚：《御制文集序》，[宋]郎晔注：《经进东坡文集事略》卷首，四川大学中文系唐宋文学研究室编：《苏轼资料汇编》，北京：中华书局，2004年，第611页。

②[宋]赵构：《苏文忠公赠太师制》，[宋]郎晔注：《经进东坡文集事略》卷首，四川大学中文系唐宋文学研究室编：《苏轼资料汇编》，北京：中华书局，2004年，第610页。

③[宋]陆游：《老学庵笔记》卷八曰：“建炎以来，尚苏氏文章，学者翕然从之，而蜀士尤甚，亦有语曰‘苏文熟，吃羊肉；苏文生，吃菜羹’。”四川大学中文系唐宋文学研究室编：《苏轼资料汇编》，北京：中华书局，2004年，第537页。

④[宋]苏轼：《谢欧阳内翰书》，孔凡礼点校：《苏轼文集》四十九，北京：中华书局，1986年，第1423页。

⑤[宋]苏轼：《文说》，[宋]郎晔注、庞石帚校订：《经进东坡文集事略》卷五七《杂说》，北京：文学古籍刊行社，1957年，第947页。

就已为人所认同，如惠洪曾曰：“其文涣然如水之质，漫衍浩荡，则其波亦自然成文。”[①] 而最早评点苏文的吕祖谦在其《古文关键》中也指出了“看苏文法”在于“波澜”，“亦得关键法”。可见文思开阔，笔力奔放，形态变化多姿，行文收纵自如，是其散文的一般特色。明人亦在评点中就此生发开来。茅坤于《与谢民师推官书》中“大略如行云流水，初无定质，但常行于所当行，常止于不可不止，文理自然，姿态横生”处批曰：“此却是长公文章本色。”王圣俞亦批此篇：“东坡论文，的的如此。”郑之惠则认为是“坡翁自评其文”。又如唐荆川评《司马温公神道碑》曰：“文势如波涌而川动，诚然万斛原泉也；长江一泻万里而波澜曲折，自有妍姿。”林次崖评《喜雨亭记》曰：“通彻流动，如珠走盘而不离乎盘，他人虽有此意思，未必有此笔力。”他们都高度评价了苏文的这一特色。

对于苏文特色形成的原因，众人认为其多有所本。李耆卿谓：“子瞻文学《庄子》（入虚处似，《凌虚台记》《清风阁记》之类是也）、《战国策》（论利害处似，《策略》《策别》《策断》之类是也）、《史记》（终篇惟作他人说，末后自己只说一句，《表忠观碑》之类是也）、《楞严经》（《鱼枕冠颂》之类是也）。子瞻文字到穷处，便济之以此一着，所以千万人过他关不得。”[②] 罗大经云：“《庄子》之文以无为有，《战国策》之文以曲为直，东坡平生熟此二书。故其为文横说竖说，惟意所到，俊辩痛快，

①[宋]释惠洪:《石门文字禅》卷二十七《跋东坡悦池录》,四部丛刊景明径山寺本,台北:明文书局,1981年,第369页。

②[宋]李耆卿撰,刘明辉校点:《文章精义》,北京:人民文学出版社,1960年,第61～62页。

无复滞碍。”[①] 据李廌说：“东坡教人读《战国策》学说利害；读贾谊、晁错、赵充国章疏学论事；读《庄子》学说理性；又须熟读《论语》《孟子》《檀弓》。”[②] 苏辙曾记述苏轼的读书过程是：“初好贾谊、陆贽书，论古今治乱，不为空言。既而读《庄子》，喟然叹息曰：‘吾昔有见于中，口未能言。今见《庄子》，得吾心矣！’……后读释氏书，深悟实相，参之孔、老，博辩无碍，浩然不见其涯也。”[③] 这里主要是就他文艺上的博采众长、自铸伟词而言，也反映了他思想上的融会众说，不拘一家，并能根据自己主观意图与客观需要而有所取舍与扬弃。苏轼自幼学儒，他吸取儒家的民本思想、淑世精神，肯定贾谊、陆贽的经世致用之学，而反对空洞的儒家教义，如在《中庸论》中就对俗儒论道作了批判，儒家思想是他一生立身处世的根本。对于佛道两家，苏轼并不是取其虚无出世，“若世之君子所谓超然玄悟者，仆不识也”，而是“独时取其粗浅假说以自洗濯”，“学佛、老者，本期于静而达”[④]，主要从中吸取某些思考、观察问题与从事创作的方法，以开阔眼界，摆脱思想束缚。于兹可见，苏轼兼收儒释道三教思想，铸就了他穷而不怨、刚而不馁的独立人格，从而作文处世，运用得圆融无碍。

---

①[宋]罗大经:《鹤林玉露》卷九《东坡文》,四川大学中文系唐宋文学研究室编:《苏轼资料汇编》,北京:中华书局,2004 年,第 711 页。

②[宋]王正德:《余师录》卷四,北京:中华书局,1985 年,第 56 页。

③[宋]苏辙:《栾城集·后集》卷二十二《东坡先生墓志铭》,四川大学中文系唐宋文学研究室编:《苏轼资料汇编》,北京:中华书局,2004 年,第 71～72 页。

④[宋]苏轼:《答毕仲举书》,孔凡礼点校:《苏轼文集》卷五十六,北京:中华书局,1986 年,第 1672 页。

“自古文士之见道者，必推眉山苏长公其人，读其文而可概已。”① 所以，苏文受到明代文人的热爱势所必然。明代文坛宗派林立，文学风格各不相同，但“操觚之士鲜不习苏公文”②。王祎谓：“古称文章家，自汉唐而下，莫盛于宋。东都欧阳修氏、曾巩氏、王安石氏，并时迭起，而苏轼氏于其间为尤杰然者也。苏氏之文，长于持论，纵横开辟，上下变化，无不如其意之所欲言。虽其理不能皆纯，而才气之浩博，固将躐汉唐而上之矣。”③ 宋濂的弟子方孝孺也将苏轼与欧阳修、曾巩、王安石三人并称为“宋之以文名者……此四人之文，尤三百年之杰然者”④。他不但认为“子瞻魁梧宏博，气高力雄，故其文常惊觉一世，不为婉昵细语”⑤，更将苏文与庄子之文、李白之诗相提并论：“庄周殁殆二千年，得其意以为文者，宋之苏子而已。苏子之于文，犹李白之于诗也，皆至于神者也。”⑥ 张溥甚至称

①[明]茅维:《宋苏文忠公全集叙》,《苏文忠公全集》卷首,四川大学中文系唐宋文学研究室编:《苏轼资料汇编》,北京:中华书局,2004 年,第 1023 页。

②[明]王世贞:《弇州山人四部续稿》卷四十二《文部・苏长公外纪序》,明燕石斋刻本。

③[明]王祎:《王忠文公集》卷一四《续志林并序》,北京:中华书局,1985 年,第 384 页。

④[明]方孝孺:《答王仲晋五首(其三)》,徐光大校点:《逊志斋集》卷十,上海:商务印书馆,1935 年,第 305 页。

⑤[明]方孝孺:《张彦辉文集序》,徐光大校点:《逊志斋集》卷十二,上海:商务印书馆,1935 年,第 370 页。

⑥[明]方孝孺:《苏太史文集序》,徐光大校点:《逊志斋集》卷十二,上海:商务印书馆,1935 年,第 367 页。

颂苏轼为“宇宙第一人物”，苏文为“宇宙第一文字”①。

到了明中叶以后，随着苏文选本的逐渐增多，文人士子也纷纷借助评点文章发表了对苏轼的评价。他们不但表达了对苏轼的崇敬之情，或称苏轼为“文人之豪”（《司马温公神道碑》唐荆川评语），或目之为“大家”（《喜雨亭记》林次崖评语），或呼其为“射雕手”（《王者不治夷狄论》茅鹿门评语），或名其曰“缚虎手”（《乞诏边吏无进取及论鬼章事宜札子》茅鹿门评语）；而且对苏文也是赞赏有加，而予之以“大手笔”（《王元之画像赞》钱文登评语）甚或“绝世之文”（《东坡颂》茅鹿门总评语）之誉。评者认为苏文主要起到两方面的社会作用。首先是为治国提供对策，“悉切时弊”（《御试制科策》茅鹿门评语）；“先名后实，亦救时之策”（《策别十五·蓄材用》郑孔肩评语）；堪称“经国之言”（《策别十四·定军制》茅鹿门评语）。其次是为学生提供范文，据明万历三十年（1602）郑孔肩所撰《苏长公合作内外篇叙》，该书编选目的是以“长公之文为今业举子者《训》《诰》”。“初学读之，下笔自滂沛无窒塞之病”（《省试刑赏忠厚之至论》钱文登评语）；“后生熟读此等文章，下笔便有气力光彩”（《潮州韩文公庙碑》钱文登评语）；“举子辈得此法，可以横四海矣”（《物不可以苟合论》茅鹿门评语）；“举子业到此便是脱凡胎矣”（《王者不治夷狄论》茅鹿门评语）。故而，“举业者宜佩之衣带间”（《韩非论》钱文登评语），“于今场屋中极利者也”（《省试刑赏忠厚之至论》茅鹿门评语）。此类评语对读者具有指导作用，也可见出苏文评点的传播价值。由此观之，

①[明]张溥：《叙苏长公文集》，《苏长公文集》卷首，四川大学中文系唐宋文学研究室编：《苏轼资料汇编》，北京：中华书局，2004年，第1080页。

明代的苏文评点虽无开拓创新之举，却也有发扬光大之功，为进一步确立苏轼的文学史地位做出了贡献。

三、由明人评点来感受苏文的审美意蕴

苏轼散文汪洋如海，体式多样，各具千秋，而儒释道思想对苏轼人生的影响亦不相同，因而在各体散文中发挥出的作用不同，所呈现出的风格亦不同。明人在评点苏文过程中，通过对其艺术特色的总结和把握，为我们展现出苏文丰富的审美意蕴。

苏轼的议论文喜翻奇出新，不循常理，“以‘异说高论’四字立案”（《荀卿论》王慎中评语）。如他认为宋襄公是王莽一类的阴谋家，残酷、阴险，根本不能与周文王、齐桓公、晋文公等贤君相提并论，堪称“千古只眼之论正当”（《宋襄公论》茅坤评语），而在论述过程中又能博采史事，借古鉴今，雄辩滔滔，谈锋犀利，“一气写成，烟云万里，渺茫无际”（《策别十五·蓄材用》王廷相评语），颇有战国纵横之风。故李贽评《伊尹论》曰：“自孟子议论变化来。”茅坤评《魏武帝论》曰：“行文似从《战国策》来”；评《论武王》曰：“通篇将有作无，辗转不穷，大略从战国辩口中来。”钟惺却认为苏文要优于战国之文，关键是因为“子瞻一生持论重一‘气’字”（《潮州韩文公庙碑》钟惺评语）。“战国之言非纵横则名法，于先王之仁义道德、礼乐刑政无当焉”，且“其心手不相习，志气不相随”，故而“文存理亡”。苏文“能全持其雄博高逸之气、纡回峭拔之情，以出入于仁义道德、礼乐刑政之中；取不穷而用不敝，体

屡迁而物多资”，故而“常存于天地之间”①。所以他认为《御试制科策（并问）》一文：“语激而气平，意广而事确，告君之体，自宜如此。”此外，苏文在谋篇上层次清楚，思路开阔，又能“浸淫之以自家本色”（《魏武帝论》茅坤评语），叙议结合，纵横捭阖，将“此文一意翻作数段”（《省试刑赏忠厚之至论》唐顺之评语），“行文如行云，如江流，曲尽文家游衍之妙”（《策略五》茅鹿门评语），极尽变化之能事，而且“通篇过渡处，圆活流转，真是角宣徵应，不期然而然，非神解不能到此”（《伊尹论》徐中行评语），因而“音调清亮，笔势雄杰，有穿云裂石之声，有冲霄贯日之气”（《策略四》钱文登评语），“文特纡徐曲折可诵”（《礼论》茅坤评语）。如在《留侯论》中，评者发表了较为一致的看法，钱文登评曰：“一意反复到底，中间生枝生叶，愈出愈奇。”王慎中评曰：“此文若断若续，变幻不羁，曲尽文家操纵之妙。”茅坤评曰：“此文只是一意反覆，滚滚议论，然子瞻胸中见解亦本黄老来也。”杨慎评曰：“东坡文如长江大河，一泻千里，至其浑浩流转、曲折变化之妙，则无复可以名状，而尤长于陈述叙事。留侯一论，其立论超卓如此。”评者均指出了苏氏议论文雄辩无碍、气势沛然却又变幻多端的特点。所以，吕雅山评曰：“东坡《策断》学《战国策》来，故其论利害深切着明，婉转激发，举业家不可不读。”叶水心则赞之曰：“苏文架虚行危，纵横倏忽，数百千言，读者皆知其所欲出，推

①［明］钟惺：《东坡文选序》，陈于全点校：《东坡文选·东坡诗选》，武汉：华中科技大学出版社，2018年，第6页。

者莫知其所自来，古今议论之杰也。”[①]

苏轼的叙事纪游散文中有不少广为传诵的名作，同样具有很高的艺术价值。明人评点中虽也关注苏文的艺术技巧，如高启评《超然台记》“章法佳甚”“叙山川景象甚长，叙四时景象甚短，盖东坡才气豪迈，故操纵伸缩，无不如意”“情态优游，关锁甚密”等，但更多地还是看重文章表现出的苏轼那种洒脱飘逸、超然旷达的性情。同在《超然台记》的评点中，钱文登曰：“说超然之意甚透”，黄宗一曰：“四望辽阔，胸次豁然，所谓达人大观者”，高启曰：“结句见超然之意”。又如茅坤评《放鹤亭记》曰：“疏旷爽然，特少沉深之思”；评《宝绘堂记》曰：“有一种达人风旨。”王凤洲评《喜雨亭记》曰：“看东坡此篇文字，胸次洒落，真是半点尘埃不到。”这与作者胸襟开阔，对人生体察较深有着极大的关系。这种豁达胸襟造就了东坡“善嘲谑”[②]、“好戏谑”[③]、“多雅谑”[④] 的性格，此种品格表现在论文风格方面则诚如楼昉在其《续崇古文诀》中评《喜雨亭记》所言：“蝉蜕污浊之中，蜉蝣尘埃之外，所谓以文为戏者。”而明人亦有同感，如茅坤评《文与可画筼筜谷偃竹记》：“中多诙谐之言，而论画竹入解”；评《石氏画苑记》：“中多以文为戏，然

①[宋]罗大经:《鹤林玉露》卷九《东坡文》,四川大学中文系唐宋文学研究室编:《苏轼资料汇编》,北京:中华书局,2004年,第711页。

②[宋]孙宗鉴:《西畬琐录》,四川大学中文系唐宋文学研究室编:《苏轼资料汇编》,北京:中华书局,2004年,第198页。

③[宋]晁说之:《晁氏客语》,四川大学中文系唐宋文学研究室编:《苏轼资料汇编》,北京:中华书局,2004年,第181页。

④[宋]曾敏行:《独醒杂志》卷五,四川大学中文系唐宋文学研究室编:《苏轼资料汇编》,北京:中华书局,2004年,第479页。

亦自是佳品”，体现出作者游于物外无往不乐的襟怀。由此他们认为苏氏此类文章风格深受庄子影响：“公之文好为滑稽，得之庄子副墨洛诵之说”（《喜雨亭记》茅坤评语），“子瞻本色。与《凌虚台记》并本之庄生”（《超然台记》茅坤评语），“真是文章中夺胎换骨，皆从庄子变化来”（《墨宝堂记》邵二泉评语），实乃作者以老庄思想来消解政治上的失意。但是苏氏却能借题发挥，在关键的地方议论，在恰当的地方抒情，做到情、理、景的有机统一。如《凌虚台记》中，作者以凌虚台为视点，引出古之坚固不可动者而今皆已化为禾黍荆棘丘墟陇亩，由此发为感慨：“夫台犹不足恃以长久，而况于人事之得丧，忽往而忽来者欤?”作者进一步指出：“欲以夸世而自足，则过矣。”于此茅坤评曰：“苏公往往有此一段旷达处，却于陈太守少回护。”又如茅坤评《墨君堂记》曰：“东坡滑稽之文，篇终却少归之于正。”唐顺之评《超然台记》曰：“前发超然之意，后段叙事解意，兼叙事格。”这类文章呈现出文小而旨远的特点，如茅坤评《李氏山房藏书记》曰：“题本小，而文旨特放而远之，才不鲜腆。”唐顺之评《宝绘堂记》：“《墨宝堂》与此二篇，皆小题从大处作议论，有箴规之意焉。”由此，也可见出苏轼仍然深怀着的积极用世之心。

苏轼兴趣广泛，多才多艺，品评诗画，谈论书法，总结创作经验，记述治学心得，为此撰写了许多小品文。“小品”出现在汉语中大约是在佛教传入中国并逐渐盛行起来的汉末魏晋时期。《释氏辨空经》云：“详者为大品，略者为小品。”可见它最初是佛教用语，是与大品相对而言的，指佛经之节本。后来借为文体名，则指深入浅出、夹叙夹议之短篇杂著，包括书札、序跋、随笔等。苏轼堪称“近世士大夫学佛榜样”（《答毕仲举书》郑之惠评语），佛教典籍对其创作有很大启示："坡老平生喜谈般若，得此中三昧，故信口拈成，无非妙胜。"① 如《大悲阁记》的明人批点中，唐荆川评曰："此翁素精于佛家之言；记佛通用佛书中语"。茅鹿门评曰："苏长公于禅家本属妙悟，而其为记铭颂偈种种出世人，予故录而存之"。钱文登评曰："言言是佛。"王圣俞评曰："参玄如参狱案，参得透时，翻覆如意。"钟惺评曰："其文所以妙者，不在引用佛典，而其辩锋圆熟直捷，层叠变化，不可谓不从《楞严》《维摩》诸经中出，他人一学之便丑矣。"特别是《楞严经》，东坡认为"其文雅丽，于书生学佛者为宜"②。他本人也精于《楞严经》，在《书赠邵道士》中曾举"身如芭蕉"等句云："此义出《楞严》，世未有知之者也。"明人在《东坡禅喜集》的评点中举出了许多不为人注意的例证。如卷一陈继儒评《鱼枕冠颂》云："全学《楞严经》。"又冯梦祯评《答孔子君颂》"见物失空，空未尝灭；物去空现，亦未尝生"云："全是《楞严》。"卷四冯梦祯评《法云寺钟铭》"有钟谁为撞，有撞谁撞之。三合而后鸣，闻所闻为五"云："总自《楞严》来。"苏轼在政治失意后，更从佛学中寻求慰藉，把禅的意趣神理带入自家文章中去："台阁山林本无异，故应文字不离禅。"③ "东坡所作禅家文字多矣，然皆一时率笔成趣。"（《十八大阿罗汉颂》陈继儒评语）从日常生活和普通自然

①[明]陆树声:《题东坡禅喜》,《东坡禅喜集》卷首,四川大学中文系唐宋文学研究室编:《苏轼资料汇编》,北京:中华书局,2004 年,第 1054 页。

②[宋]苏轼:《跋柳闳楞严经后》,孔凡礼点校:《苏轼文集》卷六十六,北京:中华书局,1986 年,第 2065 页。

③[宋]苏轼:《次韵参寥寄秦少游》,[清]王文诰辑注,孔凡礼点校:《苏轼诗集》卷五十,北京:中华书局,1982 年,第 2755 页。

小景中悟出新意妙理，使得此类散文中富含禅机、禅理甚至禅趣。而且，苏轼广于交友，笃于友谊，“简易疏达，表里洞然”①，所写书札大都随笔挥洒，不假雕饰，情致宛然，使人洞见肺腑，也显出作者坦率、开朗、风趣的个性。这也对晚明小品文颇有影响。晚明思想和文学的主要特点是：怀疑人伦秩序的现状，归心自然，向慕本真；“独抒性灵，不拘格套，非从自己胸臆流出，不肯下笔”；文学创作应当“各极其变，各穷其趣”②。“率真则性灵现，性灵现则趣生。”③ 在晚明主情文艺思潮的熏染下，评点者一般比较关注苏文的“真”“趣”之处。如李卓吾评点《坡仙集》中，《石恪画维摩颂》《鱼枕冠颂》《苏程庵铭》等题下均批曰：“趣甚。”李贽批评非常简洁，直抒所感，随心而言，顺口而发，但却是真情流露。又如《怪石供》评点中，冯梦祯云：“供石既趣，供石而作文复趣，而文更趣”；王圣俞云：“议论胜，自是宋文，而旨趣则清雅”；陶石篑云：“戏笑说法，怪石亦应点头”。俱是从苏文之“趣”处着眼。

但是，“由于宋代的儒释道三种思想都从外部事功向注重内心修养转变，因而更容易在思想的层面上有机地融合起来”④。苏轼学识渊博，思想通达，在“三教合一”的思想氛围中如鱼

①[宋]苏轼:《密州通判厅题名记》,孔凡礼点校:《苏轼文集》卷十一,北京:中华书局,1986 年,第 376 页。

②[明]袁宏道著,钱伯城笺校:《袁宏道集笺校》卷四《叙小修诗》,上海:上海古籍出版社,1981 年,第 187 页。

③[明]陆云龙:《叙袁中郎先生小品》,[明]陆云龙等选评,蒋金德点校:《明人小品十六家》,杭州:浙江古籍出版社,1996 年,第 105 页。

④袁行霈主编:《中国文学史》(第三卷),北京:高等教育出版社,1999 年,第 8 页。

得水，表现在苏文中便是儒释道思想能够产生一种综合作用。钟惺就对于李贽、三袁等以“趣”来概括苏文特点的简单化倾向持批评态度：“今之选东坡文者多矣，不察其本末，漫然以趣之一字尽之。故读其序、记、论、策、奏议，则勉卒业而恐卧；及其小牍小文，则捐寝食徇之。以李温陵心眼，未免此累，况其下此者乎？夫文之于趣，无之而无之者也。譬之人，趣其所以生也，趣死则死。人之能知觉运动以生者，趣所以为也。能知觉运动以生，而为圣贤为豪杰者，非尽趣所为也。故趣者，止于其足以生而已。今取其止于足以生者以尽东坡之文，可乎哉?”在他看来，“趣”只可看作苏文的一个特点而已，而真正的苏文之妙在于表现了“真学问、真文章”，其表现形态是“理义足乎中，而气达乎外，胆与识谡谡然于笔墨之下……”① 故而，他评《大悲阁记》时就认为该文：“道理烂熟，拈着即是，不知其为佛为儒也。”高启评《虔州崇庆禅院新经藏记》亦曰：“以佛合儒，以儒参佛，理非强合，机由悟入。”又如《东坡禅喜集》卷二冯梦祯评《水陆法象赞》下八位“以难为易，以忧为乐。乐兼万人，祸倍众恶”云：“便是儒者恒语。”卷四评《梦斋铭序》云：“故自说梦，笔法遂似漆园。”而这正是苏轼思想融合三教所形成的自身独特的艺术风貌。

当然，在大多数评点者对苏文特色予以充分肯定的同时，也有一些人站在不同的立场、因为不同的原因、出于不同的目的而产生了别样的看法，批评甚或否定苏文。李贽曾批评苏文好议论，如脍炙人口的《赤壁赋》，他却于“自其变者而观之”

①[明]钟惺:《东坡文选序》,陈于全点校:《东坡文选·东坡诗选》,武汉:华中科技大学出版社,2018年,第6页。

句旁批："正好发挥，可惜说道理了。"于"自其不变者而观之"句旁批："俗气甚。"而对于《六观堂赞》亦批之曰："饶舌。"宋代士大夫阶层以理学思想作为主体意识的理论表现，讲道论学成为他们弘扬己说、摒弃异见的卫道手段，故宋人尚议论，十分重视文学的政治教化功能，宋代文学也是富有理论与思辨色彩。苏轼热衷于讲道论学，以三苏为代表的蜀学曾与以二程为首的洛学展开过激烈论辩。他自己也承认早年所作好发议论，"多空文而少实用"①。但是这与李贽的求"真"务"趣"之"童心"论格格不入，李氏对虚伪说教及其世风极端厌恶，故对苏文中的讲道之语亦不放过。吕祖谦在其《古文关键》"看苏文法"中曾指出："当学他好处，当戒他不纯处。"茅坤评《孙武论》亦认为"行文好，而未中孙武之病"，并指出"苏氏父子于圣学及老氏之学并未能达，故其议论多渺茫然，而行文处特圆矣"（《孟轲论》茅鹿门评语）。这是因为苏轼早期之作有时为求翻空出奇，故作惊人之论而不合义理。如《贾谊论》责备贾谊不知结交大臣以图见信于朝廷，《范增论》提出范增应为义帝诛杀项羽，都带有较浓的纵横家习气。再者，王慎中批评苏文"过于豪而失之放"②，是因为与他的平易自然、纡徐畅达的文风有距离。钱文登在评点《潮州韩文公庙碑》时虽然肯定"此诗（文）与《司马温公神道碑表》《忠观碑铭》三诗奇绝，皆苦思刻

①[宋]苏轼:《答王庠书》,[宋]郎晔注、庞石帚校订:《经进东坡文集事略》卷四六,北京:文学古籍刊行社,1957年,第784页。

②[明]李贽:《文学名臣·参政王公》,张建业主编,刘幼生整理:《李贽文集》第四卷《续藏书》卷二十六,北京:社会科学文献出版社,2000年,第580页。

意之文”，但也指出“东坡平生作诗（文）不经意，意浅而味短”的受病之处。当然，这与苏轼公务繁忙或交游广、应酬多而消耗才思，致使作品不够精明也不无关系。这些评论既有其合理性，也有其偏颇性，并非主流观点，不能因言废人，因人废文。

综而观之，苏轼在其散文创作过程中，善于融众长于一炉，破旧格生新变，形成了自己独特的艺术风貌，集中体现了北宋散文的特色，代表一代散文艺术创作的最高成就。而这些都在明人的评点中得到了精妙阐释，由此也让我们充分认识到了明代苏文评点的学术价值。

第三节　苏轼诗文评点的社会影响

评点作为一种传播手段，主要体现在评点传播机制的启用，即用批评的形式改变或调动接受者的期待视野，以培养更多的或隐或显的接受者为目的，扩大文本在社会上的影响，加快文本的传播速度。此种价值大致表现为内外两端，就内在形态而言，则表现为评点本身在欣赏层面上对读者的阅读影响和指导作用。就外在现象而言，是指评点对文本传播和普及的促进。评点之所以利于传播，不仅揭示了所谓的“篇法、章法、句法”，化难为易，更重要的是将自己的感悟直接传递给读者，使之在阅读时，能够借助评点传达的信息，更快地进入艺术作品的情境，产生共鸣。这也可以说是评点这种批评方式能够在古代社会风靡开来并历久不衰的一个重要原因。

一、对读者接受的影响

关于苏诗评点的传播价值，最重要的当然是评点对于读者阅读的影响和指导作用。从广义上讲，评点也是一种阅读活动，评点者也属于读者的范畴，而文本只有有了读者的参与才体现出其生命力。德国文艺理论家姚斯说："读者本身便是一种历史的能动创作力量。文学作品历史生命如果没有接受者的能动参与介入是不可想象的。因为只有通过读者的阅读过程，作品才能够进入一种连续性变化的经验视野之中。"① 文学评点激活了作品的内在要素，让文本从死的语言物质材料中挣脱出来，而拥有了现实的生命。本来，这一步应由读者单独完成，赋予文本以丰富多彩的解读。然而，我国大多数人仍然缺乏深度解读能力，评点者的前期阐释从某种程度上说多少弥补了这方面的缺陷。评点也就具有了导向功能。故而读者的阅读兴趣、阅读内容，以及审美旨向等都受到评点者的左右和影响。评点者将自己的感悟直接传递给读者，并通过其长期的努力，逐步建立起一套对作品的鉴赏法则。

评点者评点诗文的最初目的是作为古代教学的实用教材，便于初学者理解和接受作品，使之用来应付考试。他们认为苏轼散文足以为学生提供范文。《范增论》中谢叠山批曰："此是东坡海外文字，一句一字增减不得，句句有法，字字尽心。后生只熟读暗记此一篇，义理融明，音律谐和，下笔作文必惊世绝俗。"据明万历三十年（1602）郑之惠所撰《苏长公合作内外篇叙》，该书编选目的是以"长公之文为今业举子者《训》《诰》"。"初学读之，下笔自滂沛无窒塞之病。"（《省试刑赏忠厚

①［德］H. R. 姚斯：《文学史作为向文学理论的挑战》，［德］H. R. 姚斯、［美］R. C. 霍拉勃著，周宁、金元浦译：《接受美学与接受理论》，沈阳：辽宁人民出版社，1987 年，第 24 页。

之至论》钱文登评语）“后生熟读此等文章，下笔便有气力光彩。”(《潮州韩文公庙碑》钱文登评语）甚至“有只读此一论终身用不尽者”。(《屈到嗜芰论》郑之惠评语），“举子辈得此法，可以横四海矣”（《物不可以苟合论》茅坤评语），“举子业到此便是脱凡胎矣”（《王者不治夷狄论》茅坤评语），故而，“于今场屋中极利者也”(《省试刑赏忠厚之至论》茅坤评语）。所以他们一方面在理论上阐明作品的文学价值，同时也在评点实践中归纳“读法”，以此对读者作阅读之提示。

早在南宋时，评点家们就注意到了这一阅读要点。如吕祖谦之《古文关键》卷首有《看古文要法》，其中又分“总论看文字法”及“看韩、柳、欧、苏文法”“看诸家文法”等数项。清代的李扶九更是指出：“凡文必有主意，主意明，而后读有把握，作者之心易见。”① 因而理解作品之要旨在于抓住其立意之所在。苏轼论文便强调以立意为主，他曾批评李方叔的文章：

> 至若前所示《兵鉴》，则读之终篇，莫知所谓意者。足下未甚得于中而张其外者。不然，则老病昏惑，不识其趣也。②

究其原因，在他看来乃是：

> 自汉以来，世之儒者忘己以徇人，务射策决科之学，其言虽不叛于圣人，而皆泛滥于辞章，不适于用。臣尝以为晁、董、公孙之流，皆有科举之累，故言有浮于其意，

①[清]李扶九选编、黄仁黼纂定:《古文笔法百篇·凡例》,长沙:岳麓书社,1984年,第6页。

②[宋]苏轼:《与李方叔书》,孔凡礼点校:《苏轼文集》卷四十九,北京:中华书局,1986年,第1420页。

而意有不尽于言。①

因此，苏轼在海南传授葛延之作文之法时便着重指出：

儋州虽数百家之聚，州人之所须，取之市而足，然不可徒得也，必有一物以摄之，然后为己用。所谓一物者，“钱”是也；作文亦然。天下之事，散在经子史之中，不可徒得，必有一物以摄之，然后为己用；所谓一物者，“意”是也。不得“钱”不可以取物，不得“意”不可以用事，此作文之要。②

作文先有意，则经、史皆为我用。大抵论文，以意为主。③

对于苏轼诗文的立意，时人及后人都有充分的认识。宋代范温在《潜溪诗眼》中评曰：

东坡作文，工于命意，必超然独立于众人之上。④

张戒亦曰：

东坡评文勋篆云：“世人篆字，隶体不除，如浙人语，终老带吴音。安国用笔，意在隶前，汲冢鲁壁，周鼓泰山。”东坡此语，不特篆字法，亦古诗法也。世人作篆字，不除隶体，

---

①[宋]苏轼：《策总叙》，孔凡礼点校：《苏轼文集》卷八，北京：中华书局，1986年，第225页。

②[宋]葛立方：《韵语阳秋》卷三，北京：中华书局，1985年，第25页。关于这段话，[宋]费衮《梁溪漫志》卷四“东坡说文”、[宋]洪迈《容斋随笔·四笔》卷十一“东坡诲葛延之”、[元]王构《修辞鉴衡》卷二“文字用意为上”条等都有相似的记载，足见其影响之大。

③[宋]周煇撰，刘永翔校注：《清波杂志校注》卷七，北京：中华书局，1994年，第299～300页。

④[宋]魏庆之：《诗人玉屑》卷六引，上海：商务印书馆，1938年，第132页。

作古诗不免律句，要须意在律前，乃可名古诗耳。①

故而，评点者“凡遇主脑结穴处，旁加重圈”②，或“于文中纲领主脑眼目、关键骨子结穴，每一字旁用一重圈”③，以便于读者在阅读作品时注意其“立意”。一般在苏轼诗文评点中，评者称之为“主意”，或曰“主脑”，或曰“筋骨”，或曰“命门”，或曰“根柱（根子）”。如《和杂诗十一首》“既往不可悔，庶为来者惧”（纪昀眉批：结出主意），《和桃花源诗》开篇“凡圣无异居，清浊共此世”（纪昀眉批：一篇主意）。

在苏文中，关于“主意”的评点更为繁多，南宋楼昉《续崇古文诀》中就已经出现，如其评《策略五》曰：“此篇主意在通下情，间架整，波澜阔，议论佳，可为策格。作散文生疎，苦于断续不相连者，或语句费力者，熟读不患不进。”在明人的苏文评点中更是屡屡指出“主意”，兹举数例，列表如下：

作品	评点处	评点者	评语
《范文正公文集叙》	天下信其诚。	钟惺	“天下信其诚”，“诚”字是一篇主意，此看大人品、大文章有归着处。
《六一居士集叙》	夫言有大而非夸。	高启	起妙，一篇主意。

①［宋］张戒：《岁寒堂诗话》卷上，北京：中华书局，1985 年，第 4 页。

②［清］林文铭：《古文析义初编・凡例》，上海：上海文华书局，1915 年石印本，第 6 页。

③［清］余诚：《重订古文释义新编・凡例》，武汉：武汉古籍书店，1986 年影印本，第 2 页。

续表

作品	评点处	评点者	评语
《清风阁记》	执之而不可得也，逐之而不可及也，汝为居室而以名之，吾又为汝记之，不亦大惑欤？	冯梦祯	一篇主意在此，得力亦在此。
《墨君堂记》	凡人相与号呼者，贵之则曰公，贤之则曰君。	高启	“贤”字是一篇主意。
《仁宗皇帝飞白御书记》	此岂独上之泽欤？凡在廷者，与有力焉。	李贽	主意。
《盖公堂记》	盖公为言治道贵清静而民自定。	茅坤	主意。
同上	同上	钱文登	“清静”二字，一篇筋骨。
《黄州安国寺记》	元丰二年十二月，余自吴兴守得罪，上不忍诛，以为黄州团练副使，使思过而自新焉。	钟惺	“思过”二字是一篇主意。
《儒者可与守成论》	故具论三代以来所以取守之术，使知文武禹汤之威德，亦儒者之极功。而陆贾、叔孙通之流，盖儒术之粗也。	茅坤	主意全在收末处。
《王者不治夷狄论》	以见中国之不可以一日背，而夷狄之不可以一日向也。	茅坤	主意。
《伊尹论》	尾评	李廷机	一篇主意在办事，原于立节，立节原于廉，尽有原委。

续表

作品	评点处	评点者	评语
《伊尹论》	立天下之大节者，狭天下者也。夫以天下之大而不足以动其心，则天下之大节有不足立，而大事有不足办者矣。	茅坤	一篇议论柱子。
《荀卿论》	彼李斯者，独能奋而不顾，焚烧夫子之六经，烹灭三代之诸侯，破坏周公之井田，此亦必有所恃者矣	钟惺	一篇主意。
《留侯论》	古之所谓豪杰之士者，必有过人之节，人情有所不能忍者。匹夫见辱，拔剑而起，挺身而斗，此不足为勇也。天下有大勇者，卒然临之而不惊，无故加之而不怒，此其所挟持者甚大，而其志甚远也。	谢枋得	能忍与不能忍是一篇主意。
《晁错论》	夫以七国之强而骤削之，其为变岂足怪哉！错不于此时捐其身，为天下当大难之冲，而制吴楚之命，乃为自全之计，欲使天子自将，而己居守。	高启	主意。
《思治论（嘉祐八年作）》	夫所贵于立者，以其规摹先定也。古之君子，先定其规摹，而后从事，故其应也有候，而其成也有形。	钱文登	先定规模是一篇主意。

续表

作品	评点处	评点者	评语
同上	夫以天下之大事，而有一人焉，独擅而兼言之，则其所以治此三者之术，其得失固未可知也。虽不可知，而此三者决不可不治者可知也。	钟惺	数语是一篇主意。
同上	尾评	钱文登	此文凡三大段，而“规模”二字是一篇主意。
《策略一》	尾评	钱文登	末一段是主意，前面文势畅达，“借客形主”处及“以疾喻治”处俱好。
《策略四》	天子与执政之大臣，既已相得而无疑，可以尽其所怀，直己而行道，则夫当今之所宜先者，莫如破庸人之论，以开功名之门，而后天下可为也。	高启	主意。
《策别十五・蓄材用》	尾评	姜凤阿	试以治兵乃一篇主意，至此方露出，如善货物者，初时不肯轻出。
《录单锷吴中水利书》	今上废五堰之固，而宣、歙、池九阳江之水不入芜湖，反东注震泽，下又有吴江岸之阻。	钟惺	“吴江岸之阻”五字是一篇主意。

续表

作品	评点处	评点者	评语
《朝辞赴定州论事状》	臣恐急进好利之臣，辄劝陛下轻有改变，故辄进此说，敢望陛下深信古语，且守中医安稳万全之策，勿为恶药所误，实社稷宗庙之利，天下幸甚。	陈仁锡	主意在此，公顾上殿陈奉亦以此。
《上刘侍读书》	今夫事之利害，计之得失，天下之能者，举知之而不能办。能办其小，而不能办其大，则气有所不足也。夫气之所加，则己大而物小。	茅坤	“气”之一字，为一篇命门。
同上	同上	李贽	一篇主意。
《战国养士论》	苏子曰：此先王之所不能免也。	吕留良	只此一句，已见立论之意。
同上	同上	钟惺	一篇主意。

“主意”是一篇文章的关键所在、中心环节，也是这篇文章的立论根本。抓住了文章的“主意”也就等于抓住了文章的命脉，为读者更好地理解这篇文章打开了方便之门，从而起到了传播的效应。

在具体评点中，评点家还为读者们点出了作品的思想内涵、表现手法等。我们可以以苏文中《伊尹论》为例：

【伊尹论】（吕雅山眉批：通篇过度处圆活流转，真是角宣徵应不期然而然。）（钱文登眉批：转折处笔力高。）

（茅鹿门旁批：读此而后可以身自信于天下，而成不赀之功，而行文断续不羁。）

办天下之大事者，有天下之大节者也。（高启夹批：冒头。）立天下之大节者，狭天下者也。夫以天下之大而不足以动其心，则天下之大节有不足立，而大事有不足办者矣。（茅鹿门夹批：一篇议论柱子。）（吕留良夹批：此下发明“狭天下”意，乃借“匹夫匹妇”之至小者以形之，自此至“所居之卑”，只是一意，而层叠万变。）

今夫匹夫匹妇皆知洁廉忠信之为美也，使其果洁廉而忠信，则其智虑未始不如王公大人之能也。惟其所争者，止于箪食豆羹，而箪食豆羹足以动其心，则宜其智虑之不出乎此也。（唐荆川眉批：将小形大，便自特然。）（王翰夹批：即小以推大。）箪食豆羹，非其道不取，则一乡之人，莫敢以不正犯之矣。（吕留良夹批：照立大节。）一乡之人，莫敢以不正犯之，而不能办一乡之事者，未之有也。（吕留良夹批：照办大事。）（陈眉公眉批：文势有建瓴之势，有贯珠之法。）推此而上，其不取者愈大，则其所办者愈远矣。（吕留良夹批：转关处。）让天下与让箪食豆羹，无以异也。治天下与治一乡，亦无以异也。（王翰夹批：此又将大例小。）然而不能者，有所蔽也。（吕留良夹批：以下“所居之卑”意且未言尽，先将“蔽”字作一影下边，更是一段洗发，文势便深厚曲折。）（李九我眉批：“有所蔽”三字下得警醒。）天下之富，是箪食豆羹之积也。天下之大，是一乡之推也。非千金之子，不能运千金之资。贩夫贩妇得一金而不知其所措，非智不若，所居之卑也。（高启夹批：议论根子。）（钱东湖眉批：是正意说而不尽，留在后重发。）

孟子曰："伊尹耕于有莘之野，非其道也，非其义也，虽禄之天下，弗受也。"（高启夹批：狭天下。）夫天下不能动其心，是故其才全。以其全才而制天下，是故临大事而不乱。（吕留良夹批：数句是一篇断案之正面。）（高启夹批：办大事。）古之君子，（唐荆川夹批：拓开。）必有高世之行，非苟求为异而已。（唐荆川夹批：断。）卿相之位，千金之富，有所不屑，将以自广其心，使穷达利害不能为之芥蒂，以全其才，而欲有所为耳。（吕留良夹批：伏下"素"字意。）后之君子，盖亦尝有其志矣。（高启眉批：点一"志"字生波澜。）得失乱其中，而荣辱夺其外，是以役役至于老死而不暇，亦足悲矣。（钱文登眉批：以古今人一正一反来照伊尹，议论不凡。）（储欣眉［王翰夹］批：忽作宽论，非宽也，正一篇吃紧处。）孔子叙书至于舜、禹、皋陶相让之际，盖未尝不太息也。（高启夹批：波澜。）（陈眉公眉批：引"舜、禹、皋陶相让"来形容大节，何等醒露。）（吕留良夹批：此正是伊尹此例，又开一层。）夫以朝廷之尊，而行匹夫之让，孔子安取哉？取其不汲汲于富贵，有以大服天下之心焉耳。

夫太甲之废，天下未尝有是，而伊尹始行之，天下不以为惊。（茅鹿门夹批：忽收入题。）以臣放君，天下不以为僭。既放而复立，太甲不以为专。（唐荆川夹批：续。）（茅鹿门夹批：到此才入伊尹。）（茅鹿门眉批：荆川批"断、续"两字，是文家血脉三昧处，非荆川不能道。）何则？其素所不屑者，足以取信于天下也。（储欣夹批：归宿。）（吕留良夹批：通篇意一句收尽。）彼其视天下眇然不足以动其心，而岂忍以废放其君求利也哉？（吕留良夹批：就上意一反跌更醒豁。）（茅鹿门夹批：千古确论。）后之君子，蹈常而习故，惴惴焉惧不免于天下，一为希阔之行，则天下群起而诮之。（钱文登眉批：重发正意，前统有守，然后有为。此说有为者，惟其有守，是一顺一倒文法。）不知求其素，而以为古今之变时有所不可者，亦已过矣夫。（高启夹批：咏叹结之。）

尾评：

邵二泉：自孟子议论变化来，根蒂之所以胎伏，波澜之所以神驰者，极有独得之妙。

李九我：一篇主意在办事，原于立节，立节原于廉，尽有原委。又曰：论伊尹者，当以“节”字概其品。

吕留良：“断”“续”二字，文家妙诀。荆川但就此指点耳。是论体最正，势最变。初学熟复于此，行文自能曲折尽意。

吕留良：非其道，非其义，禄之以天下弗受，《孟子》所重在“道义”两字。东坡但云“狭天下”，伊尹之弗受也。只是道义当如此，东坡却云“将以全其才，而欲有所为”，皆其学术驳杂所在。

储欣［王翰］：阐发《孟子》意，一纵一横。

王艺孙：此即东坡自家一生得力处，以此得无量苦恼，亦以是得无量自在。

这其中有许多评语点出了这篇文章的阅读方法，对于读者理解本文具有指导作用，也就削弱了文本的接受阻力，增强了它的传播价值。

二、对评本自身的影响

追求利益是商场亘古不变的通则。某种文学作品在社会上传播开来，反过来也刺激了书商投入刊刻、发行的热情。书坊主和书商视评点为一种促销手段，在客观上有激发读者阅读欲望的广告作用，有培育潜在读者的特殊效果。苏诗评点所具之传播价值外在表现为以下几个方面。

一是某一评点者的评语被后世不断刊刻。如刘辰翁评点苏诗，自宋末元初经刘氏评点后，从问世以来，曾连年刊印，甚为畅销，以至于射利之徒蜂起，版片屡易他手，更有甚者，为促销路，则随意变换名目。今所见刘批苏诗版本有①：

（一）元刻本

《王状元集百家注分类东坡先生诗》，二十五卷，附宋傅藻撰《东坡纪年录》一卷，元建安熊氏刻本。半页十一行，行十九字，注小字双行，行二十五字，黑口，左右双边，注家姓氏后刊有“建安熊氏鼎新镌梓”双行木记。

《增刊校正王状元集注分类东坡先生诗》，二十五卷，元庐陵坊刻本。前有王十朋、赵夔二序，次王十朋集注东坡诗姓氏，姓氏后刊有“庐陵□□□□书堂新刊”长方木记。半页十一行，行二十一字，注小字双行，行二十六字，黑口，双鱼尾，四周双边。全书分为七十八类，共收诗二千〇二十三首，与建安务本堂刊本相同。

《东坡先生诗注》，二十卷，元刻巾箱本。署“礼部尚书端

①参见美兰：《苏诗版本简介》，中国苏轼研究学会编：《东坡诗论丛》，成都：四川人民出版社，1983年，第211～221页。

明殿学士兼侍读学士赠大师谥文忠公苏轼”，“庐陵须溪刘辰翁批点”。无刻书序跋及目录，不着编辑者姓氏。其本系分体编次，而非分类编次。半页九行，行十七字，注小字双行，行字行相同，黑口，双鱼尾。

（二）明刻本

《增刊校正王状元集注分类东坡先生诗》，二十五卷，附宋傅藻撰《东坡纪年录》一卷，明汪氏诚意斋集书堂刻本。此乃复刻元庐陵坊刊本，分类、次第皆与元刊本相同，国家图书馆藏。半页十二行，行二十一字，注小字双行，行二十六字，黑口，四周双边。注家姓氏后刊有“汪氏诚意斋集书堂新刊”双行木记。

《增刊校正王状元集注分类东坡先生诗》，二十五卷，明刘氏安正书堂刻本，九册。半页十二行，行二十三字，注小字双行，黑口，四周双边，双鱼尾。目录后刊“龙集丙戌极月刘氏安正书堂刊”木记。

《增刊校正王状元集注分类东坡先生诗》，二十五卷，附《东坡纪年录》一卷，明夏元刻本。

《苏东坡诗集》，二十五卷，十六册，明天启刻本，半页九行，行二十字，白口，四周单边。

（三）清刻本

《增刊校正王状元集注分类东坡先生诗》，二十五卷，附宋傅藻撰《东坡纪年录》一卷，日本明历丙申二年（清顺治十三年，公元1656年）松柏堂刻本。二十七册，前有王、赵二序，次为诸注家姓氏，后刊“建安虞平斋务本书堂刊”双行本记。此乃系据建安务本书堂本翻刻。半页九行，行二十五字，注小字双行，行字数同，双鱼尾。

《增刊校正王状元集诸家注分类东坡先生诗》，二十五卷，清滋德堂黄格抄本。系据明汪氏诚意斋刻本传抄。十六册。

又如李贽所评苏轼诗文，先后出现了如《坡仙集》十六卷（明万历二十八年焦竑刻本）、《坡仙集》十六卷（明万历二十八年陈大来继志斋刻本）、《坡仙集》十六卷（明万历四十七年程明善刻本）、《东坡文抄》十二卷（明崇祯宜和堂刻本）、《苏长公表启》五卷（明万历凌蒙初刻朱墨套印本）等，而《苏长公合作》八卷、补二卷（明万历四十八年凌启康刻三色套印本）中亦辑录有李贽评语。

二是某一评点者的评语被其他评者过录或抄袭。在诸家苏诗评本中，查慎行与纪昀所评苏诗无疑具有极大的影响，温汝能的《东坡和陶合笺》、赵克宜的《角山楼苏诗评注汇钞》都辑录有查氏的评语。而且二者评语先后被不少评点者加以过录。如《施注苏诗》清康熙三十八年宋荦刻本，佚名录，清查慎行评；《东坡先生编年诗补注》清乾隆二十六年香雨斋刻本，佚名录，纪昀等批语；《施注苏诗》清康熙三十八年宋荦刻本，佚名过录，查慎行、纪昀批校；《东坡和陶诗》清康熙三十三年詹氏宝墨堂刻本，清管庭芬录，清何焯、查慎行批；《施注苏诗》清康熙三十八年宋荦刻本，清蒋生录，查慎行批校并跋；《施注苏诗》清康熙三十八年宋荦刻本；佚名录，纪昀批校；《施注苏诗》清康熙三十八年宋荦刻本，刘明跋并录，纪昀等各家批校；《施注苏诗》清康熙三十八年宋荦刻本，□璜过录，查慎行、查升、马墨麟批校；《施注苏诗》清康熙三十八年宋荦刻本，佚名录，清高宗弘历评，查慎行评点；《施注苏诗》清康熙三十八年宋荦刻本，易忠箓转录，清鲍倚云过录，徐昂发、查慎行批点，鲍倚云跋；《施注苏诗》清康熙三十八年宋荦刻本，清庄缙度录，纪昀批，庄蕴宽跋；《苏文忠诗合注》清乾隆刻嘉庆二十四年印本，清张穆录，纪昀批；《施注苏诗》清康熙三十八年宋荦刻本，清陈廷表抄配并录，查慎行评注，陈鳣、钱鸿宝跋，□哲转录，陈景云过录，何焯批点等。另外，彭元瑞、李鸿裔、孙原湘、翁同书、潘奕隽、丁菊泉等人的署名手批本，事实上却是过录或选录查慎行、纪昀评语。还有一种情况是对前人的苏诗评点再作以评点。如纪昀曾对查评苏诗进行评点，李鸿裔也曾对纪评苏诗做过评点。这也有利于反映出苏诗的传播状况。

三是评本被书商特意署上一些名人批点或编辑的字样，为牟利而出版一些挂名苏轼的伪作，致使后人真假难辨。但这些疑似伪作毕竟属于少数，并不影响晚明苏文评点的整体面貌。书商还利用著名评点家对读者的吸引力，将他们的评语汇集起来，刻成汇评本或集评本招揽读者，并将三苏或唐宋八大家散文评点放在一起合刻成套出版。故而各种各样的苏文汇评、集评本也如大江决堤，汹涌而来，或用朱笔批点，或用墨字评阅，或用多色套印；或眉批，或夹批、或旁批，或尾评，形形色色，令人眼花缭乱，确能吸引广大读者。虽是因牟利而为，但客观上起到了启蒙人们理解作品的作用，也利于把握评点者的总体面貌或整体态度，同时利于研究者较为清楚地发现各家各派对于作品的不同看法。

三、对后人创作观念的影响

评点者肯定了苏轼及其诗歌的强烈感染力，苏诗评点的传播价值还表现在对后人创作的影响上。苏轼继欧阳修之后，执北宋坛坫之牛耳，“文章议论，独出当世，风格高迈，真谪仙人也。至于书画，亦皆精绝。……虽才行高世，而遇人温厚，有片善可取者，辄与人倾尽城府，论辩唱酬，间以谈谑，以是尤为士大夫所爱。”① 而且他喜欢奖掖后进，在其周围形成了苏门四学士、六君子。即使在苏轼贬官黄州、惠州、儋州期间，许多学子也不远千里去向他求学。一时“人传元祐之学，家有眉山之书”②。“建炎以来，尚苏氏文章，学者翕然从之。”③ 苏轼也成为了后代文人士大夫的行为典范和膜拜对象。如明代的袁宗道不仅在创作上学习白居易、苏轼，还将其书房取名“白苏斋”，文集取名《白苏斋集》《白苏斋类稿》。袁宏道也是“邸中无事，日与坡公作对”，④ 而有“东坡后身”之誉。

出于对苏轼的敬仰崇拜及其诗歌的激赏，他的诗作经常被人奉为创作的圭臬，加以学习、模仿。经过评点者的指点，也为后人更好地学习苏诗提供了便捷。如严羽指出宋诗的发展“至东坡、山谷始自出己意以为诗，唐人之风变矣。山谷用工尤为深刻，其后法席盛行，海内称为江西诗派”⑤。清代翁方纲认为江西诗派实际上是“祧苏祖黄”⑥，揭示了江西诗派真正的渊

①[宋]王辟之:《渑水燕谈录》卷四,四川大学中文系唐宋文学研究室编:《苏轼资料汇编》,北京:中华书局,2004 年,第 21 页。

②[宋]赵构:《苏文忠公赠太师制》,[宋]郎晔注:《经进东坡文集事略》卷首,四川大学中文系唐宋文学研究室编:《苏轼资料汇编》,北京:中华书局,2004 年,第 610 页。

③[宋]陆游:《老学庵笔记》卷八,四川大学中文系唐宋文学研究室编:《苏轼资料汇编》,北京:中华书局,2004 年,第 537 页。

④[明]袁宏道著,钱伯城笺校:《袁宏道集笺校》卷二十一《答梅客生开府》,上海:上海古籍出版社,1981 年,第 733 页。

⑤[宋]严羽:《沧浪诗话·诗辨》,四川大学中文系唐宋文学研究室编:《苏轼资料汇编》,北京:中华书局,2004 年,第 688 页。

⑥[清]翁方纲:《石洲诗话》卷四,北京:中华书局,1985 年版,第 60 页。

源。故而，江西派诗人潘淳《潘子真诗话》谓潘邠老写诗“得句法于东坡”。黄庭坚本人也承认“潘邠老早得诗律于东坡”①。他们在创作上亦有时趋步苏诗，韩驹早年便“师法苏氏”②，其诗论亦“可以看作苏轼一派主张”③。王世贞认为：“南渡以后，陆务观颇近苏氏而粗，杨万里、刘改之俱弗如也。”④ 苏轼的《病中游祖塔院》《与毛令方尉游西菩寺》，纪昀认为此两诗“已开剑南之派”。苏轼的《赠王子直秀才》，纪昀评点此诗“宛然剑南之声”。又如汪师韩评《神女庙》曰：“徘徊神境，仿象仙踪，不袭用玉色頩颜，及望帷褰帱一切猥琐漫亵之语。范成大《巫山图》及《巫山高》二诗亹亹力辨，何不缘轼诗《巫山》《神女》二作为证耶?”而对于《东园》（卷三）“雨后月前天欲冷，身闲心远地偏幽”句，萧奇中则认为：“‘后’‘前’二字妙于领起……钟伯敬‘好雨能先月’本此。”此外，纪昀还认为苏诗的某些篇章对明诗的浅滑一派产生了不良的影响，如他评《独觉》说：“此却浅滑，开唐六如等一种恶派。”（卷四）语或过甚，同样体现出通观古今的文学史眼光。

这种传播影响还表现在后人的诗学观念上，如纪昀对于“神韵”说与“诗中有人”说论争的持论态度。清初诗坛上在著

①[宋]黄庭坚:《宋黄文节公全集·正集》卷二十七《书倦殼轩诗后》,刘琳、李勇先、王蓉贵校点:《黄庭坚全集》,成都:四川大学出版社,2001 年,第 742 页。

②[宋]释惠洪:《石门文字禅》卷二十七《跋韩子苍帖后》,《禅门逸书》第四册,四部丛刊景明径山寺本,台北:明文书局,1938 年,第 378 页。

③郭绍虞:《中国文学批评史》,上海:上海古籍出版社,1979 年,第 244 页。

④[明]王世贞撰,陆洁栋、周明初批注:《艺苑卮言》卷四,南京:凤凰出版社,2009 年,第 69 页。

名诗人王士禛与赵执信之间曾发生过一场著名的文坛公案：

> 执信为王士禛甥婿，初甚相得。后以求作《观海集序》不得，遂致相失。因士禛于门人论诗，谓当作“云中之龙，时露一鳞一爪”，遂著此书以排之，大旨谓诗中当有人在。其谓士禛《祭告南海都门留别》诗“卢沟河上望，落日风尘昏。万里自兹始，孤怀谁与论”四句为类羁臣迁客之词。又述吴修龄（吴乔）语，谓士禛为“清秀李于鳞（明李攀龙）”。虽忿懑著书，持论不无过激，然神韵之说，不善学者往往易流于浮响。施闰章华严楼阁之喻，汪琬西川锦匠之戒，士禛亦尝自记之。则执信此书，亦未始非预防流弊之切论也。①

这场“神韵”说与“诗中有人”说的论争影响深远，直到纪昀的时代仍余波未息。应该说，王士禛的“神韵”说注重诗歌的神采韵味，但易流于缥缈空疏。而赵执信的“诗中有人”说对其批判也含有意气用事的因素。纪昀敏锐地察觉到这一点，他认为二者应该相互补益：

> 渔洋（王士禛）拈“不著一字，尽得风流”之旨，以妙悟医钝根，而饴山老人（赵执信）顾执“诗中有人”之说，以抵瑕蹈隙。左右佩剑，彼此互讥。论者谓合二家相济乃适相成，是亦扫除门户之见也。②

---

①[清]永瑢、纪昀等编纂：《四库全书总目》卷一九六·集部四九《谈龙录》提要，北京：中华书局，1965年，第1794页。

②[清]纪昀撰，[清]纪树馨编校：《纪文达公遗集》卷九《袁清悫公诗集序》，顾廷龙主编：《续修四库全书》（集部），第1435册，上海：上海古籍出版社，2002年，第367页。

他虽力图调和，但受自身文学观念的影响，仍不免有所倾向：

> 国初变而学北宋，渐趋板实。故渔洋以清空缥缈之音变易天下耳目，其实亦仍从七子旧派神明变化而出之。赵秋谷（执信）掊击百端，渔洋不怒；吴修龄目以"清秀李于麟"，则衔之终身，以一言中其隐微也。①

纪昀此文的本义，可说是对"神韵"说的一种反驳。

纪昀也将这种文学思想倾向贯穿到了他对苏轼诗歌的评点中。他认为创作应有的放矢，言之有物。如其评《竹叶酒》云："颇有风调，然是空腔。若以此种为超妙，则终身在窠臼中。"而对于《舟中听大人弹琴》的评点，则更是直指阮亭："通篇不脱旧人习径，句法亦多浅弱，渔洋《古诗选》取之，是所未喻。"这些批语确实切中"神韵"之弊，因而对于廓清盛行于诗坛的脱离现实的空泛诗风，不无裨益。为此，纪昀又拈出赵执信之"诗中有人"之论来修补"神韵"说。其评《种松得徕字》云："诗中有人，便非空调。"在评《独游富阳普照寺》中进一步肯定道："此种诗寺寺可题，何必普照；人人可题，何必东坡。秋谷'诗中有人'之说，真笃论也。"纪昀比较倾向于赵执信的理论，在客观上能够使其评骘苏诗时脚踏实地，有所至论，而避免了明清时期一般评点派空洞浮泛、隔靴搔痒的毛病。同时，这也从中反映出了那个时代文学思潮的状况。

---

①[清]纪昀撰，[清]纪树馨编校：《纪文达公遗集》卷九《冶亭诗介序》，顾廷龙主编：《续修四库全书》(集部)，第1435册，上海：上海古籍出版社，2002年，第363页。

第五章　苏轼诗文评点个案研究

第一节　李贽评选《坡仙集》谫论

李贽（1527～1602）是我国著名的思想家、史学家和文学批评家。作为明代中后期“王学左派”——泰州学派的代表人物，他离经叛道，贬儒轻孔，自标“异端”，“程量千古，独出胸臆，无所规放”①，不受程朱理学传统观念束缚，倡导绝假纯真、真情实感的“童心说”，然而他对苏轼却情有独钟，以其文作为“宇宙内五大部文章”之一②，说他“胸中绝无俗气，下笔不作寻常语，不步人脚”，故而“虽千古未见其比”③。他从苏轼作品中“诠择什一，并为点定”④编成的《坡仙集》，经由好友焦竑作序称赏，而成为晚明时期影响极大的一种苏文选本。

①[明]焦竑:《藏书序》,张建业主编,刘幼生整理:《李贽文集》第二卷《藏书(上)》卷首,北京:社会科学文献出版社,2000年,第1页。

②[明]周晖:《金陵琐事》卷一“五大部文章”,朱一玄编,朱天吉校:《明清小说资料选编》(上),天津,南开大学出版社,2012年,第294页。

③[明]李贽:《又与从吾》,张建业主编,刘幼生整理:《李贽文集》第一卷《焚书》增补一,北京:社会科学文献出版社,2000年,第249页。

④[明]焦竑:《刻坡仙集抄引》,明万历庚子本《重刻坡仙集》卷首。

一

今见《坡仙集》最早的刻本乃是明万历二十八年（1600）焦竑序刊本。据《坡仙集》卷前焦竑序云："余向于中秘见苏集不减十余种，欲手自排缵为一编，未成，顷王太史宇泰取见行全集与外集，类次之以传，而以书属余曰：'子其以卓翁本先付之梓人'。"① 而卷首目录后又有"万历庚子岁梓于继志斋中"牌记，可见该书乃是明万历庚子年间由焦竑帮助刊刻而成。后因"《坡仙集》差讹甚多"②，"是集翻刻既多，原本亦有淆讹"，"兹悉从诸善本中一一搜正"③，于同年（明万历庚子）内重付刻梓。

《坡仙集》共十六卷，其中卷一收诗赋 8 篇，颂 9 篇，墓志铭 8 篇，铭 27 篇，偈 3 篇，赞 26 篇；卷二收传 4 篇，碑 5 篇，记 27 篇，叙 7 篇；卷三收祭文 7 篇，祝文 14 篇，志林 4 条，杂作 31 篇；卷四收经说 8 篇，论 7 篇，表状 70 篇，乐语 4 篇；卷五收启 49 篇，书柬 20 篇；卷六续收书柬 67 篇；卷七收策问、对策及策略等 20 篇，卷八至卷十收奏议 47 篇及内制 31 篇，外制 15 篇。以上为正集。卷十一至十五为别集，共录东坡事实 472 条，大抵本于王世贞《苏长公外纪》。卷十六为年谱、年谱后语、本传（节录）。④ 从以上各类文体入选的数目可以看出，

---

①[明]焦竑:《坡仙集序》,明万历庚子本《李卓吾批选坡仙集》卷首。

②[明]李贽:《与焦弱侯》,张建业主编,刘幼生整理:《李贽文集》第一卷《续焚书》卷一,北京:社会科学文献出版社,2000 年,第 32 页。

③[宋]苏轼撰,[明]李贽评辑:《重刻坡仙集·凡例》,明万历庚子本《重刻坡仙集》卷首。

④参见刘尚荣:《明版苏轼文集版本考述》,《苏轼著作版本论丛》,成都:巴蜀书社,1988 年,第 136 页。

卷一所收诗赋8篇中，诗只有《息壤诗》和《颜乐亭诗》两首并序，其余为赋。两首诗均为四言，或是将其作为“赋”而非“诗”所以选录，或是为选序文而存诗。相对而言，所取较多的篇目为书柬、表状、启、奏议等几类。因此，《坡仙集》实为李贽编选的苏文评本。当然，这一方面跟苏轼全集中所涉文体篇目的比例有关，但另一方面也表现出李贽选目的不同寻常之处。一般而言，选文多取便于科举者，故论策文体较受选家青睐。比其略早的茅坤《唐宋八大家文钞》共收东坡文248篇，还不及《坡仙集》的一半，而其中“论”为63篇；在清代沈德潜《唐宋八大家古文》和乾隆《御选唐宋文醇》中，“论”所占的比例也是最大的，而《坡仙集》仅收7篇。茅坤《唐宋八大家文钞》中铭、赞、颂三类文体仅15篇，而《坡仙集》则达62篇之多。祝文、乐语、偈等文体在茅坤《唐宋八大家文钞》及沈德潜《唐宋八大家古文》等选本中多不收，而在《坡仙集》中却多达20余篇。而且，《坡仙集》中所占比例最大的是书柬81篇，其中尺牍占到一半以上，而尺牍往往随手写出，应用性强，比较随意，因而通常不被作为文学作品看待。这也跟当时传统的选本有所不同。如茅坤《文钞》选苏轼“书”22篇中，尺牍仅3篇，其余多为据事而发之作，较为郑重、规范。无论以当时还是现在的眼光来看，《坡仙集》所选篇目的确与众不同，甚至不能算作纯粹的文学选本，却是“俱世人所未尝取者。世人所取者，世人所知耳，亦长公俯就世人而作者也。至其真洪钟大吕，大扣大鸣，小扣小应，俱系彼精神髓骨所在”①，再

①［明］李贽：《复焦弱侯》，张建业主编，刘幼生整理：《李贽文集》第一卷《焚书》卷二，北京：社会科学文献出版社，2000年，第43～44页。

附以李贽卓尔不群的评点，故能在众多的苏文选本中独树一帜，而为人所瞩目。

李贽评选《坡仙集》的目的，首先，乃是借书知人，“使世人不待读长公之全集，而能得长公之全人”①。故而所选之文乃苏轼“精神髓骨所在”，最能见东坡心事。“今尽数录出，时一披阅，心事宛然，如对长公披襟面语。憾不得再写一部，呈去请教尔。”② 其次，又和科举应用联系在一起。“令学生子置在案头，初场二场三场毕具矣。”③ 这是明代后期打通制艺、散文、戏剧的一种共同风气所致。再者，与他本人兴趣有关。“《坡仙集》我有披削旁注在内，每开看便自欢喜，是我一件快心却疾之书，……大凡我书皆为求以快乐自己，非为人也。”④ 这种务求自我审美愉悦而较少功利色彩的评点方式，使得评点者的精神个性寄寓其中，从而在一定程度上反映其文学观与审美趣味。

《坡仙集》在评点体例上有题下评语、文旁批语、文末评语，正文右侧有圈点。与其评点目的相统一，评语多为“趣”“有趣”“好”“妙”“可怜”“大是”“可观可感”等，虽是文字简练，却颇具点睛之妙。以中华书局孔凡礼先生点校本《苏轼文集》分类为标准而言，《坡仙集》中所选尺牍达40余条，细

①[宋]苏轼撰，[明]李贽评辑:《坡仙集·凡例》，明万历庚子本《李卓吾批选坡仙集》卷首。

②[明]李贽:《复焦弱侯》，张建业主编，刘幼生整理:《李贽文集》第一卷《焚书》卷二，北京:社会科学文献出版社，2000年，第44页。

③[明]李贽:《复焦弱侯》，张建业主编，刘幼生整理:《李贽文集》第一卷《焚书》卷二，北京:社会科学文献出版社，2000年，第44页。

④[明]李贽:《寄京友书》，张建业主编，刘幼生整理:《李贽文集》第一卷《焚书》卷二，北京:社会科学文献出版社，2000年，第65页。

检之则可以发现，在所选尺牍中，题下有评语的共计19条，除去《与李公择》题下标注“可观可感”，《与陈传道》下标“可想”，《答孙志康书》下标“可感”，《答秦太虚书》下标“可观可喜，妙，妙”，其余15条均评曰“趣”“有趣”或“趣甚”。而且，《苏轼文集》中存《答黄鲁直》5首，《坡仙集》独选其中第5首，题下评语——“趣”；《答范蜀公》存4首，《坡仙集》选其中第3首，题下评语——“有趣”；《与王敏仲》存18首，选其中第16首，题下评语——“有趣”；《与滕达道》存68首，选其中第7首，题下评语——“趣”。兹于此选录苏轼黄州时期《与王元直》一首，题下评语——“趣”，以见李贽诠择东坡尺牍的一般风格：

> 黄州真在井底。杳不闻乡国信息，不审比日起居何如，郎娘各安否？此中凡百粗遣，江边弄水挑菜，便过一日，每见一邸报，须数人下狱得罪。方朝廷综核名实，虽才者犹不堪其任，况仆顽钝如此，其废弃固宜。但犹有少望，或圣恩许归田里，得款段一仆，与子众丈、杨宗文之流，往还瑞草桥，夜还何村，与君对坐庄门吃瓜子炒豆，不知当复有此日否？存道奄忽，使我至今酸辛，其家亦安在？人还，详示数字。余惟万万保爱。

与同题而未选的其他篇目相比较，可以看出，李贽诠择书信尺牍的着眼点乃在于“趣”。因苏轼广于交友，笃于友谊，“简易疏达，表里洞然”①，所写书札大都随笔挥洒，不假雕饰，幽默风趣，情致宛然，使人洞见肺腑，其最能体现苏轼的智慧、

①[宋]苏轼:《密州通判厅题名记》,孔凡礼点校:《苏轼文集》卷十一,北京:中华书局,1986年,第376页。

风神、气质，最能展示他开朗达观、超然洒脱的人生境界，从而被视之为最自由、自然、自在的篇目章节。这其实正是李贽的会心之处。严羽曰："诗有别趣，非关理也。"① "趣"，乃是谐趣、理趣，与纯粹的"理"相对立。而明万历以后，社会思想中弥漫着内在的自然主义和追求自由的精神。因而，在艺术创作领域，李贽、公安三袁、竟陵派等都很重视艺术表现之"趣"，即追求不拘格套而气韵流走、趣味生动的艺术风格，反对文学的理学化倾向。

在《坡仙集》批注中也同样可以看出李贽对说理文字的不满。如《后杞菊赋》"先生忻然而笑曰：'人生一世，如屈伸肘……'"李贽于旁批注曰："可惜说道理去了。"《前赤壁赋》"盖将自其变者而观之"句旁批注曰："正好发挥，可惜说道理了。"《黠鼠赋》"汝为多学而识之，望道而未见也"句旁亦批注曰："可惜说道理了。"但是，李贽并非一味地反对于作品中发议论，而是根据不同文体区别对待。以上所举之例及类似的惋惜之辞基本上都出现于所选"赋"中，可见他对于赋这种文体，强调的乃是其传统的"体物而浏亮"的语体风格和表意功能。而在论、说等类型的文章中，他所激赏并赞以"至言""透甚"或加以圈点的，则往往是苏文议论"精微而朗畅""辞达而理举"② 之处。

在其他选本中选录较少却在《坡仙集》中收录较多的铭、赞、颂、祝文、偈等文体，通过李贽对所录篇章的点评也可看出他的审美趣味和文学观，如《定州辞诸庙祝文》：

---

①[宋]严羽：《沧浪诗话·诗辨》，北京：中华书局，1985 年，第 6 页。

②[晋]陆机著，张怀瑾译注：《文赋译注》，北京：北京出版社，1984 年，第 29 页。

轼得罪于朝，将适岭表。虽以谪去，敢不告行。区区之心，神所鉴听。尚飨。

祝文本属例行公事式的应用性文体，极少文学性与可读性，往往为各家选本所忽视，但李贽却慧眼独具。此首祝文乃是苏轼远谪岭南之前的心迹表明，李卓吾选评曰："伤哉!"可见他对苏公人生遭遇之同情，亦含对苏公人品气节之敬仰。又如《送寿圣聪长老偈》《舍铜龟子文》《怪石供》《药诵》等文，苏轼同样能以传神之笔表现得灵动、洒脱，而李贽也屡屡点出其"趣"之所在，颇有心灵交映之感，东坡与卓吾二公之神采气宇，顿时跃然纸上。

如果要全面客观地反映李贽评点《坡仙集》的重要价值，将其置于整个评点的历史长河中加以探讨则更为清晰直观。真正意义上的古文评点应始于南宋吕祖谦之《古文关键》，其圈点批抹之法，据为明人评点之学所本。吕氏之后有其弟子楼昉之《崇古文诀》，讲求文章章句意脉。再后则有谢枋得之《文章轨范》，堪称宋人评点之集大成者。我们在明人苏文选本中，尚能看到随处采摘吕祖谦、楼昉、谢枋得的评语，这些批评和茅坤、王纳谏、钟惺等人的评点可谓一脉相承，时有精彩之处。如果放在这个评点之流中看李贽对苏文的评点，审视其异同，还是能够发现不少特别之处。兹举数例作一比较说明：

(一)《问养生》

李卓吾：未见透髓，尚在道理之间，非养生之至也。

王圣俞：使人正襟敛手而读之者，《左传》也；使人手舞足蹈而读之者，《庄子》也。东坡得《庄子》意。

郑之惠："安""和"二字从老氏"专气致柔"来。

储欣：身世妙理，冲喉而出。

钟惺：从涉世看出养生，善读《庄子》。

（二）《张君墨宝堂记》：

李卓吾：前半截甚为蒙庄所苦。

陈眉公：末重在功名上，寓警醒意。

邵二泉：真是文章中夺胎换骨，皆从庄子变化来。

唐荆川：此文前后各自为议论，暗相照应甚密。

（三）《策略五》

李卓吾：刺骨。

楼迂斋：此篇主意，通上下之情，间架整，波澜阔，议论佳，可为策格。作散文生疏，苦于断续不连者，或语句费力者，熟读不患不进。

唐荆川：此文论时弊处，皆借古为论，亦一体也。

茅鹿门：行文如行云，如江流，曲尽文家游衍之妙。

钱文登：此篇三大段，文法甚巧，后五事亦叙得好。

通过上举三例，我们可以看出李卓吾的批评与他人迥然不同的风格。一般的批评讲究文脉、文势、文法，因而显得郑重、规范。而李卓吾的批评虽然语言简洁，单刀直入，不太注重文章的格局作法，却是称心而言，随口而发，重情感，求趣味，谐谑百出，别具一格，因此能够夺人心魄，而为人所喜爱。

二

李贽之所以如此评价苏文，首先与他所处的时代背景有关。明代中后期是一个动荡与繁荣、死亡与新生并存又先后交替的历史时期，无论在政治、经济、社会生活，还是在思想、哲学和文学方面，都发生着非常显著的变化，也影响着人们的行为规范、思想观念和价值取向。曾被宋明理学视为邪恶并长期压制、否定的人的主体意识得以觉醒，“闻者霍然如披云雾而睹青天也”①，人性得到了回复。但是此时社会面临深重的危机，吏治腐败，宫廷内乱，财政枯竭，军备荒殆等等，种种表现昭示着既有的统治秩序的败落已不可自救，封建专制主义制度正沉疴临绝，彻底走向衰落、腐朽和灭亡。处于这样的一个历史时期，作为社会精英的文人士大夫们无法施展自己远大的人生抱负，他们的心态也发生了重大变化，只好转向“内省的宇宙”②，借被他们视之为雕虫小技的文学艺术来感悟人生，思考社会。而与此同时，曾以力图挽回程朱理学颓势为其本质出发点的阳明“心学”的兴起，“无论从‘致良知’上或‘知行合’上，处处可以看出一种自由解放的精神，处处是反对八股化道学，打破道学的陈旧格套”③。他们吸收了佛学中的狂禅思想及道家中的清流之风，扫除传统道德对精神的禁锢，追求思想与感受的开放，从而对其创作产生了重要影响。士子文人们对于文学复古思想的强烈批判，对创作法度的摒弃，对自由表达的提倡，也让文学功能抛弃了宗经致用的严肃使命而成为一种雅趣和娱乐。尤其是王学左派，更是这种“自由解放的精神”的极力宣扬者。而与王学左派有着深厚渊源的李贽，也在对苏文的评点中不时表现出来。

其次，这与李贽个人的思想观念也不无关系。李贽出生于

①[明]焦竑撰，李剑雄点校：《澹园集·续集》卷四《国朝理学名公祠记》，北京：中华书局，1999 年，第 826 页。

②[美]黄仁宇：《中国大历史》，北京：三联书店，1997 年，第 206 页。

③嵇文甫：《晚明思想史论》，上海：东方出版社，1996 年，第 13 页。

福建省泉州府的“航海世家”，一生遭遇曲折①，这些无疑影响了他性格的形成。在《自赞》一文中，他毫不掩饰自己的个性：

> 其性褊急，其色矜高，其词鄙俗，其心狂痴，其行率易，其交寡而面见亲热。其与人也，好求其过，前不悦其所长；其恶人也，既绝其人，又终身欲害其人。志在温饱，而自谓伯夷、叔齐；质本齐人，而自谓饱道饫德。分明一介不与，而以有莘借口；分明豪毛不拔，而谓杨朱贼仁。动与物迕，口与心违。其人如此，乡人皆恶之矣。昔子贡问夫子曰：“乡人皆恶之何如？”子曰：“未可也。”若居士，其可乎哉！②

由此可见，其气魄大，其性格刚烈，其个性强而酷好自由，“平生不爱属人管”③，“骨坚金石，气薄云天。言有触而必吐，意无往而不伸”④，“识力、胆力迥超世外”⑤，具有“踏破百年生死窟”的英雄之胆和“倒翻千古是非窠”的卓越之识⑥。他自

①参见[明]李贽：《卓吾论略（滇中作）》，张建业主编，刘幼生整理：《李贽文集》第一卷《焚书》卷三，北京：社会科学文献出版社，2000年，第78～81页。

②[明]李贽：《自赞》，张建业主编，刘幼生整理：《李贽文集》第一卷《焚书》卷三，北京：社会科学文献出版社，2000年，第121页。

③[明]李贽：《豫约》，张建业主编，刘幼生整理：《李贽文集》第一卷《焚书》卷四，北京：社会科学文献出版社，2000年，第173页。

④[明]袁中道著，钱伯城点校：《珂雪斋集》卷十七《李温陵传》，上海：上海古籍出版社，1989年，第724页。

⑤[明]袁中道著，钱伯城点校：《珂雪斋集》卷二十四《答须水部日华》，上海：上海古籍出版社，1989年，第1047页。

⑥[明]刘侗、于奕正著，孙小力校注：《帝京景物略》卷八《李卓吾墓》引《乌程释真程吊卓吾先生墓》，上海：上海古籍出版社，2001年，第535页。

豪地宣称："天幸生我心眼，开卷便见人，便见其人终始之概。夫读书论世，古多有之，或见皮面，或见体肤，或见血脉，或见其筋骨，然至骨极矣。""天幸生我大胆，凡昔人之所以忻艳以为贤者，余多以为假，多以为迂腐不才而不切于用；其所鄙者、弃者，唾且骂者，余皆以为可托国托家而托身也。"[①] 他"不信道，不信仙、释，故见道人则恶，见僧则恶，见道学先生则尤恶"[②]，公开以"异端"自居，反对礼教束缚，激烈地抨击孔孟之道，认定"存天理、灭人欲"是虚伪说教。因而，他喜欢我行我素，做人不顾他人议论，文章议论特别，见解不同于人，其评点亦是如此。

李贽在对《坡仙集》的批点中，只有极少处是从文学创作形式诸因素如章法、结构等方面加以发挥，如《仁宗皇帝飞白御书记》"此岂独上之泽欤？凡在廷者，与有力焉"处，李贽评曰"主意"；《上刘侍读书》"今夫事之利害，计之得失，天下之能者，举知之而不能办。能办其小，而不能办其大，则气有所不足也。夫气之所加，则己大而物小"处，李贽亦指出此为"一篇主意"；等等，以便于"学生子置在案头"。但他认为"若只教尔举子业，则我非举业师也"[③]，因而多数评语还是重情务趣，这与他一贯的创作观也颇为相符。他倡导"童心说"，主张创作要抒发己见，尊重人的自然性情，认为"若夫结构之密，

①[明]李贽：《读书乐》，张建业主编，刘幼生整理：《李贽文集》第一卷《焚书》卷六，北京：社会科学文献出版社，2000年，第213页。

②[明]王守仁：《王阳明全集》第二部《〈王阳明先生道学钞〉附〈王阳明先生年谱后语〉》，上海：上海古籍出版社，2006年，第811页。

③[明]汪本钶：《卓吾先师告文》，载厦门大学历史系编：《李贽研究参考资料》第1辑，福州：福建人民出版社，1975年，第58页。

偶对之切；依于道理，合乎法度；首尾相应，虚实相生：种种禅病皆所以语文，而皆不可以语于天下之至文也”①，而“天下之至文，未有不出于童心焉者也”，所谓“童心，真心也”，即“绝假纯真，最初一念之本心也”②。因而他将评点视为一种不带功利目的的自娱活动，在阅读欣赏过程中随意“批抹”：

> 天生龙湖，以待卓吾。天生卓吾，乃在龙湖。龙湖卓吾，其乐何如？四时读书，不知其余。读书伊何？会我者多。一与心会，自笑自歌。歌吟不已，继以呼呵。恸哭呼呵，涕泗滂沱。歌匪无因，书中有人。我观其人，实劳我心……③

其友人刘东星亦说：“予为左辖时，获交卓吾先生于楚。先生手不释卷，终日抄写，自批自点，自歌自赞，不肯出以示人。”④ 可见李贽所追求的是一种“一与心会，自笑自歌。歌吟不已，继以呼呵”的境界，乃是为了在作品的规定情境中求得内心的精神快慰，而这种精神快慰就是直接抒发郁结于心中的情感思想：

> 其胸中有如许无状可怪之事，其喉间有如许欲吐而不敢吐之物，其口头又时时有许多欲语而莫可所以告语之处，

---

①[明]李贽:《杂说》,张建业主编,刘幼生整理:《李贽文集》第一卷《焚书》卷三,北京:社会科学文献出版社,2000 年,第 90 页。

②[明]李贽:《童心说》,张建业主编,刘幼生整理:《李贽文集》第一卷《焚书》卷三,北京:社会科学文献出版社,2000 年,第 92 页。

③[明]李贽:《读书乐》,张建业主编,刘幼生整理:《李贽文集》第一卷《焚书》卷六,北京:社会科学文献出版社,2000 年,第 213～214 页。

④[明]刘东星:《藏书序》,张建业主编,刘幼生整理:《李贽文集》第二卷《藏书(上)》卷首,北京:社会科学文献出版社,2000 年,第 2 页。

> 蓄极积久，势不能遏。一旦见景生情，触目兴叹；夺他人之酒杯，浇自己之垒块；诉心中之不平，感数奇于千载。既已喷玉唾珠，昭回云汉，为章于天矣，遂亦自负，发狂大叫，流涕恸哭．不能自止。宁使见者闻者切齿咬牙，欲杀欲割，而终不忍藏于名山，投之水火。①

所以，在他看来“片言只字，与金玉同声，虽千古未见其比”的苏长公之文，他是以“童心”——自然而发的真挚情感作为诠择的内在尺度的。评选《坡仙集》，同样体现着他一贯的反潮流性格，乃是一种“真性情”的自然流露：“心实爱此公，是以开卷便如与之面叙也。”② 然而，李贽却大胆指责“六经”、《论语》《孟子》并非“万世之至论”③，“排斥孔子，别立褒贬”④，主张不必“咸以孔子之是非为是非”⑤。因而，他在《四书评》中，对《论语·尧曰》“不知命，无以为君子也；不知礼，无以立也；不知言，无以知人也”句，竟许以“文法极平顺”；对《孟子·尽心上》“有为者辟若掘井，掘井九轫而不及

---

①[明]李贽：《杂说》，张建业主编，刘幼生整理：《李贽文集》第一卷《焚书》卷三，北京：社会科学文献出版社，2000年，第91页。

②[明]李贽：《与焦弱侯》，张建业主编，刘幼生整理：《李贽文集》第一卷《续焚书》卷一，北京：社会科学文献出版社，2000年，第32页。

③[明]李贽：《童心说》，张建业主编，刘幼生整理：《李贽文集》第一卷《焚书》卷三，北京：社会科学文献出版社，2000年，第92页。

④[清]纪昀：《四库全书总目》卷五〇“史部·别史类”存目《藏书》(两江总督采进本)，载厦门大学历史系编：《李贽研究参考资料》第2辑，福州：福建人民出版社，1975年，第199页。

⑤[明]李贽：《世纪列传总目前论》，张建业主编，刘幼生整理：《李贽文集》第二卷《藏书(上)》卷首，北京：社会科学文献出版社，2000年，第7页。

泉，犹为弃井也”一句的评语则为“此篇文章，不过一十字，便有波涛万丈。孟子之文，真以气胜者也”。仅从文法、气势角度评论孔孟的至理名言，而有些言不由衷，表现出他对儒家经典的蔑视。相形之下，对于《坡仙集》，他则是怀着一种真挚情感，因而简易却不失亲切，平实却独具慧眼，在当时可谓令人耳目一新。正如陈继儒所云：“卓老于诸书一经涉笔，此书遂如画龙点睛，便欲飞去，读者如食交梨火枣，五内顿爽。”① 而袁宗道则云：“不佞读他人文字觉懑懑，读翁片言只语，辄精神百倍。”②

李贽对苏文的评价与他对苏轼其人的认识也是直接相关的。他说：“苏长公何如人，故其文章自然惊天动地。世人不知，只以文章称之，不知文章直彼余事耳。世未有其人不能卓立而能文章垂不朽者。”③ 在李贽看来，苏轼不仅为人正直，忠君爱民，而且沉定坚毅，乐观旷达，不因迫害而退，不为功名所累，无论仕宦沉浮，始终未失其本色，故而对其之行为风范颇为赞赏：“或谓轼稍自韬哉，虽不获柄用，亦当免祸。嗟夫，假令轼以是而易其所为，尚得为轼哉?”④ 应该说，李贽本人并非纯文学家，其对文学的论述并非从纯文学的观念出发，这是李贽相异于三袁及众多小品文作家及选家的地方。而且，李贽将苏轼之文视

①[明]陈继儒:《订补坡仙集序》,[宋]苏轼撰,[明]李贽辑,[明]陈继儒重订:《订补坡仙集》卷首,明刻本。

②[明]袁宗道著,钱伯城标点:《白苏斋类集》卷十五《李卓吾》,上海:上海古籍出版社,1989 年,第 209～210 页。

③[明]李贽:《复焦弱侯》,张建业主编,刘幼生整理:《李贽文集》第一卷《焚书》卷二,北京:社会科学文献出版社,2000 年,第 43 页。

④[明]凌启康增订考释:《苏长公合作》八卷本附录《苏轼本传》李卓吾评语,明万历四十八年永陵氏歧晟阁套印本。

为作者钟天地灵气化而为忠义之气且贯通其一生的自然宣泄，如果没有苏轼那样的人格胸襟，徒然效颦，从枝枝节节、字句文脉学习，则只能得其皮相，难得其精神。他认为："子瞻自谓嬉笑怒骂皆可书而诵，信然否？夫嬉笑怒骂既是文章，则风流戏谑，总成嘉话矣……然无坡公之心而效其颦，无坡公之人而学其步，而自谓曰：我能嘻笑怒骂也，我能风流戏谑也，又奚可？"① 李贽以胆识自负，所强调的是一个人的学识胆魄、胸襟气度。因此他心目中的人龙国士，非仅一介文人而已。另外，李贽认为苏轼的嬉笑怒骂，除了对官场黑暗的讽刺，对人生失意的解嘲之外，还有突出一点是"骂道学"，他在《文公著书》一文中曾提及："文公非不知坡公也。坡公好笑道学，文公恨之，直欲为洛党出气耳，岂其真无心人哉！"② 李贽对苏轼的三点评价，即忠于国事、胸襟高朗、笑骂道学，是研究李贽评点《坡仙集》的基本出发点。这决定了李贽选本虽和晚明小品文的兴盛呼应，但并非单纯的小品文选本，而有其独特之处。

三

李贽是晚明思想界的一大教主，对整个晚明文坛影响极大。其著作流传甚广，当时士人"全不读《四书》本经，而李氏《藏书》《焚书》，人挟一册，以为奇货"③。甚至"卓吾书盛行，

①[明]李贽：《苏轼》，张建业主编，刘幼生整理：《李贽文集》第三卷《藏书(下)》卷三十九，北京：社会科学文献出版社，2000年，第786页。

②[明]李贽：《文公著书》，张建业主编，刘幼生整理：《李贽文集》第一卷《焚书》卷五，北京：社会科学文献出版社，2000年，第208页。

③[明]朱国桢：《涌幢小品》卷一六，载厦门大学历史系编：《李贽研究参考资料》第1辑，福州：福建人民出版社，1975年，第69页。

咳唾间非卓吾不欢，几案间非卓吾不适，朝廷虽焚毁之，而士大夫则相与重锓之，且流传于日本”①。万历三十年（1602），他在狱中自尽后，“一死而书益传，名益重”，以致“海以内无不读先生之书者，无不欲尽先生之书而读之者，读之不已咸并其伪者而亦读矣”②。李贽不但是一位思想家，也是一位文学批评家，他一生评点诸书，遍及诗文、小说、戏曲、史书、经书等，且在戏曲、小说方面具有开创之功，具有鲜明特点和深远影响。而在散文方面，李贽评点的《坡仙集》行世后，无论其选目、评论、圈点均成为当时苏文选的一个范本。诚如焦竑所言：“见者忻然传诵，争先得之为幸。”③ 如同李贽其他著述一样，此书亦屡禁而不绝，传刻颇多④：

(1) 明万历二十八年庚子（1600）焦竑序刊本《坡仙集》十六卷，封面题《李卓吾批选坡仙集》，卷前有焦竑序，书末有方时化跋。卷首《目录》后有“万历庚子岁录梓于继志斋中”牌记，卷内有“不及庵藏”印记。全书凡六册，每半叶九行，行二十字。原书藏美国国会图书馆，王重民《中国善本书提要》有著录。

(2) 明万历二十八年庚子（1600）焦竑序刻翻雕本

①此为吴虞在其《吴虞文录·明李卓吾别传》中所引陈明卿语。参见厦门大学历史系编：《李贽研究参考资料》第1辑，福州：福建人民出版社，1975年，第44页。

②[明]汪本钶：《续刻李氏书序》，张建业主编，刘幼生整理：《李贽文集》第一卷《续焚书》卷首，北京：社会科学文献出版社，2000年，第1页。

③[明]焦竑：《刻坡仙集抄引》，明万历庚子本《重刻坡仙集》卷首。

④参见刘尚荣：《明版苏轼文集版本考述》，《苏轼著作版本论丛》，成都：巴蜀书社，1988年，第137页。

《坡仙集》十六卷。卷首有焦竑《刻坡仙集抄引》，卓吾先生《复焦秣陵书》，校阅者李流芳、王宇春等十八人姓氏，《重刻坡仙集·凡例》及总目。目录后有“万历庚子岁录梓于继志斋中”牌记。《凡例》称：“是集翻刻既多，原本亦有淆讹”，“兹悉从诸善本中一一搜正”。可见此本并非初本。今国家图书馆及日本东洋文化研究所内大木文库均藏此刻本。

(3) 明万历四十七年（1619）程明善重刻本《坡仙集》十六卷。我国台湾地区藏有一帙。

(4) 明末叶重刊本。我国台湾地区有两部。日本“内阁文库”亦似藏有此本。国家图书馆有残帙。

(5) 钞本《坡仙集》十六卷，存国家图书馆。

此外又有《订补坡仙集》三十八卷，系由陈继儒根据李贽选评的《坡仙集》篇目所订补，除补选原评本置之甚少的诗词并新附批点之外，对李氏原书之内容编次卷数亦有调整增订。卷首有焦竑序、陈继儒序。明万历间副本，半页十行，行二十字。日本及我国台湾均有收藏。

如果将李贽评点《坡仙集》放在明代苏文选本之长河中进行考察，则更易于凸现其重要地位。正因为李贽的评点有胆有识，生动活泼，诙谐幽默，所以深受读者喜爱，他的书被抢售一空。书商见李贽评点如此深得读者爱好，以为奇货可居，便在许多书中都署上李贽或李卓吾批点的名目，以此来招徕读者，于是，一时托名的伪书纷纷出笼，令人难辨真假，李贽的名字也就此走红。在李贽的文学思想和评点的影响与感召之下，当时有许多青年作家也纷纷走上了文学评点之路。孙琴安先生认为：“李贽的文学评点是对明代文学评点的进一步拓展，对晚明的文学评点带来了巨大影响。”① 又缘于明人对苏轼人品的敬仰及其文的喜爱，晚明评选苏文之风顿时大开，极一时之盛。

李贽评点《坡仙集》的另一主要影响表现在其后苏文选本的取向问题。苏轼散文品类繁杂，既有春容大篇、高文大册，也有小文小说、随笔杂记，不同时代不同怀抱的读者可以各取所需。所谓“制举家合其才艳，经济家合其议论，博涉家合其记叙，禅喜家合其颂褐。”② 各种不同的选本宗旨也各异，即苏文之精髓究竟在高文大册，抑或在小文小说；究竟是便举子业，还是自娱娱人。李贽似并未将苏文分为高文大册与小文小说两类，也就没有为小品文树立标本之意，但他认为：“苏长公片言只字，与金玉同声。”小说小文最能见出人之率真人格，堪称千古绝调，而像碑记等“大文章终未免有依仿在”③，难以独出心裁。袁宏道说：“宏甫选苏公文甚妥。”④ 而袁氏自己也曾批点过欧、苏二集。袁氏论文，以性灵、韵趣为宗，其所欣赏苏文，亦多在其闲适小文。袁中道云：“今东坡之可爱者，多在小文小说。其高文大册，人固不深爱也，使尽去之，而独存其高文大

①孙琴安：《中国评点文学史》，上海：上海社会科学院出版社，1999年，第107页。

②[明]郑之惠：《苏长公合作内外篇叙》，《苏长公合作》卷首，四川大学中文系唐宋文学研究室编：《苏轼资料汇编》，北京：中华书局，2004年，第1071页。

③[明]李贽：《又与从吾》，张建业主编，刘幼生整理：《李贽文集》第一卷《焚书》增补一，北京：社会科学文献出版社，2000年，第249页。

④[明]袁宏道著，钱伯城笺校：《袁宏道集笺校》卷二十一《答梅客生开府》，上海：上海古籍出版社，1981年，第733页。

册，岂复有坡公哉?”[①] 专选小品的著名选本是万历三十九年辛亥（1611）心远轩刊《苏长公小品》二卷本。该书由王圣俞评选，他认为：“今之文人皆谭往世千秋之业，而非余所存。问于余文何得？对曰：寐得之醒焉；倦得之舒焉；愠得之喜焉；暇得之销日焉。是其所得于文者皆一晌之欢也，而非千秋之志也……余读古文辞，诸舂容大篇者，辄览弗竟，去之。噫嘻，此小品之所以辑也。”[②] 凌启康亦云：“夫宋室文章，风流藻采，至苏长公而极矣……其小者命机巧中，有盆山蕴秀、寸草函奇之致，人或忽之。自兹拈出，使片楮只言共为珍宝，圣俞固长公千载之知己哉!”[③] 小品文观逐渐确立，以文为娱而非用以经世的观念普遍被接受，进而引发了明末小品文的盛行。

凌启康在《刻苏长公小品序》中同时表示说：“谓以尽长公小品则可，而以尽长公则不可。”在公安派盛行，小品文观大为流行之时，公安派之流弊已经凸显，竟陵派代之而起。钟惺有感于以往选东坡文者之偏宕，亲自操觚，编选《东坡文选》二十卷，于万历四十八年（1620）刊刻行世。其序云：“今之选东坡文者多矣，不察其本末，漫然以趣之一字尽之。故读其序、记、论、策、奏议，则勉卒业而恐卧；及其小牍小文，则捐寝

①[明]袁中道著，钱伯城点校：《珂雪斋集》卷二十四《答蔡观察元履》，上海：上海古籍出版社，1989年，第1045页。

②[明]王圣俞：《苏长公小品序》，《苏长公小品》卷首，四川大学中文系唐宋文学研究室编：《苏轼资料汇编》，北京：中华书局，2004年，第1067～1068页。

③[明]凌启康：《刻苏长公小品序》，《苏长公小品》卷首，四川大学中文系唐宋文学研究室编：《苏轼资料汇编》，北京：中华书局，2004年，第1068页。

食徇之。以李温陵心眼，未免此累，况其下此者乎?”[①] 这是自《坡仙集》以来，对包括袁宏道以趣论文，《苏长公小品》尽去论策奏议唯取小品等观念的批评。钟惺重新强调了作家胸襟、人格的重要性，认为“能知觉运动以生而为圣贤、为豪杰者，非尽趣所为也”。所以，一“趣”字不足以尽东坡，而标举作圣贤、作豪杰人物，从而生发出具有“雄博高逸之气，纡回峭拔之情”的文章。公安派倡“性灵”，其弊流于肤浅滑率，因此竟陵派则要以“厚”、以“学”来挽救之。即使对于标准的小品文如题跋，钟惺也要求用“全副本领，全副精神，借一人一事一物发之，落笔极深、极厚、极广”。在他看来，即便写作小说小文也要拥有深厚修养，并精心为之，绝不可以游戏笔墨视之，应该说这是对前者的一次绝对意义上的反驳，虽然有其合理之处，但难免有矫枉过正之嫌。

相比之下，万历四十八年凌启康刊印套印本《苏长公合作》八卷、补二卷，有圈点、眉批、夹批、总评、考释，不仅版式精美，选文亦较为合理。《苏长公合作》原是郑之惠以“长公之文为今业举子者训诰”[②] 而选授门人者，该书《凡例》云：“袁中郎曰：东坡之可爱者多其小文小说，使尽去之而独存其高文大册，岂复有坡公哉。余尝戏为一转语曰：使当时举东坡之高文大册，概一去之，而独存其小文小说，岂复以名坡公哉。昔

①[明]钟惺:《东坡文选序》,陈于全点校:《东坡文选・东坡诗选》,武汉:华中科技大学出版社,2018年,第6页。

②[明]郑之惠:《苏长公合作内外篇叙》,《苏长公合作》卷首,四川大学中文系唐宋文学研究室编:《苏轼资料汇编》,北京:中华书局,1994年,第1071页。

之选坡者，策论、上书、赤壁赋外不多录。”因而该书选编宗旨鲜明，举业文与小品文并重。凌启康认为其甚便举子业，乃“取合作之本，裒众评而疏之，其点定主之季迪（高启），佐之宏甫”①。这反映出选家眼光的一种转变。昔日袁中道说尽去东坡小文小说，岂复有坡公；今日则说尽去东坡高文大册，岂复有坡公。这两种说法，均为一偏，也许合之才能见到坡公之全人。但不可否认，这些争论多少都附有《坡仙集》的影子，不难发现其后的苏文评本所受李贽评点的影响。

综而观之，李贽视评点为人生之乐事，视东坡为人生之楷模，却又以“异端”自居，别具只眼，故而能够在批点中直抒真性情，议论不同于众。而这颇为符合晚明时期盛行的主情文学思潮，不仅其评本屡次刊刻，广为流传，还引起了诸多文人的争相学习模仿，促成了苏文评点的热潮，其开先导路的贡献不容忽视。

第二节　萧奇中手批“王注苏诗”略论

萧奇中手批“王注苏诗”，即萧氏手批明万历茅维刻本《王状元（十朋）集百（诸）家注分类东坡先生诗》三十二卷（附傅藻编撰《东坡纪年录》一卷），上海图书馆藏。②

按萧批苏诗末卷卷尾所附《邑志·文苑传》载，萧奇中，字对一，号大梁，弱冠补弟子员。壮而北游，名噪燕京；多所

①［明］凌启康：《苏长公合作小引》，《苏长公合作》八卷本卷首，明万历四十八年永陵氏歧晟阁套印本。

②为行文方便，本节中均简称为“萧批苏诗”。

著述，喜笔墨，尤工于行草。乙酉鼎革以后，忧愁感慨，遂洒然弃青袍，与山僧野老诗酒徜徉，不预户外事。著有《萧潇集》《魅喜篇》《北游诸草》，又有《哀征集》《八叶堂诗余》《大梁公文集》，他若《文选》及李、杜、白、苏、钟、谭诸文集，经其品陟者甚多。萧批苏诗版式白口双边，10 行 21 字，注文双行同。首卷卷首有王十朋序，次赵尧卿序，扉页钤有“大梁秀生鉴赏，萧奇中印”。其所批苏诗眉端行间，评语殆遍，想见于此致力颇深。末卷有识语云：“癸巳四月初七日，大梁晚学萧奇中评毕”，下署“古之伤心人”一章。按此“癸巳”应指清顺治十年（1653），距明亡才约十年，足见萧氏眷怀故朝之心。

萧奇中之所以能够批点苏诗而致力颇深，与他的性格特征及苏轼的魅力影响不无关系。据《邑志·文苑传》中曰，萧奇中“生平豪迈，敦大节，仗大义，不艳富贵，不欺茕独，老而好学，行善不怠，具见儒者气象”。而苏轼才华横溢，洒脱豪放，沉定坚毅，乐观旷达，能够深入于儒、道、释三家典籍，并灵活运用于人生，使他面对种种坎坷而应付裕如，不因迫害而退，不为功名所累，无论仕宦沉浮，始终未失其本色，他也因此在某种意义上成为文人士大夫的行为典范。可见萧奇中不仅与苏轼的性格有些相仿，更深受其影响，故于苏诗亦是称赏有加。如他认为《李氏园》“赋体诗情，或如丝竹，或如茄鼓，油然而欢，蹴然而戚，是大家之章”；《仙游潭五首》之《马融石室》乃“诗史矣”；《送吕希道知和州》堪称“大雅之歌”。《石鼓》“皆云皇帝巡四国，烹灭强暴救黔首”之句更令他“慨荡之余，自生击节”，颇具心有灵犀之感。而萧奇中对苏诗所表现出的那种豪放之风也颇为看重。如他认为《凤翔八观》：“数笔耳，备豪情侠义，令人猛跃欲起，真咫尺有万里之势也。”其中《石鼓》一首“精力聚于笔墨，挽万石、成千钧，莫过也”，且“古器纵横犹识鼎，众星错落仅名斗”之句“形容高瞻”，“暴君纵欲穷人力，神物义不污秦垢”中“‘义不’二字说出神物有品有识”。又如评《留题延生观后山上小堂》“深邃杳峭，别有天界”，《真兴寺阁》“元气磅礴，如鼓风橐，如升旸轮，几难思议”；评《九月二十日微雪怀子由弟二首》“官舍度秋惊岁晚，寺楼见雪与谁登”句“雄而雅”，《送刘道原归觐南康》一诗是作者“胸中一段不可磨灭之气，借诗见之，尤借编史者见之，我无刃与箠，宁无舌与掌”，《和子由柳湖久涸忽有水开元寺山茶旧无花今岁盛开二首》“雪里盛开知有意，明年开后更谁看”之句则是“随笔挥洒，健气飘逈”。这都与萧氏本人的那种豪迈之性相合。

明清鼎革，中原板荡，使清初的文坛上“悲凉之雾，遍披华林”①。萧奇中作为明遗民，亲身感受到故土沦丧所带来的悲愤忧愁，兼之他对苏轼的生平遭遇非常同情，对苏诗中所流露出来的伤时悼世之情体会尤深，因而其所评陟之语，皆噍杀哀婉，时常呈现黍离麦秀之音。如《次韵刘京兆石林亭之作石本唐苑中物散流民间刘购得之》中“君看刘李末，不能保河关”句，萧氏评曰：“□感徐仲和印章中有‘河山易主矧球镛’，同一慨。”《数日前梦人示余一卷文字大略若谕马者用吃蹶两字梦中甚赏之觉而忘其余戏作数语足之》“天骥虽老，举鞭脱逸。交驰蚁封，步中衡石。旁睨驽骀，丰肉灭节”之句中，他认为：“‘节’字几不可问矣，举世皆‘丰肉’者耳，矧丧乱际，尤未易易言。”《竹枝歌》“乘龙上天去无踪，草木无情空寄泣”之

①鲁迅：《中国小说史略》，济南：齐鲁书社，1997年，第185页。

句，萧氏则认为："惟'无情'，故'空寄'。嗟乎，真无情也哉？以有情寄无情，未免以无情索有情耳"；而"招君不归海水深，海鱼岂解哀忠直"之句更令他发出"呜呼，亦知哀者"之叹。又如其评《和答庞参军六首》"击鼓其镗，船开舻鸣。顾我而言，雨泣载零。子卿白首，当还西京"之句曰"皆顾言也"，"辽东万里，亦归管宁"句使之"不胜涕泣"；评《和乙酉岁三月为建威参军使都经钱溪（和游城北谢氏废园作）》"新年结荔子，主人黄壤隔"之句"伤哉"；评《辛丑十一月十九日既与子由别于郑州西门之外马上赋诗一篇寄之》"路人行歌居人乐，僮仆怪我苦凄恻"句"历过怨知"，"亦知人生要有别，但恐岁月去飘忽"句"伤绝"，评《楼观（秦始皇立老子庙于观南，晋惠始修此观）》"门前古碣卧斜阳，阅世如流事可伤"句"荒荒黯黯"；评《中隐堂诗》"好古嗟生晚，偷闲厌久劳。王孙早归隐，尘土污君袍"句"清风萧萧"。言语之中充满感伤之情，盖因有所不忍言而不敢言者，虽是悲悯苏轼不幸之语，实为借他人手中之酒杯，浇自己胸中之块垒。

明清之际实学思潮已广渐于思想文化的各个领域，着眼于历史兴亡的探讨，必然会触及封建制度的某些本质方面，而在文学中的反映，便是重视文学抒述愤懑、批判时政的作用。由此也让萧奇中在感伤之余对社会现实有了更深刻的认识与批判，他努力发掘苏诗中内含的现实意义。如评《真兴寺阁》："古人虽暴恣，作事今世惊。登者尚呀喘，作者何以胜"句曰："快哉言，今人不尔，作事亦颇庸常万万矣。"而对于《李氏园》之句："将军竟何事，虮虱生刀韣。何尝载美酒，来此驻车谷。空使后世人，闻名颈犹缩。"萧氏评曰："今百万家，树亭植沼，黼楼黻阁，有未成而身殒者矣，有成而足不一至、目不一瞬者矣，有至而算租庸、呵吏役者矣，美酒乎哉？笙歌妇妓乎哉？”其评《秦穆公墓》“昔公生不诛孟明，岂有死之日而忍用其良。乃知三子徇公意，亦如齐之二子从田横”句曰：“真读书、真吊古者。读书而不知其人，吊古而不原其志，世间何光，山川何色，是史，是论，是诗。”后又对“古人感一饭，尚能杀其身。今人不复见此等，乃以所见疑古人。古人不可望，今人益可伤”句评曰：“益见今人之可笑，今人何人，读书吊古之人也。”《石苍舒醉墨堂》起句“人生识字忧患始”，萧氏评曰：“千言万言不及此七字真理真铭。”于“我书意造本无法，点画信手烦推求”处又评曰：“岂独书哉，匠心特妙者何人也，无法非无法，是名大法。”评《中隐堂诗》“当时夺民田，失业安敢哭”句“何透畅至此，势豪富横，丧良恣暴，曾一省及多”。而《送刘道原归觐南康》诗中，作者“交朋翩翩去略尽，惟我与子犹彷徨。世人共弃君独厚，岂敢自爱恐子伤”之语，亦颇令萧氏有“知己之感”。这些都体现出评者对于人生价值和人生理想的深层思索。

萧奇中的遗民心境，也让他在批点苏轼“和陶诗”中，从陶渊明那里找到了思想的共鸣。兹将萧氏所批《追和陶渊明诗引》摘录如下：

> 东坡先生谪居儋耳，置家罗浮之下，独与幼子过负担度海。葺茅竹而居之，日啖薯芋，而华屋玉食之念不存于胸中。平生无所嗜好，以图史为园囿，文章为鼓吹，至是亦皆罢去。（**萧夹：好。**）独犹喜为诗，精深华妙，（**萧夹：似。**）不见老人衰惫之气。是时，辙亦迁海康，书来告曰：“古之诗人有拟古之作矣，未有追和古人者也。追和古人则始于吾。吾于诗人，无所甚好，独好渊明之诗。渊明作诗不多，然其诗质而实绮，癯而实腴。自曹、刘、鲍、谢、

李、杜诸人皆莫及也。吾前后和其诗凡一百有九，至其得意，自谓不甚愧渊明。（萧夹：堪若。）今将集而并录之，以遗后之君子。其为我志之。然吾于渊明，岂独好其诗也哉？（萧夹：又一波。）如其为人，（萧夹：工于看士。）实有感焉。（萧眉：诗画书法，易以一节掩生平。王右军，岂徒书家？曹将军，岂徒画匠？陶彭泽，岂徒以诗称宗者哉?）渊明临终，疏告俨等：'吾少而穷苦，每以家弊，东西游走。性刚才拙，与物多忤，（萧夹：高人每此。）自量为己必贻俗患，黾勉辞世，使汝等幼而饥寒。（萧夹：可悲可感。）渊明此语，盖实录也。吾真有此病而不早自知，半生出仕，以犯世患，此所以深愧渊明，欲以晚节师范其万一也。"（萧夹：为人则愧是坡老不愧实处。）嗟乎！渊明不肯为五斗米一束带见乡里小儿，而子瞻出仕三十余年，为狱吏所折困，终不能悛，以陷大难，乃欲以桑榆之末景，自托于渊明，其谁肯信之？（萧眉：淋漓。）虽然，子瞻之仕，其出处进退，犹可考也。（萧夹：好。）后之君子其必有以处之矣。（萧眉：吾师乎。）孔子曰："述而不作，信而好古，窃比于我老彭。"孟子曰："曾子、子思同道。"区区之迹，盖未足以论士也。辙少而无师，子瞻既冠而学成，先君命辙师焉。子瞻尝称辙诗有古人之风，自以为不若也。（萧夹：坡之愧渊明。）然自其斥居东坡，其学日进，沛然如川之方至。其诗比李太白、杜子美有余，遂与渊明比。辙虽驰骤从之，而常出其后。其和渊明，辙继之者，亦一二焉。丁丑十二月海康城南东斋引。

从批点中我们可以感悟到萧奇中对于陶渊明不事晋宋"高

节美行”的赞扬，也感受到他对苏轼超逸清拔人格的赞同，对于苏轼的积极用世之心也深表理解，这也代表着萧氏自己的心迹表白。故而，在《和郭主簿二首》中，苏轼书云：“清明日闻过诵书，声节闲美，感念少时，怅然追怀先君宫师之遗意，且念淮、德二幼孙。无以自遣，乃和渊明二篇，随意所寓，无复伦次也。”对此，萧奇中颇有同感：“予夜闻儿辈读书，有诗云：‘灯花叹我老无成，闭眼书围坐几更。试听赏心非养耳，回思发愤已亡情。’只四语，感念殆止坡公乎？得其同。”

作为明代遗民的萧奇中，也不可避免地要受到晚明时期个性思潮的影响。此际的文人心态发生了重大变化，他们吸收了佛学中的狂禅思想及道家中的清流之风，扫除传统道德对精神的禁锢，追求思想与感受的开放，以至于“道学侈称卓老，务讲禅宗；山人竞述眉公，矫言幽尚”①。萧奇中亦是“洒然弃青袍，与山僧野老，诗酒徜徉，不预户外事”。晚明思想和文学的主要特点是：怀疑人伦秩序的现状，归心自然，向慕本真；“独抒性灵，不拘格套，非从自己胸臆流出，不肯下笔”；抨击“文必秦汉，诗必盛唐”的拟古论调，以为“代有升降，法不相沿”，文学创作应当“各极其变，各穷其趣”②。“率真则性灵现，性灵现则趣生。”③ 李贽的“童心说”、徐渭及汤显祖的真情论、公安派的“性灵说”等，此中精髓一脉相承。在晚明主情文艺

①[清]永瑢、纪昀等编纂：《四库全书总目》卷一百三十二·子部四十二《续说郛》，北京：中华书局，1965年，1124页。

②[明]袁宏道撰，钱伯城校注：《袁宏道集笺校》卷四《叙小修诗》，上海：上海古籍出版社，1981年，第187页。

③[明]陆云龙：《叙袁中郎先生小品》，[明]陆云龙等选评，蒋金德点校：《明人小品十六家》，杭州：浙江古籍出版社，1996年，第105页。

思潮的熏染下，评点者一般比较关注苏轼作品的“真”“趣”之处。萧氏批语最善于运用简单有力的字句表达他对苏诗的主观印象。如其评《留题延生观后山上小堂》“深谷野禽毛羽怪，上方仙子鬓眉纤”句“妙”，“不断弄玉骑丹凤，应逐嫦娥驾老蟾”句“总妙”；评《病中大雪数日未尝起观虢令赵荐以诗相属戏用其韵答之》“何时反炎赫，却欲躬臼磨”句“奇极”，“人欢瓦先融，饮俊瓶屡卧”句“微”；评《和子由论书》“迩来又学射，力薄愁官笴。（官箭十二把，吾能十一把箭耳。）”句“生致”，“多好竟无成，不精安用伙”句“至言，至言”；评《和子由寒食》“寒食今年二月晦，树林深翠已生烟。绕城骏马谁能借，到处名园意尽便”句“亦佳”，“但挂酒壶那计盏，偶题诗句不须编。忽闻啼鴂惊羁旅，江上何人治废田”句“意厚”；评《颍州初别子由二首》“征帆挂西风，别泪滴清颍。留连知无益，惜此须臾景”句“真，真”；评《游金山寺》“试登绝顶望乡国，江南江北青山多”句“茫茫逼真”；评《甘露寺》“江山岂不好，独游情易阑”句曰“真”，“但有相携人，何必素所欢”句曰“是”；评《腊日游孤山访惠勤惠思二僧》“腊日不归对妻孥，名寻道人实自娱”句曰“妙”，更称之曰：“真兴致，真道理”。直抒所感，随心而言，顺口而发，却是真情流露。

苏轼典型的老庄兼释家的自然天成的审美观及苏诗中蕴含的那种“物我两忘，身心俱空”的达人风旨使萧奇中从中悟到了禅理。如他评《洗儿》“人皆养子望聪明，我被聪明误一生”句曰“大悟”，“惟愿孩儿愚且鲁”句曰“此愿能满大千稽首”，“无灾无难到公卿”句曰“公道保身，享福之言，天地无憾矣”；评《和子由渑池怀旧》“人生到处知何似，应似飞鸿踏雪泥。泥上偶然留指爪，鸿飞那复计东西”则曰“作一绝，参悟大千”；

评《琴诗》“若言琴上有琴声，放在匣中何不鸣。若言声在指头上，何不于君指上听”则曰“奇参。不必说禅，不必说诗”。又如其评《和子由记园中草木十一首》“物生感时节，此理等废兴。飘零不自由，盛亦非汝能”句曰“悟语”；评《出都来陈所乘船上有题小诗八首不知何人作有感余心者聊为和之》“年来烦恼尽，古井无由波”句曰“禅心”；评《和刘道原咏史》“仲尼忧世接舆狂，臧谷虽殊竟两亡”句曰“不独为仲尼、接舆言之也，可以悟身，可以悟世”。苏轼的坦率、开朗、风趣的个性以及晚明文人以文为戏的审美观念，也使萧奇中进而感受到苏诗的禅趣。其评《题怀素草帖》“人人送酒不须沽，终日松间挂一壶。草圣无成狂饮发，真堪画作《醉僧图》”曰“今人宝素帖极矣，坡公独谑之如是”；评《襄阳乐府三篇·上堵吟》“我悲亦何苦，江水冬更深，鳊鱼冷难捕”句曰“妙；谐得趣”；评《神释》“堪欲随陶翁，移家酒中住”句曰“妙；趣而快”；评《次韵柳子玉见寄》“薄雷轻雨晓晴初，陌上春泥未溅裾”句曰“一往天趣”，“行乐及时虽有酒，出门无侣漫看书”句曰“亦爽境”。俱显其求“真”务“趣”之心，此中不无李贽、三袁等人的影响。

由此观之，萧批苏诗乃有感而发，确实融入了自己的真情实感，因而能够探知苏诗之真味，获得评点的乐趣。

萧奇中不仅与苏轼有着情感认同，更对苏诗颇具艺术之激赏。他比较关注苏诗的用字法，如《壬寅二月有诏令郡吏分往属县减决囚禁十三日受命出府至宝鸡虢郿盩厔四县既毕事因朝谒太平宫而宿于南溪溪堂遂并南山而西至楼观大秦寺延生观仙游潭十九日乃归作诗五百言以记凡所经历者寄子由》中有“晚宿南溪上，森如水国秋。绕湖栽翠密，终夜响飕飕。（是日与监宫张杲之泛舟南溪，遂留宿于溪堂）冒晓穷幽邃，操戈畏炳彪。（十八日，循终南而西，县尉以甲卒见送。或云近官竹园往往有虎）”之句，萧氏评曰：“‘炳彪’二字，是坡公用字法。”《磻溪石》“一朝婴世故，辛苦平多难”之句，萧氏评曰：“‘婴世故’三字，轻得妙，耀干戈、取天下，不过婴世故耳。‘婴’字，猿雀堪羞。”又如其评《和杂诗十一首》“我苗期后枯，持此一念静”曰：“十字胜《唐子西研铭》。”《次韵张甥棠美昼眠》“炎歊五月北窗凉，更觉甘如饭稻粱”句，萧氏评曰：“‘更觉’二字要善读，‘更’平声，‘觉’去声，申言熟睡反复之美。”《东园》“雨后月前天欲冷，身闲心远地偏幽”句，萧氏评曰：“‘后’‘前’二字妙于领起……”《万州太守高公宿约游岑公洞而夜雨连明戏赠二小诗》：“肩舆欲到岑公洞，正怯冲泥傍险行。定是岑公闷清境，春江一夜雨连明。”萧氏评曰：“‘闷’字有理妙。”《陈守道》：“人伪相加有余怨，天真丧尽无纯诚。”萧氏评曰：“‘人伪’二字，胜庄老一部。”《和赠羊长史》：“此书久已熟，救我今荒芜。”萧氏则评曰：“‘熟’字起‘荒芜’，作诗细验。”显示出评者精湛的文字功底。

此外，萧奇中还比较关注对章法、句法的分析。如其评《王维吴道子画》“丰昌志满，文章之能事毕矣”，《游径山》“近来愈觉世议隘，每到宽处差安便”句“亦自然一法”。又如其评《维摩像唐杨惠之塑在天柱寺》“当其在时或问法，俯首无言心自知”句曰：“顿挫尽致。”《秋思寄子由》：“黄叶山川知晚秋，小虫催女献功裘。”萧氏评曰：“一句胜《豳风》一章。”而《和子由柳湖久涸忽有水开元寺山茶旧无花今岁盛开二首》结句：“如今胜事无人共，花下壶卢鸟劝提。”萧氏评曰：“两结，和意全出。”萧评还对苏诗对仗、比喻、用典等特殊手法作了简洁有力的分析。如评《和子由木山引水二首》“泫然疑有蛟龙吐，断处人言霹雳焦”句云“好对法”；评《石鼓》“忆昔周宣歌《鸿雁》，当时籀史变蝌蚪”句曰“对法之妙”，“扫除诗书诵法律，投弃俎豆陈鞭杻。当年何人佐祖龙，上蔡公子牵黄狗”句曰“对法与上同”。《石苍舒醉墨堂》：“乃知柳子语不妄，病嗜土炭如珍羞”，萧氏评曰：“妙喻。”《和子由论书》“貌妍容有矉，璧美何妨椭”句，其评曰：“博喻”。这些分析点出了苏诗艺术手法的丰富性与创造性。

苏诗门户广大，风格多样，对前人的借鉴、学习呈现出一种兼收并蓄、转益多师的态度，萧奇中对苏诗与前代诗人之间的渊源关系有全面的论说与评析。他一方面指出苏诗与先唐诗歌之间的关系。苏辙追忆其兄：“公诗本似李、杜，晚喜陶渊明，追和之者几遍。”① 黄庭坚则认为苏诗与陶诗：“出处虽不同，风味乃相似。”② 萧奇中则就《和归去来兮辞》比较陶渊明与苏轼二人的诗歌语言：“陶辞风上，苏辞语豁。”苏轼《集归去来诗》中“役役倦人事，来归车载奔。征夫问前路，稚子候衡门。入息亦诗策，出游常酒樽。交亲书已绝，云壑自相存”一首，萧氏称之为“一幅《归去来》画”。另一方面，他也指出苏诗与唐人诗之间的传承。如《送曾子固倅越得燕字》“但苦世论隘，聒耳如蜩蝉”句，萧氏评曰：“与李白‘下士大笑如苍蝇声’同訾。”《太白山下早行至横渠镇书崇寿院壁》起句：“马上

---

①[宋]苏辙：《栾城集·后集》卷二十二《东坡先生墓志铭》，四川大学中文系唐宋文学研究室编：《苏轼资料汇编》，北京：中华书局，2004年，第72页。

②[宋]黄庭坚：《宋黄文节公全集·正集》卷三《跋子瞻和陶诗》，刘琳、李勇先、王蓉贵校点：《黄庭坚全集》，成都：四川大学出版社，2001年，第77页。

续残梦”，萧奇中认为其出于“唐人句”。这都体现出评者相当犀利的眼光。

萧奇中注意到，苏轼对唐诗的借鉴存在着一个最主要的对象，那就是杜甫。苏轼对杜诗确实极为重视，俨然以学杜者自居，曾自矜曰：“天下几人学杜甫，谁得其皮与其骨?”① 其《东坡题跋》中有关杜诗的论评多达 14 处。对于苏诗学杜的一面，宋人早有论及，苏辙《东坡先生墓志铭》中即曰：“公诗本似李、杜。”在萧批苏诗中，指出苏诗与杜诗之关系的例子不胜枚举。有的是着眼于某种手法，如《维摩像唐杨惠之塑在天柱寺》起句：“昔者子舆病且死，其友子祀往问之。跰躃鉴井自叹息，造物将安以我为。”萧奇中认为：“意后言前，亦挥洒殆尽，如此起法，惟少陵有。”其评《石鼓》诗：“纪事法，唐惟少陵能用。”有的是着眼于诗篇风格，《和子由初到陈州见寄二首次韵》“懒惰便樗散，疏狂托圣明”句，萧氏评曰：“逼杜。”《甘露寺》“方其盛壮时，争夺肯少安”之句，萧奇中评曰：“逼杜。”萧氏不仅阐发苏诗学杜的大致印象，而且坐实到杜甫的具体诗作。如《中隐堂诗》五首，萧氏评曰：“五首全摹少陵《过何将军园》诗，气与语俱风敦。”《王维吴道子画》“道子实雄放，浩如海波翻。当其下手风雨快，笔所未到气已吞”句，萧氏评曰：“画时神情全出，如老杜《曹霸丹青引》。”《自仙游回至黑水见居民姚氏山亭高绝可爱复憩其上》“山鸦晓辞谷，似报游人起。出门犹屡顾，惨若去吾里”句，萧氏评曰：“真绝，亦子美所云‘人舟翻不乐’也。”不仅指出苏诗与杜诗较为明显的形似之处，

①[宋]苏轼:《次韵孔毅父集古人句见赠五首》(其三),[清]王文诰辑注,孔凡礼点校:《苏轼诗集》卷二十二,北京:中华书局,1982 年,第 1157 页。

而且从整体上揭示出它们之间的神似关系。

苏轼对于丰富的文学遗产既有继承，同时又加以改造、发展，形成自己独具一格的特色。萧批苏诗在指出苏诗与唐诗的艺术渊源的同时，亦能对苏诗新变与开拓的一面有充分的认识。如《壬寅二月有诏令郡吏分往属县减决囚禁十三日受命出府至宝鸡虢郿盩厔四县既毕事因朝谒太平宫而宿于南溪溪堂遂并南山而西至楼观大秦寺延生观仙游谭十九日乃归作诗五百言以记凡所经历者寄子由》中，萧氏评曰："'蛟龙懒'二句，与'岩崖'二句，总谓之申衬，唐人未有。"《李杞寺丞见和前篇复用元韵答之》起句"兽在薮，鱼在湖，一入池槛归期无"，萧奇中认为："'无'字押得新。"又如其评《越州张中舍寿乐堂》曰："读此诗，不独书法意造，句亦意造矣。"在传承中创新是苏诗能够彪炳文学史的一个重要原因。萧氏对苏诗对后代诗歌的影响也有所论述，如《东园》"雨后月前天欲冷，身闲心远地偏幽"句，萧氏评曰："……钟伯敬'好雨能先月'本此"，体现出他通达的文学史观。

苏诗数量丰富，题材广泛，艺术上有得有失。宋代是一个充满理性的朝代，士大夫阶层以理学思想作为主体意识的理论表现，讲道论学成为他们弘扬己说、摒弃异见的卫道手段，故宋人尚议论，十分重视文学的政治教化功能，宋代文学也富有理论与思辨色彩。这同样影响到苏轼的创作风格，他喜好以文为诗，放纵恣肆，直抒胸臆，议论英发，但有时以抽象议论代替形象表达，过于直露率易，忽略了诗须凝练含蓄的内在特质。萧批苏诗亦直陈利弊，有所针砭。或批评苏诗意味浅薄，如《郿坞》"衣中甲厚行何惧，坞里金多退足凭。毕竟英雄谁得似，脐脂自照不须灯"，萧奇中认为"笑倒老卓矣，万古英雄，谁不被此"；又如评《和子由记园中草木十一首》"君看藜与藿，生意常草草”句曰“后二字不雅”，“楚客方多感，秋风咏江篱。落英不满掬，何以慰朝饥”句则是“学究向泥，菊落互□不已，作诗人兴与境会，随笔风扫，岂能拣出吃饭”；评《授经台（乃南山一峰耳，非复有筑处）》“信口在通”。或指出苏诗太露太尽，如认为《和子由木山引水二首》“去国尚能三犊载，汲泉何爱一夫忙”二句“带讽”；《秦穆公墓》“昔公生不诛孟明，岂有死之日而忍用其良”句则“是讥”；《初到杭州寄子由二绝》“眼看时事力难胜，贪恋君恩退未能”两句更是“未免沾沾”。这些都较为准确地指出了苏诗的受病之处。当然，这也与苏轼的豪放善谑个性有关，亦与其公务繁忙或交游广、应酬多而消耗才思，致使作品不够精明不无关系。

综而观之，萧批苏诗具有以下特点。首先，萧批苏诗注重思想性与艺术性的结合，其评语既有触文兴意、一时感应的谈吐，也有关于艺术风格特色，尤其是美学意蕴的文本分析，还有引申出来的关于社会文化层面的批评，论述颇有见地。其次，萧批苏诗中多有真情流露，作为明遗民，其评语中颇多黍离麦秀之音，也有着超然世外的参悟之语；但在晚明主情文艺思潮的影响下，又能发现苏诗的“真”“趣”之处。再者，萧奇中能以文学因革正变的学术眼光看待苏诗，对其承继前人而又力争创新求变的创作倾向给予客观公正的评价。而且，萧氏能够以实事求是的态度高屋建瓴地俯视苏诗，对其利弊得失有着清醒的认识，故能褒贬分明，态度公正。应该说，如果没有对苏轼及其诗歌由衷的喜爱，没有对苏诗的细密研究以及深厚的个人文学修养，萧奇中是很难做出如此精深的评点的。

第三节　翁同龢与严虞惇、钱廷锦手批苏诗摭谈

一

清代严虞惇、钱廷锦手批《东坡先生诗集注》三十二卷，现藏于国家图书馆。评本所用底本为宋王十朋集注、明王永积刻本。卷首大题次行署“宋眉山苏轼子瞻著”，又次双行题“宋永嘉王十朋龟龄纂集，明梁溪王永积崇严阅”。半页十行，行二十一字。白口，单边。首卷前有王十朋序及西蜀赵夔尧卿序，次百家分注姓氏，次目录，次东坡纪年录。书前卷尾附有多则题跋，书中钤有多枚藏书印章，据此可以梳理出评本流传之过程。

评本卷首大题下朱笔曰：“丁丑春，钱简臣阅。”目录后有墨笔曰：“光绪庚子四月朔，邑子翁同龢获观。”（下钤“龢”字朱文方印。）首页书眉紫笔题：“紫笔临严思庵先生手批本，同龢记。”（下钤“叔平”朱文小方印。）卷尾有黄笔题曰：“丁丑初夏，后学钱廷锦简臣阅一过。”又墨笔题曰：“雍正九年十一月，钱廷锦点阅一过。十五日病起，寒窗记。时六十有五岁。”评本中并有“宝娄室”（朱文长印）、“虞山翁同龢印”（白文方印）等图章，卷尾又有翁同龢题识曰：

> 光绪庚子首夏，得此书于邑中书估，有雍正九年钱公简臣批点，丹黄烂然，颇极矜慎。是年六月，汪柳门侍郎由吴门寄示严思庵先生手批本，前后数过，最后为康熙五十年辛卯，则又在此评本之前廿年矣。钱公于严先生为乡里后进，而手眼各别，因以紫色笔移写严评，并圈点于册内，以证吾虞诗派之同异。（上钤“庚寅生”朱文小长印。）

由此可知，此本曾经虞山钱廷锦（简臣）评阅。“丁丑”应为康熙三十六年（1697），他首次批阅苏诗年方三十岁。雍正九年为1731年，钱氏“时六十有五岁”，又“点阅一过”。钱廷锦两次评点苏诗，前后相距三十五年之久，分别以朱、黄两色区分之，“丹黄烂然”。光绪二十六年（1900）四月一日（“庚子首夏”，“四月朔”），此批本被翁同龢从家乡书肆中获藏，他又于是年六月获得了其“帝党”好友汪鸣銮（柳门）寄赠的严虞惇（思庵）的苏诗批本。严虞惇曾在批本上记曰：“庚辰六月十五日，阅完苏诗三十二卷，贫病交迫，朝不谋夕，草草读过，未细咀嚼也。”依语意观之，这似是严氏第一次批点苏诗，应为康熙四十四年（1705），略晚于钱廷锦首次批阅苏诗。翁氏说他“前后数过”，最后一次批点在康熙五十年辛卯（1711），比钱廷锦第二次手批苏诗要早二十年之久。翁同龢将严氏批语用紫笔过录到钱氏批本之上，以便于比较两人诗学之异同，这也使得此手批本蕴含了丰富的理论批评价值。

评本中亦钤有“黄裳藏本”“黄裳珍藏丛本”“黄裳容氏藏图籍”等书章，可知该评本在收入国家图书馆之前，还曾为著名藏书家黄裳先生（原名容鼎昌：1919～2012）所收藏。黄裳先生在《翁批东坡先生诗》一文中提到：“余得此本于庚寅前后。”① 而在此苏诗评本中他亦曾记曰：“此明刻本，颇后印。翁同龢放归故里后所读书也。身后与他种遗藏流落沪市，见于萃古斋。”从而于“庚寅（1950）正月廿四日海上收”之。

黄裳先生还于另一明茅维刻本的王注苏诗评本中多次题

①黄裳:《来燕榭读书丛札(续)》,载《东方早报》2012年2月12日,第B04版。

识曰：

> 余旧藏王注苏诗，与此板刻正同。茅维一行则属“明梁溪王永积崇严阅”，盖取此本书板挖补重印者。经钱简臣评阅，更得翁同龢过录严思庵评，甚珍视之。近拟斥去，不无怅惋。会于传薪所获群书中得此本，初印精好，胜于翁本，卷中有黄笔批校，遂以廉直获之。更抽暇过录严批及同龢手跋，当重装之，以存故迹。此本卷十一至十四系用明刊别本配补。此书不罕见，它日更遇，当抽换之。辛卯春三月廿六日。
>
> ……
>
> 松禅（笔者按：翁同龢号。）于此书用力甚劬，更有跋语数篇……原书早已散去，笔录尚存。因迻写之。辛卯秋日。
>
> ……
>
> 此物常熟手迹，严思庵手评苏诗跋尾，原书早经易去。忆卷尾更有翁氏手跋数通，为戊戌党狱之后放归思过时所作。闻京警而思中朝，其意可伤。曾于藏书薄录中著之，它日当别为辑成一卷，并思庵所为小跋入藏书记中。……黄裳记。

此茅维刻本并非为翁同龢所藏原本，乃是黄裳先生辛卯年（1951）所新获藏本，而黄裳先生又将翁氏“戊戌党狱之后放归思过时所作”“不意于跋尾中昌言无忌”“吐露罪臣心事”的题识跋语过录保存下来。不过总而言之，严、钱二人的手批本能够为翁、黄两大收藏家所青睐，且多所题跋，无疑具有重要的文献史料价值。

二

严虞惇（1650～1713），字宝成，号思庵居士，江苏常熟虞山人。康熙三十六年（1697）举一甲二名进士，授翰林院编修，后曾任太仆寺少卿。“其学根柢经史，贯穿三通之书，有《读诗质疑》三十一卷。著述甚富，为文典实正大。”[①] 严虞惇读书能够长年坚持不懈，极有恒心，几乎每日必阅，且反复批校，仔细体会，颇似读书日记，此即其所谓“日课读书法”。尤其是对于家传元刊本《资治通鉴》，根据他批阅此书的题跋时间可知，自康熙十五年（1676）至他去世前三年即康熙四十九年（1710），其间“于此书凡经六七阅”[②]。同样，严虞惇于“庚辰（1700）六月十五日阅完苏诗三十二卷”，“前后数过，最后为康熙五十年辛卯（1711）”，也是运用了十年之功，既见其读书持心之恒，亦见其对苏诗用情之深。

严虞惇批点苏诗而致力颇深，还与其性格特征、个人遭际及苏轼的魅力影响不无关系。严虞惇为官清廉，秉公执法，但“己卯（1699），科场狱兴，宝成子姪皆中选，而西溟及璠皆其同年友，用是罣吏议，镌秩归”[③]。严虞惇因子侄和好友牵连，革职闲居，隐家数年，批阅诗文，遣忧抒怀。翁同龢曾在此苏诗评本后手跋一页曰：“思庵先生，古之狷者也。其罢官居京师

①[清]冯桂芬:《苏州府志》卷一百，台北：成文出版社，1970年，第2409页。

②瞿士良：《铁琴铜剑楼藏书题跋集录》，上海：上海古籍出版社，2006年，第57页。

③[清]李元度著，易孟醇校点：《国朝先正事略》卷四十《文苑》，长沙：岳麓书社，1991年，第1091页。

时，至于绝粮。得人馈青钱二千始济。非其人必不受也。”宦海沉浮，仕途坎坷，“贫病交迫，朝不谋夕”之际，严氏对苏轼的生平遭遇感同身受，对苏诗中的兄弟深情、朋友真情体会尤深，时常视为知音，如评《辛丑十一月十九日既与子由别于郑州西门之外马上赋诗一篇寄之》曰：“真情苦语，令我心恻。”评《和子由苦寒见寄》“吾从天下士，莫如与子欢”句曰：“千古兄弟之乐，无过二苏矣。万钟之富、三公之贵，岂足易此哉。”评《送晁美叔发运右司年兄赴阙》首句“我年二十无朋俦，当时四海一子由”曰：“千古友朋兄弟之乐，读此二语，为之慨然。”对于苏轼所流露出来的不平之怨也是予以理解和同情，如《大寒步至东坡赠巢三》云：“故人千钟禄，驭吏醉吐茵。那知我与子，坐作寒蚕呻。”严氏评曰：“东坡亦望故人分惠耶？何其不旷也。”而《十月一日将至涡口五里所遇风留宿》一诗，更使他引为同调，发为感慨：“余自成都入舟，至今已四十余日，至今未尝遇一顺风也。此行垂索而归意者，鬼神欺我穷乎？其亦戏我乎？吾愿鬼神之勿为害也。”由此他甚为推崇苏轼的人格品行，如其评《和钱安道寄惠建茶》曰：“余《试蜀发策》极推坡公，立朝气节正谓此也。”《六月二十日夜渡海》“九死南荒吾不恨，兹游奇绝冠平生”句，其评之曰：“每读公诗至快心处，真令人有弃妻子如脱履之想。”其评《子由新修汝州龙兴寺吴画壁》曰：“精言可味，吾辈立身亦犹是矣。”

严虞惇对苏轼的诗才亦是赞赏有加，如《次韵章传道喜雨（祷常山而得）》，评之曰：“次韵如自己出，惟坡公能之，真是才大于海。”其评《正辅既见和复次前韵慰鼓盆劝学佛》曰：“此等和韵诗，真正才大如海。”“十二句连用六人，古无此体，惟公才大，无所不可。”其评《两桥诗（并引）》曰：“二诗同一韵，皆极自然，惟先生有此笔力。”尤为可贵的是严虞惇能够以文学因革正变的学术眼光看待苏诗，他注意到苏诗在艺术上对于前人尤其是对杜甫的继承，如评《南康望湖亭（一本云过洞庭）》曰：“此种五律是学杜。”其评《中隐堂诗（并叙）》曰：“此五篇拟杜《何将军山林》诗也。”其评《和子由初到陈州见寄二首次韵》曰：“东坡五律，诗味极似老杜。”其评《和孙叔静兄弟李端叔唱和》曰：“似杜。”他也看到了苏轼善于开拓和求变的一面，如其评《入峡》曰：“长律如散行文，子瞻独创。”能够在传承中创新，这也是苏诗能够长存文学史的一个重要原因。但严氏能够以实事求是的态度高屋建瓴地俯视苏诗，对其利弊得失有着清醒的认识，也指出了由此而带来的弊病。如他评《辛丑十一月十九日既与子由别于郑州西门之外马上赋诗一篇寄之》曰：“唐人五言诗多用古韵，七言诗专用本韵，读韩、杜集可见也。至宋人则七言亦用古韵矣。古韵有可通，有不可通。如此诗，‘兀’‘发’‘没’‘忽’，月韵也；‘寞’，药韵也；‘恻’，职韵；‘瑟’，质韵也。古韵惟‘质’‘月’通用，余皆不可通。盖用韵之错乱，自坡公始矣。”

宋人尚议论，苏轼也喜好以文为诗，放纵恣肆，直抒胸臆，议论英发，但有时以抽象议论代替形象表达，过于直露率易，忽略了诗须凝练含蓄的内在特质。严虞惇亦直陈利弊，有所针砭。如其评《明日重九亦以病不赴述古会再用前韵》“不作雍容倾座上，翻成肮脏倚门旁”曰：“句无谓。”其评《子玉家宴用前韵见寄复答之》“牵衣男女绕太白，扇枕郎君烦阿香”句曰：“二句未工。”其评《捕蝗至浮云岭山行疲苦有怀子由弟二首》“杀马毁车从此逝”句曰：“何必如此，亦太过。”其评《浴日亭（在南海庙前）》“剑气峥嵘夜插天”句曰“首句似俗”，“遥想钱塘涌雪山”句曰“凑入无谓”。其评《次韵张舜民自御史出倅虢州留别》“樊口凄凉已陈迹”与“江湖前日真成梦”两句“犯重”。等等。当然，这与苏轼公务繁忙或交游广、应酬多而消耗才思，致使作品不够精致也不无关系。这些评语都较为准确地指出了苏诗的受病之处，体现出严虞惇犀利的学术眼光和深厚的文学修养。

三

钱廷锦，生平事略未详，翁同龢在苏诗评本题识中仅提到他较严虞惇稍晚：“钱公于严先生为乡里后进。”据此评本钱氏题跋曰“雍正九年十一月钱廷锦点阅一过。十五日病起，寒窗记。时六十有五岁”，可知钱氏应生于康熙六年（1667），比严氏小十七岁。另查《中国古籍善本书目·集部》可知，陕西省考古研究院所藏明刻本《唐陆宣公集》二十二卷，与上海图书馆所藏明万历三十四年（1606）马元调刻《白氏长庆集》七十一卷，曾有清钱廷锦批校、题跋①。如果我们观其所记，便会发现，钱廷锦也是受到了清代“日课”之风的影响，在读书的时候反复批阅，不止一过。如他在《白氏长庆集》后墨笔题曰：“雍正三年七月初九日，后学钱廷锦病中从宋刻将乐天全集教阅讫。其诗别有松圆诗老、园沙居士及各家诗人阅本，另录在汪

①《中国古籍善本书目·集部》，上海：上海古籍出版社，1996年，第98、142页。另湖北省图书馆所藏明崇祯元年刻本《陆宣公全集二十四卷》，系慈溪耕馀楼旧藏，由明汤宾尹评点，亦有清雍正三年钱廷锦朱笔批校题识。参见阳海清、刘烈学：《〈中国古籍善本书目〉未收书八种》，载《上海高校图书情报学刊》2000年第2期。

氏诗刻。时年五十有九。”又朱笔题曰：“雍正九年二月初七，廷锦点阅一次。时年六十有五。右臂已废，不能作字。”由前文得知，钱廷锦也曾先后于康熙三十六年（1697）和雍正九年（1731）两次评点苏诗，并分别以朱、黄两色区分之，虽然前后相距三十五年（1676）之久，但评点风格、观点基本一致，可作统一观之。

钱廷锦的苏诗评点侧重给读者提供背景材料，较为简洁平淡。如其评《游东西岩》曰：“一篇自况。”其评《王维吴道子画》“吾观二子皆神俊，又于维也敛衽无间言”句曰：“重王诗，故独进王画。”其评《自仙游回至黑水见居民姚氏山亭高绝可爱复憩其上》“爱此山中人，缥缈如仙子”句曰：“也要还他山亭可爱处。”《是日宿水陆寺寄北山清顺僧二首》首句“草没河堤雨暗村，寺藏修竹不知门”，钱氏评曰：“即合夜宿。”《祥符寺九曲观灯》前四句云：“纱笼擎烛迎门入，银叶烧香见客邀。金鼎转丹光吐夜，宝珠穿蚁闹连宵。”钱氏评曰：“‘擎烛’九曲。”言简意赅，点到即止，却又利于读者理解。

不唯如此，钱廷锦对苏诗艺术的评点也多是一些短截有力的字句。如他比较关注苏诗的用字法，《同柳子玉游鹤林招隐醉归呈景纯》“岩头匹练兼天净，泉底真珠溅客忙”句，其评之曰：“‘溅’字尤胜。”《次韵沈长官三首》“风来震泽帆初饱，雨入松江水渐肥”句，其评之曰：“以‘饱’字脱出‘肥’字，更妙。”其评《和文与可洋川园池三十首·待站台》曰：“做‘待’字妙。”他同样关注对苏诗章法、句法的分析，其评《新城道中二首（其二）》首联“身世悠悠我此行，溪边委辔听溪声”曰：“迭前韵，起手便含下，妙。”其评《铁拄杖》“含簧腹中细泉语，迸火石上飞星裂”句曰：“炼句”；“披榛觅药采芝菌，刺虎鏦蛟擉蛇蝎”句曰：“奇警。”等等。但是钱廷锦也屡屡指出苏诗“太露”“未工”“恶俗”“轻脱”“乏趣”等受病之处，显示出评者精湛的文字功底和高超的艺术水平。

钱氏评点还喜欢就苏诗材料加以考辨。元明以来，托名王十朋的苏诗分类注本孤行海内，“几于家有其书”。但此本经茅芰加以删改后，屡屡出现“分门别类失之陋，不著书名失之疏，增改旧文失之妄”①。钱廷锦对于文字之是正，真伪之辨订，也是苏诗之功臣。如《病中大雪数日未尝起观虢令赵荐以诗相属戏用其韵答之》诗中，王注本作“寒更报新霁，皎日悬半破”。施注本则将“日”改作“月”。对此，钱氏考辨曰：“‘日’如何‘半破’？若谓是‘日出雪消’，语亦生涩不醒。施注作‘皎月’为是。”又如王注本将《虎儿》《庞公》归入《咏史》类中，对此他指出：“远乃子由之子，小字虎儿。此诗不应编入《咏史》集中。”（《庞公》）“诗意皆公自寓，编入《咏史》，非也。”他还认为，《游净居寺》“刑名非夙学，陷阱损积威”句，王注本“今以‘威约’连读，非是”，并且指摘《次韵许遵》一诗王注“非也，公诗文拟借极多，不可拘泥”。这些对于苏诗版本都具有重要的文献价值。

钱廷锦尤为关注的还是对于苏诗的渊源考订。《颍州初别子由二首》“咫尺不相见，实与千里同。人生无离别，谁知恩爱重”句，钱氏评曰：“绝似太白。”《吉祥寺赏牡丹》“人老簪花不自羞，花应羞上老人头”句，钱氏评曰：“本刘禹锡诗。”其评《九日湖上寻周李二君不见君亦见寻于湖上以诗见寄明日乃

①[清]邵长蘅：《施注苏诗·注苏例言》，《施注苏诗》卷首，清文渊阁四库全书本，第1110册，台北：台湾商务印书馆，1986年，第51页。

次其韵》曰："兼苏州、太白之长。"《张子野年八十五尚闻买妾述古令作诗》"诗人老去莺莺在，公子归来燕燕忙"句，钱氏认为其源于杜牧之诗："绿树莺莺语，平江燕燕舍。"他还认为《西斋》"鸣鸠得美荫，困立忘飞翔"句"似韦（应物）"，《芙蓉城》"飘然而来谁使令，皎如明月入窗棂"句"暗用李夫人《帐中词》"。其评《常润道中有怀钱塘寄述古五首》曰："感慨历落，有唐人风致"。其评《雪后书北台壁二首》曰："其用意之深，层次之细，不减李义山《雪》诗二首。"其评《寄刘孝叔》曰："新法之弊，尽于此诗，是亦杜陵之诗史。"其评《雨中过舒教授》曰："似柳州。"其评《去岁九月二十七日在黄州生子名遁小名干儿欣然颖异至今年七月二十八日病亡于金陵作二诗哭之》曰："真似乐天。"其评《虢国夫人夜游图》曰："夜游似少陵写。"综而观之，钱氏多瞩目于其与唐人之间的传承。

苏轼对于丰富的文学遗产既有继承，同时又加以改造、发展，形成自己独具一格的特色。钱廷锦在指出苏诗与唐诗的艺术渊源的同时，亦能对苏诗新变与开拓的一面有充分的认识。如其评《腊日游孤山访惠勤惠思二僧》曰："此公诗之所以独绝，不可以常格议也。"其评《次韵孙职方苍梧山》"或云灵境归贤者，又恐神功亦偶然"句曰："此等诗调，自公开之矣。"其评《铁拄杖》曰："便似老杜，而一种奔轶之气，自是公本色。"出于对苏轼的敬仰崇拜及对其作品的激赏，人们常将其诗文集奉为圭臬，钱廷锦也指出了苏诗对后人的影响。如其评《太白山下早行至横渠镇书崇寿院壁》"乱山横翠幛，落月淡孤灯"句曰："范石湖'山根炬火忽人家'本此。"其评《是日宿水陆寺寄北山清顺僧二首》曰："此种乃放翁所宗仰。"其评《景纯见和复次韵赠之二首》"多事始知田舍好，凶年偏觉野蔬香”句曰：“阮白最赏此连。”《和子由记园中草木十一首》“探怀出新诗，秀语夺山绿”句，其评之曰：“昔圣阶枉赠予诗云：‘烹茶诵君文，秀夺南山绿。’盖用公句也。”体现出他通观古今的文学史视野。

四

翁同龢（1830～1904），咸丰六年（1856）状元，诗、文、词各体兼擅，以诗最工，足名一家。他受同乡钱谦益的影响也最大，钱谦益探花及第却仕途坎坷，屡被放黜，翁同龢亦感同身受，当然他更为钱氏的才学淹博所折服，推重其“根抵盘深”。翁氏之诗亦是抒情议论熔铸一体，邵松年认为其诗“宏深淹博，笔有奇气，多与苏公相类”，为一时斯文宗主①。汪辟疆《光宣诗坛点将录》对其诗有“风骨遒上，余事作诗人，非学裕识广，辟易千人者，固未足语于此”之评②。亦可见出翁氏之诗与东坡、牧斋诗歌风格的相近之处，也就不难理解他对于苏诗及虞山诗人缘何喜爱有加了。

翁同龢于此苏诗评本题识曰，严虞惇与钱廷锦二人“手眼各别”，故将二人评点会为一处，“以证吾虞诗派之异同。”严、钱、翁三人皆为虞山乡里，而虞山诗派是明清之际东南诗坛的重要流派。若论文学流派之形成，“文家须先有并时之羽翼，后

①[清]邵松年:《瓶庐诗补序》,朱育礼、朱汝稷校点:《翁同龢诗集》,上海:上海古籍出版社,2009 年,第 443 页。

②钱仲联主编:《清诗纪事》(十六),南京:江苏古籍出版社,1989 年,第 11312 页。

有振起之魁杰，而后始克成为流别，于以永传”[①]。虞山诗派以钱谦益为其开创者，而以钱氏之门生冯舒、冯班、瞿式耜，及族孙钱曾、钱陆灿等阐扬其风。钱谦益之诗虽初学盛唐，却又能够别开生面，敢于挑战“独尊盛唐”这一强势理论的传统地位，认为宋诗在中晚唐之后出现是一个新的富有生命力的承接，“古今之诗总萃于唐而畅遂于宋”[②]，其后广泛学习唐宋各家，转益多师，相容并蓄，不拘一格。其弟子瞿式耜认为：“先生之诗，以杜、韩为宗，而出入于香山、樊川、松陵，以追东坡、放翁、遗山诸家。”[③] 王士禛《分甘余话》云：“虞山源于少陵，时与苏近。”[④] 计东《梅村诗钞题词》曰：“虞山暮年之诗，心摹手追于眉山、剑南之间。”[⑤] 严虞惇在评点苏诗《刁景纯席上和谢生二首》中亦指出：“钱牧斋《有学集》中诗，造此境界。”钱氏才学兼资，藻思洋溢。他一面倡“情真”“情至”以反对模拟，一面倡学问以反对空疏。其诗文常把铺陈学问与抒发思想性情糅合起来，融“学人之文”与“文人之文”为一体，纵横曲折，奔放恣肆，规模宏大，振作了明末清初的文风。

---

①[清]王葆心著，熊礼汇校点:《古文辞通义》卷六《识涂篇·二》，武汉:武汉大学出版社，2008年，第210页。

②[清]钱谦益:《牧斋外集》卷二五《雪堂选集题辞》，潘景郑辑校:《绛云楼题跋》，北京:中华书局，1958年，第176页。

③[清]瞿式耜:《牧斋先生初学集目录后序》，[清]钱谦益:《牧斋初学集》卷首，上海:上海古籍出版社，1985年。

④钱仲联主编:《清诗纪事》(三)，南京:江苏古籍出版社，1987年，第1259页。

⑤钱仲联主编:《清诗纪事》(三)，南京:江苏古籍出版社，1987年，第1412页。

首开流派之宗师钱谦益亡故以后，虞山诗派一脉持续不断，绵延发展。王应奎在《西桥小集序》中申论曰："吾郡诗学，首重虞山，钱蒙叟倡于前，冯钝吟振于后，盖彬彬乎称盛矣。"① 二冯（冯舒、冯班）在很大程度上自觉继承了钱谦益的文学观，反对明代复古派一味标举"盛唐"、回归"李杜"的狭隘取径，力破余地，追求"真诗境"。但虞山诗派在诗学理念和审美取向上并未完全一致，单学傅《海虞诗话》谓："虞山诗派钱东涧主才，冯定远主法，后学各有所宗。"② 对于如何汲取新的诗学之源，冯班虽然同样反对专以盛唐为宗，但也不以牧斋导扬宋诗为然，而是尊崇晚唐杜、李、温等诸人，且根系远及六朝。钱谦益在《冯定远诗序》中即指出："其为诗沉酣六代，出入于义山、牧之、庭筠之间。"③ 他在《冯已苍诗序》中也赞赏冯舒"枕经籍史，肆志千古。其为学尤专于诗，其治诗尤长于搜讨遗佚，编削伪谬。一言一之错互，一字之异同，必进而抉其遁隐，辨其根核"④。事实上，变异是诗派发展的动力，也是诗派具有活性的标志。二冯自《诗经》以下逐一考订渊源，功力深厚，而冯班之诗尤为沉丽细密，锤炼藻绘，以标榜玉溪生而自张一

①[清]王应奎：《柳南文钞》卷五，张舜徽著：《清人文集别录》，北京：中华书局，1963年，124页。

②[清]单学傅：《海虞诗话》卷二，顾廷龙主编：《续修四库全书》（集部），第1706册，上海：上海古籍出版社，2002年，第17页。

③[清]钱谦益：《牧斋初学集》卷三二，上海：上海古籍出版社，1985年，第939页。

④[清]钱谦益：《牧斋初学集》卷四十，上海：上海古籍出版社，1985年，第1086～1087页。

军，势力日渐壮大，使虞山派“诗坛旗鼓，遂凌中原而雄一代”①。康熙二十五年（1696）曹禾撰《海粟集序》曰：“虞山之前辈曰宗伯钱先生，其论诗也苛，其自为言也足，门墙士多从冯氏学在乡邦。”② 而沈德潜则曰：“湘灵为牧斋族子，然其诗不为虞山派所缚，别调独弹，戛戛自异，毗陵学诗者多宗之。”③钱陆灿学富才高，他尊崇钱谦益，反对冯班“以妖冶为温柔，堆砌为敦厚”的诗论，所著诗词骨力雄厚。王应奎认为：“湘灵诗宗少陵，有高旷之思，有沉雄之调，而其教人也，亦必以少陵。”④ 故而，虞山诗派在钱谦益身后已分立门户。台湾学者胡幼峰先生以王应奎编纂《海虞诗苑》为据，参考沈德潜选辑《国朝诗别裁集》和王豫编选《江苏诗征》，列举了近四十人为虞山诗派成员⑤，其中分以钱谦益、冯班为先后宗主，将冯舒、钱曾、钱陆灿、严熊、钱良择、王誉昌、王应奎称为虞山派重要诗人，又列有“宗钱”“宗冯”“出入钱冯”三派和“后期弟子”数人，而“宗钱”派中即有严虞惇。

如果观照严虞惇所批苏诗，其宗法杜甫，倡“情真”，抑空疏，求创新，反摹拟，文风奔放恣肆，具有直面现实、心系国运、关怀人生的诗史意识。他称赏苏轼之才学，如前述其评

①[清]陈祖范：《海虞诗苑序》，[清]王应奎著，罗时进、王文荣点校：《海虞诗苑·海虞诗苑续编》，上海：上海古籍出版社，2013年，第651页。

②[清]曹禾：《海粟集序》，[清]顾复渊：《海粟集》卷首，清雍正八年刊本。

③[清]沈德潜等编：《清诗别裁集》卷五，上海：上海古籍出版社，2008年，第167页。

④[清]王应奎：《柳南随笔》卷五，北京：中华书局，1983年，第88页。

⑤参见胡幼峰：《清初虞山派诗论》，台北：台湾编译馆，1994年，第326～363页。

《次韵章传道喜雨（祷常山而得）》曰："次韵如自己出，惟坡公能之，真是才大于海。"其评《正辅既见和复次前韵慰鼓盆劝学佛》曰："此等和韵诗，真正才大如海。"但对于苏轼学习六朝之诗却颇有微词，如其评《壬寅二月有诏令郡吏分往属县减决囚禁……作诗五百言以记凡所经历者寄子由》曰："此诗仿潘岳《西征赋》体也。○对仗未甚工，叙事详略亦未妥，盖非公诗之佳者。"可见其所受钱谦益诗学之影响。反观钱廷锦所批苏诗，亦能够肯定苏轼的转益多师，尤其是在苏诗与唐诗之因缘问题上，与严虞惇颇有一致之处，但其态度认真谨慎，温柔敦厚，信而有征，语法简洁细密，注重作品的历史背景材料，瞩目苏诗的本事源流考订，等等，却似与冯班诗论大体相合。同样是《壬寅二月有诏令郡吏分往属县减决囚禁十三日受命出府至宝鸡虢郿盩厔四县既毕事因朝谒太平宫而宿于南溪溪堂遂并南山而西至楼观大秦寺延生观仙游潭十九日乃归作诗五百言以记凡所经历者寄子由》一诗，其认为此诗不修边幅，缺乏内蕴之美，故讽之曰："起结叙致，不衫不履，自是宋体。"但这在"粗疏任气"，"宏深淹博，笔有奇气"，深受钱谦益影响的翁同龢看来，的确是"评点极矜慎，于鄙意有未尽合者"。因此，诚如翁同龢所言，通过对比严、钱两人的苏诗评点，亦可看出虞山诗派演变之路径及诗人之宗尚，对于清代文学批评研究具有重要参考价值。

五

黄裳先生不仅收藏过录了翁同龢的苏诗评本题跋，而且在《翁批东坡先生诗》一文中深入分析了翁氏由此评本题跋中透露出来的内心活动，借此亦可管窥当时变幻莫测的政治风云。

翁同龢在近代史上具有重要地位，官至协办大学士，累迁户部、刑部、工部尚书，充军机大臣兼总理各国事务衙门大臣，先后担任同治、光绪两代帝师，堪称“帝党”魁首。在光绪时期，翁同龢不仅参与了中俄、中法条约的决策，在中日甲午战争中也是主战最力，对抗李鸿章等主和派，被奉为“清流”宗主。光绪二十三年（1897），翁同龢柄国，“痛于甲午之役，知非变法不足以图存，破格求贤，冀匡时变，惜望治过急，荐举非人”①。他所依靠结交者罕有地方封疆大吏，多是词垣台谏、翰林“清流”，无实力权柄，议论朝政振振有词，慷慨激昂，办起实事来却一筹莫展，而且翁氏“久侍讲帏，参机务，遇事专断。与左右时有争执，群责怙权”②，因此作为“帝党”的领袖，翁同龢率领的力量看似羽翼众多，其实十分脆弱松散，在与“后党”的斗争中一击即溃。光绪二十四年（1898）四月，变法尚未开始，翁同龢便因“近来办事多不允协，以致众论不服，屡经有人参奏。且每于召对时咨询事件，任意可否，喜怒见于词色，渐露揽权狂悖情状，断难胜枢机之任”，被“开缺回籍，以示保全”。变法失败后，又被扣上了“辅导无方，往往巧藉事端，刺探朕意”，“办理诸务，种种乖谬，以致不可收拾”的罪名，终获“革职，永不叙用，交地方官严加管束”③。

翁同龢作为清朝重臣，为官多载，却极清廉，回乡后无所

①[清]《清史列传》第六十三册・卷六三《已纂未进大臣传》二，北京：中华书局，1928年，第114页。

②[清]赵尔巽编纂：《清史稿》卷四三六《列传》二二三，北京：中华书局，1977年，第12371页。

③[清]《清史列传》第六十三册・卷六三《已纂未进大臣传》二，北京：中华书局，1928年，第114页。

依傍："叹息无家老逐臣，只余两膝拄孤身。"[①] 其曾于苏诗评本后亦自叹曰："余削籍归田，生计日迫"，以致竟要靠门生故旧接济，借住在亲戚家中："自十六以后无雨，几于流金烁石矣。余假蒉卿侄舍以居，书室如斗，蚊雷轰然。临圈点毕，因记。六月廿九日。"落魄忧伤之情俨然可见。他对严虞惇"罢官居京师时，至于绝粮，得人馈青钱二千始济"，以及其批点苏诗时"贫病交迫，朝不谋夕"的困苦境遇深有同感，颇"于我心有戚戚焉"，故此，"翁氏以紫笔过严评，每卷尾俱有题记，有长至一两叶者，一体小行楷，甚精"。但看到自己"然犹有书画数簏，墓庐一区"，又使得他"仰愧先生多矣"，在苏诗批本首册题云："以紫笔临严思庵先生阅本于此本上。它日当令严氏子孙写藏之。"

翁同龢在虞山批阅苏轼诗集之时，正是义和团起事的庚子年（1900），举国动荡。他虽久已退隐林下，闭门思过，平日小心谨慎，不敢稍露形迹，感慨严虞惇"批本中题记往往涂抹过半，意当日文字之禁严耶？"却仍然"念及时艰，辄复流涕"[②]，心系京都，未能忘情。"吐露罪臣心事，不少避忌"。其于评本题跋曰："北方有警，讹言纷然。回望神京，魂神飞越"，不禁发出了"此岂吾读书时耶？然舍读书又何为耶？嗟乎，嗟乎"的慨叹，冀望能被朝廷重新启用。同时也应该看到，翁同龢并非富有远见卓识的政治家，中日甲午海战"于敌势军情焉不识"，却注重派别利益，维护个人权威，"惟一味夸张，力主开

①［清］翁同龢：《瓶庐诗稿》卷五《重题章侯画博古牌刻本次前韵》，朱育礼、朱汝稷校点：《翁同龢诗集》，上海：上海古籍出版社，2009年，第149页。

②［清］《清史列传》第六十三册·卷六三《已纂未进大臣传》二，北京：中华书局，1928年，第114页。

战”，“以致十数年之教育，数千万之海军，覆于旦夕，不得已割地求和”[①]，属于书生论政的典型，这在时人的评论中亦有不少记述，如他的同乡曾朴（《孽海花》）、张鸿（《续孽海花》）便曾对其（化名龚和甫）做了生动形象的描绘。翁氏在苏诗题跋中自谓“粗疏任气，老将至而未知所裁也”，“以庸流参大计，以华士谈诗书”，亦曾诗曰：“愧我硁硁作计臣，曾无膏泽及民身。”[②] 实为的当之反思。况且，他虽有苏轼一样的忠君报国之心怀，却没有苏轼一样的超然旷达之胸襟，在面对仕途坎坷、宦海沉浮时难以坦然处之。他“晚遭谗沮，几获不测，遂斥逐以终”[③]，困寓虞山七年之后，光绪三十年（1904）五月，在风云变幻中饱经忧患的翁同龢，便满怀抑郁和凄怆地与世长辞了。不过即使如此，诚如黄裳先生于苏诗识语中所言，翁氏“闻京警而思中朝，其意可伤”，他的苏诗评点题跋，我们可以视之为在儒家正统文化影响下，清朝士大夫“修齐治平”理想的点滴记载。但其“昌言无忌，不畏抄家致祸，是可异、亦可贵也”[④]，依然具有重要的文献价值和史学意义。

---

①参见山谷:《翁同龢:维新还是守旧》,载《国学》2011 年第 8 期,第 56～59 页。

②[清]翁同龢:《瓶庐诗稿》卷五《三题章侯画博古牌刻本次前韵》,朱育礼、朱汝稷校点:《翁同龢诗集》,上海:上海古籍出版社,2009 年,第 161 页。

③[清]赵尔巽编纂:《清史稿》卷四三六《列传》二二三,北京:中华书局,1977 年,第 12371 页。

④黄裳:《来燕榭读书丛札(续)》,载《东方早报》2012 年 2 月 12 日,第 B05 版。

第四节　国图藏清代苏诗未刊评点三种述要

清代是苏诗评点的高峰时期，除为人所熟知的查慎行、汪师韩、纪昀等人的已刊评点外，尚有多家未刊评点，对于苏诗研究及清代文学批评研究不无裨益，惜未为人所重视，现择取国家图书馆所藏三种清代苏诗未刊评点概述如下。

一、何焯的评点

何焯（1661～1722），初字润千，后字屺瞻，晚字茶仙，号义门先生，清代著名学者、书法家。何焯对前人诗文多所校注评骘，其后人曾整理而成《义门读书记》五十八卷。

《中国古籍善本书目》（编号：2903）和国家图书馆藏书目录（索书号：sb06030）著录何焯批点清康熙二十八年（1689）宋荦刻本《注东坡先生诗》四十二卷《总目》二卷《续补遗补注》二卷《王注正讹》一卷《东坡先生年谱》一卷。此本十册，半页十行，行二十一字，黑口，单鱼尾，四周单边。《义门读书记》中未载该评本。国图藏书目录题："□哲临陈景云录何焯批点。"该评本卷首有□哲题识云：

> 此集凡题首用朱笔圈出者，俱系何义门太史所选定，其诗圈点评语悉照拜经楼旧藏陈少章先生临本过录，其不入选者，犹未及之，他日更当补其全焉。同治丁卯六年中秋□哲识，时年六十有一。

据题识可知，该何焯评点本乃是由□哲于同治六年（1867）过录的拜经楼旧藏陈少章临本。由于该评本资料阙如，□哲究为何人难以确知。陈景云（1670～1747），字少章，号文道先生，江苏吴县人。“少从焯游”，“博闻强识”，尤“长史学”，为文“简严有法”。①

吴骞撰、吴寿旸辑《拜经楼藏书题跋记》卷五“王梅溪集《百家注东坡先生诗集》”条曰：

> 右《苏诗王注》三十二卷，末二卷为和陶诗。何义门先生评本，每卷皆题记岁月，卷末记云：“苏诗仅三十二卷，阅之匝月始毕，读书如此作辍，虽慧者难望有成。况愚钝如子者乎？放笔为之惘然。癸酉九月，抄摘坡公佳句，五日而毕，漫记书尾。”此本先君子从知不足斋借临。书后云：“乾隆乙未，以文购得‘王注苏诗’及《唐音戊籤》并何义门太史评本，凡去价十千。”苏诗是陈少章先生临本，因从之，假归，请朱君允达录于此本，《戊籤》别自临之。时丙申夏五吴某记。②

根据吴骞所记，拜经楼所藏陈少章临本为何焯的“王注苏诗”评点本。则最有可能的是，国图所藏何焯苏诗批本，乃是□哲将拜经楼旧藏陈少章临何焯“王注苏诗”评点内容过录到“施注苏诗”本。由此也可以推断，何焯评点苏诗时为康熙三十二年（1693），是年九月批完。陈少章所临何氏评语的时间尚不得而知。该评本虽非原批但其原批今实已难见，故此本具有研究的价值。

何焯批点苏诗共八百余条，用力甚劬。对于苏诗之成就，

---

①[清]赵尔巽编纂：《清史稿》卷四八四《列传》二七一《文苑》一，北京：中华书局，1977年，第13369页。

②[清]于敏中等撰：《清人书目题跋丛刊·十》，北京：中华书局，1995年，第669页。

何焯评价甚高。如其评《雪后书北台壁二首》曰："坡知密州时作，偶然用韵极险，而再和尤佳。或谓坡诗律不及古人，然才高气雄，下笔前无古人也。观此《雪》诗，亦冠绝古今矣，虽王荆公亦心服，屡和不已，终不能压倒。"但他认为这并非苏轼刻意为之，而是信手所成，达到了艺术创造的自由境界。如其评《宿临安净土寺》"句句妙。不经意所成。"其中"微月半隐山，圆荷争泻露"句："无意求工，幽光自然。"其评《秋怀二首（其一）》曰："随手写述，触眼感叹。"其评《送碧香酒与赵明叔教授》曰："总是信手而成，脱尽畦径。"其评《焦千之求惠山泉诗》曰："以文为诗，此等亦是随手所成，不甚经意。"其评《记所见开元寺吴道子画佛灭度以答子由》"翔禽哀响动林谷，兽鬼踯躅泪迸泉"句曰："刻划处出之，却极轻便，所以不可及。"其评《秦穆公墓》曰："意有所感，泛手而成，非好为异论与故作变调也。"其评《泗州僧伽塔》曰："至理只在浅语中。"其评《与王郎昆仲及儿子迈绕城观荷花登岘山亭晚入飞英寺分韵得月明星稀四首》曰："不甚着意，却亦潇洒可爱，由其胸次无一点尘滓也。"在何焯看来，这种挥洒自然的创作，既是苏轼文才使然，也是因其旷达之心胸而得之。

苏轼为文喜欢翻奇出新，不循常理。何焯对他这种不苟俗论的学术态度也表示支持和赞赏。如《秦穆公墓》云："昔公生不诛孟明，岂有死之日而忍用其良。乃知三子徇公意，亦如齐之二子从田横。"苏轼对传统观点提出质疑，并申论之："古人感一饭，尚能杀其身。今人不复见此等，乃以所见疑古人。"查慎行认为："议论自开辟，但事出六经，恐难翻案。"何焯却肯定曰："翻案好。"他认为："《诗·黄鸟》郑笺云：'从死，自杀以从死。'此公诗所本也。疏家谓穆公命从已死，此臣自杀从之，颇非郑之本意。故公诗复举‘不诛孟明’，以证明其不然。”何焯治学严谨，精于考订校注，“凡经传子史、诗文集、杂说、小学，多参稽互证，以得指归”①。故所评苏诗亦是考评结合，诗史互证。又如《监试呈诸试官》中云：“麻衣如再着，墨水真可饮。”纪昀评之曰：“‘麻衣’二句真语，非通人不肯道，然是用晋李怿意。”何焯则更进一步申说：“亦用李事。此痛士子尽从王氏，不能为公等之学，故先自谦以发端。”指出了苏诗的刺时讥世之寓意。另如其评《端午遍游诸寺得禅字》“盆山不见日，草木自苍然”句曰：“《书·益稷篇》：‘传光天之下，至于海隅苍苍，然生草木。’公诗用字之深博，不在荆公下也。”等等。均考之有据，言之可信，不仅有助于对苏诗的认识理解，也显示了何焯敏锐独到的学术眼光。

何焯还体察到苏诗在不同阶段的风格变化特点。他认为苏轼在被贬黄州之前，诗风豪放，意境恣肆。如其评《别岁》曰：“令人茫茫回首。”其评《中隐堂诗（其三）》曰：“幽独如许。”其评《王维吴道子画》曰：“句句写出雄放清厚精神。”其评《维摩像唐杨惠之塑在天柱寺》曰：“写出苍凉。”其评《是日至下马碛憩于北山僧舍有阁曰怀贤南直斜谷西临五丈原诸葛孔明所从出师也》曰：“淡而悲。”这是因为苏轼刚出仕不久，力图有所作为，探索人生的真谛，却又对仕宦人生感到迷惘与怀疑。兼之北宋诗歌革新运动提倡学杜，他在这一时期的诗作更多地受到了杜诗沉郁顿挫的风格影响。而在苏轼政治上经受了大起大落之后，何焯感受到其诗风转为清淡高远，更重视心灵的恬适自得和精神的超凡脱

①［清］沈彤：《翰林院编修赠侍读学士义门何先生行状》，［清］何焯《义门读书记·附录》，北京：中华书局，1987 年，第 1276 页。

俗，妙解人生，呈现出谐、理二趣共存的特色。如其评《泗州僧伽塔》曰："说理透快，使人黑昧顿豁。"其评《赠莘老七绝》曰："愤时语写得骏快。"其评《陪欧阳公燕西湖》"已将寿夭付天公，彼徒辛苦吾差乐"句曰："达人之言快然。"其评《濠州七绝·观鱼台》曰："即用《庄子》语作开合。"何焯秉性耿介，遇事直言辩正，因而常遭妒忌中伤，仕途坎坷，对苏轼的曲折际遇与性格变化也是深有感触，知人论文，其体会也真，故发言也切。

苏诗的艺术风格，宋人就以为它是多样化的。陈师道说："苏诗始学刘禹锡，故多怨刺，学不可不慎也；晚学太白，至其得意则似之。"① 张戒则认为："苏子瞻学刘梦得，学白乐天、太白，晚而学渊明。"② 何焯也极为注意苏诗对前代文学尤其是唐诗的继承与借鉴，随处加以比较和提示。其中多为中规之词，如其评《和子由踏青》"人闲正好路旁饮，麦短未怕游车轮"句曰："学昌黎气味颇似。"其评《石鼓》　"忆昔周宣歌《鸿雁》……岂有名字记谁某"一段曰："此段波澜老成，纯乎少陵。"其评《宋叔达家听琵琶》曰："似义山体。"其评《和子由中秋见月》曰："逼近太白。"其评《端午遍游诸寺得禅字》曰："已得柳州深致。"亦有赞赏之语，其评《司竹监烧苇园因召都巡检柴贻勖左藏以其徒会猎园下》"迎人截来砉逢箭，避犬逸去穷投罝"句曰："《羽猎赋》逊其精炼。"其评《游金山寺》"微风万顷靴文细，断霞半空鱼尾赤"句曰："缥缈无迹，并非青莲

①[宋]陈师道：《后山诗话》，四川大学中文系唐宋文学研究室编：《苏轼资料汇编》，北京：中华书局，2004年，第138页。

②[宋]张戒：《岁寒堂诗话》卷上，四川大学中文系唐宋文学研究室编：《苏轼资料汇编》，北京：中华书局，2004年，第300页。

所及。”但也时见批评之言，如其评《有以官法酒见饷者因用前韵求述古为移厨饮湖上》曰：“香山后身。”指出其冗沓、率意之弊。其评《真兴寺阁》“侧身送落日，引手攀飞星”句曰：“二句终逊‘七星在北户’矣。”其评《送范景仁游洛中》曰：“规模杜诗，非公本色。”其评《秋怀二首》曰：“此等极学晋宋人语，但无远旨。”等等。均是中切之论。不但可见何焯视野之开阔，也足见苏轼接受前代文学影响之广泛及复杂性。

何焯同时指出，苏诗的可贵之处不但在于学习古人，还在于坚持本色，保持独立的创作个性。如其评《二十七日自阳平至斜谷宿于南山中蟠龙寺》曰：“自起至结，无一语不属对，章法独创。”其评《新城陈氏园次晁补之韵》曰：“似王又似韦，于集中为变调，正见才人无所不能。”其评《和顿教授见寄用除夜韵》曰：“又创一格，可为叠韵法。”其评《和子由四首·首夏官舍即事》曰：“此诗变体，他人殆难继也。首唱两句自说榴花，下面如何着语？似乎甚难，却自想‘吾庐’之好，而恨此身之未归。第五、第六却又谓不是无酒，只是心事自不乐耳。至尾句却又摆脱，而归宿于湖上之寺，盖谓虽未可，遽归一出游僧舍，亦可也。变体如此难学，故书之，以见苏公大手笔之异，如初夏《贺新郎》词后一段，全说榴花，亦他人所不能也。老杜‘即看燕子入山扉’，以下四句说景，却将四句说情，则甚易耳。善变者将四句说景括作一句，又将四句说情括作一句，以成一联，斯谓之难。”苏诗能够在传承中创新而长存文学史，何焯之批点可谓探骊得珠，画龙点睛。

何焯评点苏诗不仅注意从大处着眼，整体把握，还对苏诗的遣词造句、开头结尾等细微之处严加推敲，其中也是褒贬兼具。如其评《和子由记园中草木十一首》“君看藜与藿，生意常草草”句曰：“结句于慕蓍外另生头绪，与全首不合。”又如其评《和董传留别》“粗缯大布裹生涯，腹有诗书气自华”句曰：“句虽腐却厚。”其评《有美堂暴雨》“游人脚底一声雷，满座顽云拨不开”句曰：“起句写出雨势之暴，不嫌其险。”“天外黑风吹海立，浙东飞雨过江来”句曰：“‘海立’二字用之自东坡始，此联壮哉。”“十分潋滟金樽凸，千杖敲铿羯鼓催”句曰：“二语气象开阔，后难为继。”其评《大风留金山两日》“灊山道人独何事，半夜不眠听粥鼓”句曰：“结得无味却妙。”其评《谢人见和前篇二首》“忍冻孤吟笔退尖”与“冰下寒鱼渐可叉”句曰：“文字可谓缚虎手，‘尖’‘叉’二字和得全不吃力，非坡公天才，万卷书胸未易至此。”其评《祭常山回小猎》“回望白云生翠巘，归来红叶满征衣”句曰：“颈联自雄，才人本色。”如果结合苏诗的艺术特点观之，何焯可谓公允之论。

二、何绍基的评点

何绍基（1799～1873），字子贞，号东洲，晚号蝯叟。晚清学者、诗人、书法家，著有《东洲草堂金石跋》《东洲草堂诗文钞》等。

《中国古籍善本书目》（编号：2900）和国家图书馆藏书目录（索书号：sb06507）著录何绍基批点清抄本《注东坡先生诗》四十二卷《续补遗》二卷。此本两册，半页十二行，行二十六字，白口，左右双边。无题跋。

上海图书馆现藏有何绍基批点的清康熙三十八年（1699）宋荦刻本《注东坡先生诗》四十二卷《总目》二卷《续补遗补注》二卷《王注正讹》一卷《东坡先生年谱》一卷。此本十册，半页十行，行二十一字，黑口，单鱼尾，四周单边。书后有何绍基跋曰：

> 同治乙丑五月，广信舟中阅欧阳文忠集，粗竟于廿六日。接看坡诗，随手批选，廿七八九至闰五月初一阅竟。接阅传志年谱，初二日至江西粮道段培元署暂住，灯下阅毕。此本是吴壻子隽在杭州购得，余携至舟中评点，将来当付之。虽然草草，然评苏大意，想在是矣。蝯叟记。

将上图和国图两种批本对比发现，尽管二者批语并无相同之处，但批点笔迹基本相同，大致可以确定国图藏本应为何绍基评点本。因时间仓促，上图藏本何氏批阅“草草”，前详后略，且并未如其所言而“阅竟”。而国图藏本虽难以确知其批阅时间，但何绍基基本“阅竟”，其批语较上图藏本繁多，因此也更能够映现出他的诗学观念。

何绍基论诗主张“人与文一”“先学为人”①，他注意联系苏轼的身世遭际、生平思想与政治态度，结合当时特定的历史背景来看待其写作心态。如其评《辛丑十一月十九日既与子由别于郑州西门之外马上赋诗一篇寄之》曰：“时坡公甫出仕，已作此语，而一生为官职所羁，何耶?”其评《捕蝗至浮云岭山行疲苦有怀子由弟二首》“杀马毁车从此逝，子来何处问行藏”句曰：“非疲苦安得此佳语。”其评《次韵张安道读杜诗》“巨笔屠龙手，微官似马曹。迂疏无事业，醉饱死游遨”曰：“未免应酬。”《和子由记园中草木十一首》中有诗云：“种柏待其成，柏成人亦老。不如种丛篲，春种秋可倒。……”何氏评曰：“托喻感慨。”《九月中曾题二小诗于南溪竹上既而忘之昨日再游见而

①[清]何绍基：《〈使黔草〉自序》，[清]何绍基撰，龙震球、何书置校点：《何绍基诗文集》，长沙：岳麓书社，2008年，第695页。

录之》“谁谓江湖居，而为虎豹宅”句，其评曰：“南溪真有虎豹耶？抑寄喻耶？”《送曾子固倅越得燕字》“醉翁门下士，杂沓难为贤”句，其评曰：“言贤者之多也，语淡意激。”在何绍基看来，苏轼许多发自肺腑、充满身世之感的优秀篇章，都是诗人真情实感的自然流露，这也与何氏强调写诗直抒“性情”、建立“真我”的论点相合，自然寓意深远。如其评《傅尧俞济源草堂》曰：“说尽情事。”其评《颍州初别子由二首》“征帆挂西风，别泪滴清颍。留连知无益，惜此须臾景”句曰：“真挚。”其评《秋怀二首》“苦热念西风，常恐来无时。及兹遂凄凛，又作徂年悲”句曰：“真情境。”其评《和子由寒食》“忽闻啼鹃惊羁旅，江上何人治废田”句曰：“远意。”其评《冬至日独游吉祥寺》曰：“语意甚远。”其评《和孔郎中荆林马上见寄》曰：“归意止事及，而语意深远。”其评《陌上花三首》“已作迟迟君去鲁，犹歌缓缓妾回家”句曰：“读之生怆。”亦见何氏批点苏诗用情之深。

何绍基由于仕途挫折，性情拘检，“一切豪诞语、牢骚语、绮艳语、疵贬语，皆所不喜，亦不敢也”①，而强调“温柔敦厚”的诗教，对苏轼怨刺之言屡加警示。如《送刘攽倅海陵》直刺新法，何氏曰：“此诗岂可令介甫见耶？”而其评《送刘道原归觐南康》曰：“‘聊借旧史诛奸强’语得无过激乎？”其评《寄刘孝叔》“忽令独奏凤将雏，仓卒欲吹那得谱”句曰：“前直言时事，忽着此淡劲语，足见此篇止借题发泄，非为孝叔而作也。”其评《和钱安道寄惠建茶》曰：“一茶耳，褒‘骨鲠’，抑‘权

①[清]何绍基:《〈东洲草堂诗钞〉自序》,[清]何绍基撰,龙震球、何书置校点:《何绍基诗文集》,长沙:岳麓书社,2008年,第3页。

幸’，借题发泄，自然生态。其实建茶有何佳处?”有时他还由作品发为联想，推己及人，借以劝世。如《和子由苦寒见寄》“吾从天下士，莫如与子欢”句，何绍基评曰：“此两语，吾于子毅同之，今已矣”。《送安惇秀才失解西归》“旧书不厌百回读，熟读深思子自知。他年名宦恐不免，今日栖迟那可追”句，何绍基评曰：“‘今日栖迟那可追’，真有味之言。吾尝谓：落第是好事，又好多读两年矣，与公此言合”。但是作为一正直文人和朝廷循吏，何绍基对黑暗社会多所认识，对民生疾苦多所同情。如其面对国家兴衰，也禁不住写出了“愁风闷雨人无寐，海国平分鬼气多”（《沪上杂书》）之类讥刺时政的诗作，表达了对外国侵略者盘踞租界的深深愤慨。同样他在评点苏诗中也时而以古讽今，借以刺时。如其评《和子由蚕市》尾联“诗来使我感旧事，不悲去国悲流年”句曰：“流年之悲，乃甚于去国。”其评《秀州僧本莹静照堂》“君看厌事人，无事乃更悲”句曰：“道尽人情。”《雨中游天竺灵感观音院》：“蚕欲老，麦半黄，前山后山雨浪浪。农夫辍耒女废筐，白衣仙人在高堂。”其评曰：“杭州求雨、求晴，惟观音是恃。‘白衣’句因有喻意，却亦纪实也。”透露出他对现实的关注和慨叹。而《石鼓》中云：“扫除诗书诵法律，投弃俎豆陈鞭杻。当年何人佐祖龙，上蔡公子牵黄狗。登山刻石颂功烈，后者无继前无偶。”何氏不禁大呼：“能骂作小篆之丞相斯，真解人也，波澜阔极。”语中不无对苏轼忠君爱民赤诚之心的赞赏之情。但这种认识、同情和愤慨毕竟是有限的，大体不出封建伦理范畴和忠正士大夫的标格。

何绍基以宋诗为圭臬，以苏轼为主要宗尚，自然也关注苏诗的艺术效果。张道说苏轼“博极群籍，左抽右取，纵横恣肆，隶事精切，如不著力；尤熟于史汉、六朝唐史，《庄》《列》《楞严》《黄庭》诸经，及李、杜、韩、白诗；故如万斛泉源，随地喷涌，未有羌无故实者”①。因而其文“音调清亮，笔势雄杰，有穿云裂石之声，有冲霄贯日之气”（《策略四》钱文登评语），“长江一泻千里，而波澜曲折，自有妍姿，真文人之豪也”（《司马温公神道碑》唐顺之评语）。这与何绍基的论点也不谋而合，何氏作诗讲求理足、气盛、情真、词雅，起处有真意，而终篇混茫。他认同苏诗具有一种波澜壮阔的气势和恣肆纵放的意境，如评《游径山》曰：“遒劲跌宕，有骏马奔川之势。”评《真兴寺阁》曰：“一气持满，坡集中亦属仅见。”评《司竹监烧苇园因召都巡检柴贻勖左藏以其徒会猎园下》曰：“波澜遒陗。”评《和晁同年九日见寄》曰：“不想宕开如许远，妙。”而在何绍基看来，这种气势和意境在苏诗的入笔与结语上表现得尤为明显。如其评《辛丑十一月十九日既与子由别于郑州西门之外马上赋诗一篇寄之》曰：“起得突”。《留题延生观后山上小堂》首联云：“溪山愈好意无厌，上到巉巉第几尖。”何氏评曰：“起得突远。”其评《石鼻城》起句“平时战国今无在，陌上征夫自不闲”曰：“起语道破，使行人一嘅。”评《常润道中有怀钱塘寄述古五首》曰：“起有力。”评《监试呈诸试官》曰：“亦是作论起结，激昂生态。”评《秦穆公墓》曰：“通首似论矣，赖有结语便有神。”评《西斋》曰：“结语感慨。”评《大秦寺》曰：“结句亦宕甚。”点到即止，一语中的。

宋人尚议论，苏轼也喜好以文为诗，纵放恣肆，直抒胸臆，议论英发，但有时以抽象议论代替形象表达，过于直露率易，

---

①［清］张道：《苏亭诗话》卷第一《考摘类》，四川大学中文系唐宋文学研究室编：《苏轼资料汇编》，北京：中华书局，2004 年，第 1998 页。

忽略了诗须凝练含蓄的内在特质。何绍基也指出了苏诗的受病之处。如其评《欧阳少师令赋所蓄石屏》曰："语涉率。"其评《广陵会三同舍各以其字为韵仍邀同赋》之"孙巨源"曰："作诗不必如此直遂。"之"刘莘老"曰："披露尽矣。"其评《甘露寺》曰："颇嫌太散漫。"其评《和欧阳少师寄赵少师次韵》曰："何太率易。"其评《盐官绝句四首·僧爽白鸡》曰："骂人太甚。"其评《吴中田妇叹（和贾收韵。）》曰："直切。"其评《景纯复以二篇一言其亡兄与伯父同年之契一言今者唱酬之意仍次其韵》曰："仅管次韵，有何意味，公于此浪费烟墨矣。"其评《捕蝗至浮云岭山行疲苦有怀子由弟二首》曰："直骂。"其评《和章七出守湖州二首》曰："含糊酬应。"当然，这些受病之处与苏轼公务繁忙或交游广、应酬多而消耗才思，致使作品不够精明也不无关系。但同样显示出何绍基精湛的学术功底和高超的艺术水准。这既是何绍基固守"温柔敦厚"传统诗教的本能反应，也是他作为近代宋诗派的主要理论家，倡导"诗人之诗与学人之诗合一"诗学理论的表现。

三、翁同书的评点

翁同书（1810～1865）字祖庚，号药房，又号和斋，翁心存长子，翁同龢兄。道光二十年（1840）进士，选庶吉士，授翰林院编修，后任安徽巡抚，晚清书法家、藏书家。

《中国古籍善本书目》（编号：2912）和国家图书馆藏书目录（索书号：sb06088）著录翁同书批注清康熙三十八年（1699）宋荦刻本《注东坡先生诗》四十二卷《总目》二卷《续补遗补注》二卷。此本八册，半页十行，行二十一字，黑口，单鱼尾，四周单边。无题跋。卷首钤"宝瓠斋藏书""翁同书字祖庚”“均斋秘笈”等藏书章，可知是翁氏藏书。翁心存曾为同治帝师，喜藏书，购得好友陈揆稽瑞楼所藏有珍稀善本上万卷。去世后，藏书多传给了长子翁同书。翁同书长幼弟翁同龢二十岁，两人关系甚密。翁同书早逝，将全部藏书传给了翁同龢，故该书亦钤有“均斋秘笈”之章。

苏诗门户广大，风格多样，对前人的借鉴、学习呈现出一种兼收并蓄、转益多师的态度，翁同书对苏诗与前代诗人之间的渊源关系也有全面的论说与评析。或指出苏诗之化用前人诗句，如《辛丑十一月十九日既与子由别于郑州西门之外马上赋诗一篇寄之》“苦寒念尔衣裳薄，独骑瘦马踏残月”句，他指出：“此乐天句。”《太白山下早行至横渠镇书崇寿院壁》首句“马上续残梦”，翁氏曰：“首句用唐刘驾语”。又如其评《留题延生观后山上小堂》“后四句与义山《碧城》诗相近。”其评《送岑著作》“临行怪酒薄，已与别泪俱”句“十字似郊、岛。”或指出苏诗之借用前人诗意，如其评《汤村开运盐河雨中督役》曰：“职役之劳与夫妨农病民之实历历如绘，所以指陈得失，有《国风》《小雅》之遗。”而《颍州初别子由二首》前一首中起首为：“征帆挂西风，别泪滴清颍。留连知无益，惜此须臾景。”翁氏认为：“即李陵‘长当从此别，且复立斯须’之意。”亦评后一首：“本是直抒胸臆，读之乃觉中心菀结之至者，此汉魏人绝调也。”或点出苏诗之学用前人诗法，如评《王维吴道子画》：“以史迁合传论赞之体作诗，音节疏古。有‘罗浮两山，风雨离合’之妙。”其评《僧清顺新作垂云亭》曰：“似柳州诸记。”其评《与毛令方尉游西菩提寺二首》曰：“用古事贴人姓，此本古法，少陵集中多有之。”

苏轼对于丰富的文学遗产既有继承，同时又加以改造、发展，形成自己独具一格的特色。翁同书在指出苏诗与唐诗的艺术渊源的同时，亦能对苏诗新变与开拓的一面有充分的认识。如其评《石鼻城》“独穿暗月朦胧里，愁渡奔河苍茫间”句曰：“‘苍茫’二字俱读从上声，自东坡创用。”其评《朱寿昌郎中少不知母所在刺血写经求之五十年去岁得之蜀中以诗贺之》曰：“历陈古事，不复再加论断，截然而止，此格尤为创见，然正是汉魏人遗意。”其评《古缠头曲》曰：“力避江州《琵琶行》旧调，是名家用意处。”由此可见，苏诗之所以拥有如此高的成就和地位，其中不可或缺的一点乃是在继承中有所创新。翁氏也为后人指出了学习前人的正确途径。

翁同书还特别注重对于某些艺术手法与技巧的评点。如他比较关注对苏诗章法、句法的分析。其评《辛丑十一月十九日既与子由别于郑州西门之外马上赋诗一篇寄之》“亦知人生要有别，但恐岁月去飘忽”句曰：“转进一层，曲折遒宕。”这与纪昀对此的评语“作一顿挫，便不直泻”异曲同工。又如他评《戏子由》：“先将子由与自己分作两段对写，末用四句总结，章法老洁。”评《欧阳少师令赋所蓄石屏》“不画长林与巨植，独画峨嵋山西雪岭上万岁不老之孤松”之句“长句磊砢，笔力具有虬松屈盘之势。真可匹敌杜陵。”评《十月十六日记所见》末句“惟有主人言可用，天寒欲雪饮此觞”曰：“一笔扫去，绝妙收束。”评《游金山寺》曰：“一往缥缈之音，收处不但结构天然，音节亦复妙绝。”而在《石鼓》中，其评更为全面：“‘细观’以下十八句，铺叙《石鼓》之文词字蹟，是第一段；‘忆昔’以下十六句推原溯委，铺叙典重，是第二段；‘自从’以下十六句，凭吊古今，却以六经九鼎作陪，澜翻无竭，是第三段。”以此可益于把握该诗的内容层次和篇章结构。他还对苏诗对仗、比喻、用典等特殊手法作了简洁有力的分析。如其评《守岁》首句“欲知垂尽岁，有似赴壑蛇”曰：“设喻甚奇。”评《二十七日自阳平至斜谷宿于南山中蟠龙寺》曰：“自首至尾皆用对语。”评《孤山二咏·柏堂》“双干一先神物化，九朝三见太平年”句“对法不测之至。”评《和子由记园中草木十一首·萱草》曰：“此首只以对照见意，竟不说破。萱草以比君子，牵牛以比小人。”评《和钱安道寄惠建茶》曰：“建茶以比君子；草茶以比小人。”评《贺陈述古弟章生子》曰：“全篇用事。”等等。都点出了苏诗艺术手法的丰富性与创造性。

翁同书早年致力于注疏考证，兼及史学，故所撰批语，多有注解性内容。如在《东湖》中有“予今正疏懒，官长幸见函。不辞日游再，行恐岁满三。暮归还倒载，钟鼓已鹌鹌”数句。翁同书评曰：“是时陈希亮为府帅，以属礼待先生，故云‘予今正疏懒，官长幸见函。’无聊不平时一发露。当与《客位假寐》诗参看。”又如《中隐堂诗（并叙）》，其评曰：“陆游《老学庵笔记》‘东坡祖名序，故为人作序，皆用“叙”字’。”而《广陵会三同舍各以其字为韵仍邀同赋·孙巨源》中有“人情贵往返，不报生祸根。坐令平生友，终岁不及门。南来实清旷，但恨无与言”句，翁同书评曰：“介甫柄政，同舍禁相往来。”《和董传留别》中颔尾二联为：“囊空不办寻春马，眼乱行看择婿车。得意犹堪夸世俗，诏黄新湿字如鸦。”翁氏评曰：“董时未娶，故有第六四句。”这些评点提供了苏诗创作的背景材料，颇助于读者了解作者之寓意真旨，发挥本事批评的功能。

翁同书的有些评点则属于对苏诗的文字之是正，真伪之考辩，所获亦多。元明以来，托名王十朋的苏诗分类注本“流传甚广”，“孤行于世”[①]，“几于家有其书”[②]。但此本经茅芰加以删改后，疏漏错误不断，邵长蘅曾指摘其“分门别类失之陋，不著书名失之疏，增改旧文失之妄”三大罪状。而在此之前，查慎行就曾经表达过对分类注本的不满，以编年诗为底本作过补注：“余予苏诗，性有笃好，向不满于王氏注，为之驳正瑕墨，零丁件系，收弃箧中，积久渐成卷帙。”[③] 查氏将这种习惯也带入他的《初白庵诗评》中，经常评中有注，对苏诗本事加以考辨。如《客位假寐》一首，查氏经过考证，认为此乃苏轼在凤翔任职时所作，应与《九月二十日微雪怀子由弟二首》之诗编在一起，何绍基评曰：“或谓此诗在凤翔作。”而翁同书则认为：“查注此首伪载杭州卷中，今以时地考之，其为凤翔作，无可疑者。”又如《和子由记园中草木十一首》末一首为“我归自南山，山翠犹在目……”作者在诗末自注云：“八月十一日夜宿府学，方和此诗，梦与弟游南山，出诗数十篇，梦中甚爱之。乃觉唯记一句云蟋蟀悲秋菊。”查慎行考曰：“按《栾城集》记园中所有止十首，此云十一首，盖讹入《纪梦》一首耳”。对此，纪昀评曰：“查氏以此首归之《纪梦》，言子由《和〈纪梦〉诗》乃二首可证也。以‘蟋蟀悲秋菊’言之，则此首归《纪梦》未尝不可。以子由《园中草木十首》言之，则和诗必无独和九首之理，此首又未可归入《纪梦》也。”而翁同书则认为：“观

①[清]顾嗣立:《王十朋苏诗集注序》,《苏诗集注》卷首,清康熙三十七年朱从延文蔚堂刻本。

②[清]邵长蘅:《施注苏诗·注苏例言》,《施注苏诗》卷首,清文渊阁四库全书本,第1110册,台北:台湾商务印书馆,1986年,第51页。

③[清]查慎行:《补注东坡先生编年诗·例略》,[清]王文诰辑注,孔凡礼点校:《苏轼诗集》附录二《序跋》,北京:中华书局,1982年,第2837页。

公自注，盖和至第九首，忽得此梦，故添入此首，而末首遂衍'蟋蟀悲秋菊'五字之意为之，非误入也。"而他在《广陵会三同舍各以其字为韵仍邀同赋·孙巨源》中，亦对施注"异趣不两立，譬如王孙猿。吾侪久相聚，恐见疑排报"提出质疑，肯定了查氏的考辨："施注非也。'异趣不两立'，正指介甫一辈人耳。广陵幸得相遇，又恐用此排报，正是交情极挚语，岂有微词于其间哉？查氏已辨之矣。"这些评点显示出他犀利的学术眼光和深厚的文学修养。

以上三位苏诗评点者，均为清代著名学者和书法家，精于金石考证，文史淹博。他们的欣赏趣味虽然不同，评价角度也各有差异，但均以卓尔不群的见识和直言不讳的态度对苏诗进行评点，具有高超的学术水准和重要的诗学价值，无疑丰富了对苏轼本人及其诗作的理解。不仅如此，这些评点材料本身也是文学批评史上的学术光点，与时代社会背景及文化思潮有着密切关联，将它们会通观之，亦能够深化我们对清代文学批评史的认识。

结语　苏轼诗文评点功过平议

通过对苏轼诗文评点所做的综合考察，我们可对其成就、特点与不足作如下概述。

评点作为我国一种具有民族特色的传统批评形式，有其产生、发展、存在的历史必然性。对于苏轼诗文评点来说，苏轼的人格魅力以及人们对其作品的激赏，是影响其评价尺度的重要因素，苏轼诗文评点自南宋肇始，绵延不绝，至明清且复愈发兴盛，涌现出了许多未刊评本和佚名评本。无论是作者所处的宋朝，还是后来的金元明清，极少有对其批评者。既说明苏轼对于后人所具有的强大的影响力，也说明了评点这种批评形式本身所具有的旺盛的生命力，同时有助于我们对苏轼做客观准确的评价和定位。但是在不同时期，苏轼诗文评点的侧重点也不相同。南宋时期重文，金元时期重诗，明代又重文，清代又重诗，呈现出交相辉映的阶段性景象。这当然与时代的社会背景以及文化思潮有着密切关联，一方面容易造成评点者对作品的评价产生分歧，如唐宋诗之争、苏黄论衡等，往往支配着人们对于作品的态度。另一方面也易于促成评点者借题发挥，实现它的社会——文化批评价值。

评点者在品鉴文本时，凭借着切身的感受、真实的体味，记述下读书心得，而予人以门径。与戴着某种理论的眼镜，将文本作为没有生命的标本，放在手术台上作冷漠的解剖相比，这是评点者与作者的心灵融合，具有一种特别的亲和力，利于读者的理解和文本的传播。但又往往就事论事，随阅随批，具体而微，批评观念上易于表现出主观性、随意性与印象化的倾向。如前所述，苏轼诗文评点的文献价值和理论价值已无需赘言。这里需要特别指出的是，评点者的主要目的是教导人们阅读文章，或抒发个人感慨，故而多侧重于艺术技巧的剖析，历史渊源的探讨以及字句、作法的解读，却相对忽略对作品思想内涵的挖掘与阐释。而在评点过程中，评者经常采用比较分析、形象说明等方法，所评既有一语中的的妙解，也有老生常谈的庸论，亦有穿凿附会的臆测，还有千人一面的转摘。究其原因，一方面缘于中国古代一以贯之的“形而上”的美学批评传统，钟嵘《诗品》、刘勰《文心雕龙》、皎然《诗式》、司空图《二十四诗品》等皆是如此，评点者亦受此影响。另一方面囿于评点这种批评方式的自身特点，虽然有些对具体作品的评点较为精妙，但少有以理性思维与宏通视野加以总说，而对其历史价值与意义进行阐论者则更为罕见。大多数评点者取境不宽，格局偏狭，过分强调通过作品内部意象结构的解析来寻绎文中之意或诗外之味，而相对忽略结合作者的时代环境、生平思想等外部因素去知人论世，故时有将苏轼诗文内涵平面化、肤浅化、简单化的发展趋势。

苏轼诗文评点者对于苏轼及其作品的推崇，也容易造成另一误区，即评点的过度阐释。以明代为例，如张溥称颂苏轼为“宇宙第一人物”，苏文为“宇宙第一文字”（《叙苏长公文集》）。茅坤称赞苏文为“绝世之文”（《东坡颂》总评语）。袁宏道认为“苏公诗无一字不佳者”（《答梅客生开府》），“前掩陶、谢，中凌李、杜，晚跨白、柳，诗道至此极盛。此后遂无复诗矣。”（《东坡诗选·识语》）。亦有人将其文章奉为应试圭臬，甚至认为“有只读此一论终身用不尽者”（《屈到嗜芰论》郑之惠评语）；“举子辈得此法，可以横四海矣”（《物不可以苟合论》茅鹿门评语）；“举子业到此便是脱凡胎矣”（《王者不治夷狄论》茅坤评语）。苏轼作为我国文学史上的诗文大家，其文学成就无可置疑属于一流水平。不过，将其置于众人之上，确实言过其当。当然，也存在另外一种情况，一些评点者批评苏轼作品好发议论、直露率易、意味浅薄等，甚或否定其诗文。如萧奇中指责苏诗“不雅”“信口在通”“未免沾沾”等，李贽则时或认为苏文“好说道理”，钱文登也指出了“东坡平生作诗文不经意，意浅而味短”（《潮州韩文公庙碑》批语）的受病之处。平心而论，苏轼的一些作品的确存在这些缺陷或不足，究其原因，既与宋人尚议论的风习有关，也与苏轼诙谐风趣、戏谑调侃的性格有关，而与苏轼公务繁忙或交游广、应酬多而消耗才思，致使作品不够精明也不无关系。但这些粗率之作毕竟在苏轼诗文中所占比重很小。评点者发此议论，是其个人主观意识与当时的具体客观环境所致。因而，这些评论既有其合理性，也有其偏颇性，并非主流观点，我们不能因言废人，因人废文。但不可否认，苏轼诗文评点无论是在文本方面，还是在理论层面，抑或是传播角度，都有其无法磨灭的重要作用，对于我们理解苏轼及其作品乃至认识中国古代文学批评史学都有一定的帮助。所以，黄霖先生认为：“以阐发批评家主体意识为主的评点，与旨在还原历史的本来面貌而作冷静客观的评价一样，都有其存在的合理性，都为社会所需要，都能推动文学的进步”。①

不仅苏轼诗文评点研究如此。进一步讲，事实上，我们进行人文社会科学研究，只要谈到某位作家作品，某种文学流派、文学现象，就会涉及对其评价问题。但值得令人深思的是，由于时代、社会、个人好恶等多种因素的制约，被许多僵化的观念所捆绑，往往导致我们进行评价时受着太多的局限，因袭着历史包袱，不可避免地掺杂进主观感情色彩，难以进行客观公正的评价（我们在做评论时，容易犯有对评论对象夸大拔高的倾向，以便显示出研究对象的重要性以及课题研究的价值和意义，这也是过度阐释的一种）。又如，人们常说“文如其人”，但历史上的多位权奸佞臣以及变节贰臣，虽然饱有才学，且闻名于文坛，只不过因为品行低劣，或人格有污点，而为人所不齿，他们的文学成就也少有人研究，即使论及也往往是因人废文，评价过低。因此，怎样才能做到尽量客观准确地分析评论作家作品、文学流派及文学现象，的确是一项不易完成却又无法避免而仍需努力的任务。

综而观之，评点作为文学批评的一种重要形式，其功过得失，在苏轼的作品中得到了充分体现，同时也留给了我们更多的深层思考空间。尤其是新时期以来，我国越来越重视对于传统文化遗产的发掘与保护，评点也因其独具的特色而呈现出中兴的发展趋势，故而苏轼诗文评点也在新形势下衍生出了新的特点和新的价值，这有待于我们作进一步的开拓研究。

①黄霖:《近百年来的金圣叹研究——以〈水浒〉评点为中心》,章培恒、[美]王靖宇主编:《中国文学评点研究论集》,上海:上海古籍出版社,2002 年,第 346 页。

主要参考文献

[1]《白居易集》，[唐] 白居易著，顾学颉校点，中华书局 1979 年版。
[2]《白苏斋类集》，[明] 袁宗道著，钱伯城标点，上海古籍出版社 1989 年版。
[3]《崇古理念的淡退：王世贞与十六世纪文学思想》，孙学堂著，天津古籍出版社 2004 年版。
[4]《初白庵诗评》，[清] 查慎行评点，[清] 张载华纂集，上海六艺书局石印本。
[5]《东坡诗论丛》，中国苏轼研究学会编，四川人民出版社 1983 年版。
[6]《东坡诗研究》，谢桃坊著，巴蜀书社 1987 年版。
[7]《东坡事类》，[清] 梁廷楠著，汤开建、陈文源点校，暨南大学出版社 1992 年版。
[8]《东坡文论丛》，中国苏轼研究学会编，四川文艺出版社 1986 年版。
[9]《反美学：后现代论集》，[美] 哈尔·福斯特编，吕健忠译，立旭文化出版社 1998 年版。
[10]《复旦大学第三届文学评点国际学术研讨会论文集》，黄霖、周兴陆主编，凤凰出版社 2015 年版。
[11]《管锥编》，钱锺书著，中华书局 1986 年版。

[12]《国际宋代文化研讨会论文集》，北京大学古文献研究所、四川大学古籍整理研究所编，四川大学出版社1991年版。
[13]《后现代主义文化研究》，王岳川著，北京大学出版社1992年版。
[14]《纪昀诗歌评点研究》，徐美秋著，花木兰文化出版社2013年版。
[15]《珂雪斋集》，[明]袁中道著，钱伯城点校，上海古籍出版社1989年版。
[16]《李贽文集》，[明]李贽著，张建业主编，刘幼生整理，社会科学文献出版社2000年版。
[17]《李贽与晚明文学思想》，左东岭著，天津人民出版社1997年版。
[18]《历代诗话》，[清]何文焕编著，中华书局2004年版。
[19]《历代诗话续编》，[清]丁福保编，中华书局2006年版。
[20]《历代文话》，王水照主编，复旦大学出版社2007年版。
[21]《六臣注文选》，[南朝梁]萧统编，[唐]李善等注，中华书局1987年版。
[22]《栾城集》，[宋]苏辙著，上海古籍出版社1987年版。
[23]《明代苏文研究史》，江枰著，江西人民出版社2010年版。
[24]《明代戏曲评点研究》，朱万曙著，安徽教育出版社2002年版。
[25]《明清之际小说评点学之研究》，林岗著，北京大学出版社1999年版。
[26]《明史》，[清]张廷玉等撰，中华书局1974年版。
[27]《南宋的诗文选本研究》，张智华著，北京师范大学出版社2002年版。
[28]《七缀集》，钱锺书著，上海古籍出版社1994年版。

[29]《清代学术概论》，梁启超著，中国书籍出版社 2006 年版。
[30]《清史稿》，[清] 赵尔巽等撰，中华书局 1977 年版。
[31]《全唐五代诗格校考》，张伯伟著，陕西人民教育出版社 1996 年版。
[32]《人类文化及生命形式——恩・卡西勒、苏珊・朗格研究》，刘大基著，中国社会科学出版社 1990 年版。
[33]《山谷内集诗注》，[宋] 黄庭坚著，[清] 任渊注，清文渊阁四库全书本。
[34]《诗歌评点与理论研究》，周兴陆著，凤凰出版社 2011 年版。
[35]《〈诗经〉评点史》，张洪海著，上海社会科学院出版社 2018 年版。
[36]《诗学》，[古希腊] 亚里士多德著，人民文学出版社 1982 年版。
[37]《士气文心：苏轼文化人格与文艺思想》，张惠民、张进著，人民文学出版社 2004 年版。
[38]《四库全书总目》，[清] 永瑢、纪昀等编纂，中华书局 1965 年版。
[39]《宋黄文节公全集》，[宋] 黄庭坚著，[清] 胡德重编，清文渊阁四库全书本。
[40]《宋人轶事汇编》，[清] 丁传靖编，中华书局 1981 年版。
[41]《宋诗钞》，[清] 吴之振、吕留良、吴自牧辑，上海三联书店 1988 年版。
[42]《宋史》，[元] 脱脱等编纂，中华书局 1985 年版。
[43]《宋学与宋代文学观念》，李春青著，北京师范大学出版社 2001 年版。
[44]《苏东坡研究》，木斋著，广西师范大学出版社 1998 年版。
[45]《苏东坡轶事汇编》，颜中其编注，岳麓书社 1984 年版。

[46]《苏诗汇评》，曾枣庄主编，四川文艺出版社 2000 年版。
[47]《苏诗选评笺释》，[清] 汪师韩选评笺释，清光绪十二年钱塘汪氏长沙刻本。
[48]《苏诗研究史稿》，王友胜著，岳麓书社 2000 年版。
[49]《苏轼的哲学观与文艺观》（修订本），冷成金著，学苑出版社 2004 年版。
[50]《苏轼论》，朱靖华著，京华出版社 1997 年版。
[51]《苏轼年谱》，孔凡礼编撰，中华书局 1998 年版。
[52]《苏轼评传》，王水照、朱刚著，南京大学出版社 2004 年版。
[53]《苏轼诗集》，[清] 王文诰辑注，孔凡礼点校，中华书局 1982 年版。
[54]《苏轼思想研究》，唐玲玲、周伟民著，文史哲出版社 1996 年版。
[55]《苏轼文集》，[明] 茅维纂集，孔凡礼点校，中华书局 1986 年版。
[56]《苏轼文学论集》，刘乃昌著，齐鲁书社 1982 年版。
[57]《苏轼研究史》，曾枣庄等著，江苏教育出版社 2001 年版。
[58]《苏轼著作版本论丛》，刘尚荣著，巴蜀书社 1988 年版。
[59]《苏轼资料汇编》，四川大学中文系唐宋文学研究室编，中华书局 2004 年版。
[60]《苏文汇评》，曾枣庄主编，四川文艺出版社 2000 年版。
[61]《苏文忠公诗编注集成总案》，[清] 王文诰撰，巴蜀书社 1985 年版。
[62]《苏文忠公诗集》，[清] 纪昀评点，清同治八年广州蕴玉山房刻朱墨套本。
[63]《苏文忠诗合注》，[清] 冯应榴撰，上海古籍出版社 2001 年版。

[64]《谈艺录》（补订本），钱锺书著，中华书局 1984 年版。
[65]《唐宋八大家散文广选新注集评·苏轼卷》，朱明伦主编，辽宁人民出版社 1999 年版。
[66]《唐宋八大家文钞校注集评·东坡文钞》，高海夫主编，三秦出版社 1998 年版。
[67]《晚明思想史论》，嵇文甫著，东方出版社 1996 年版。
[68]《王国维及其文学批评》，叶嘉莹著，广东人民出版社 1982 年版。
[69]《望溪集》，[清] 方苞撰，清咸丰元年戴钧衡刻本。
[70]《文人的理想品格：从陶渊明到苏轼》，张亚新著，济南出版社 2008 年版。
[71]《文史通义校注》，章学诚著，叶瑛校注，中华书局 1985 年版。
[72]《文史通义新编新注》，章学诚著，仓修良编注，浙江古籍出版社 2005 年版。
[73]《文心雕龙汇评》，[南朝梁] 刘勰撰，黄霖集评，上海古籍出版社 2005 年版。
[74]《〈文选〉评点研究》，赵俊玲著，上海古籍出版社 2013 年版。
[75]《文学理论》，[美] 雷纳·韦勒克、奥斯丁·沃伦著，刘若愚译，三联书店 1984 年版。
[76]《文学理论学习参考资料新编》，童庆炳、马新国主编，北京师范大学出版社 2005 年版。
[77]《文学评点论稿》，黄霖主编，凤凰出版社 2017 年版。
[78]《艺概》，[清] 刘熙载著，上海古籍出版社 1978 年版。
[79]《瀛奎律髓汇评》，[元] 方回撰，李庆甲集评校点，上海古籍出版社 1986 年版。
[80]《渔洋精华录汇评》，[清] 王士禛撰，周兴陆集评，齐鲁书社 2007 年版。

[81]《豫章黄先生文集》，[宋] 黄庭坚撰，四部丛刊景宋乾道刊本。
[82]《元史》，[明] 宋濂等撰，中华书局 1976 年版。
[83]《原诗》，[清] 叶燮著，人民文学出版社 1979 年版。
[84]《袁宏道集笺校》，[明] 袁宏道著，钱伯诚笺校，上海古籍出版社 1981 年版。
[85]《曾文正公集·文集》，[清] 曾国藩著，[清] 李瀚章编辑，文海出版社 1984 年版。
[86]《昭昧詹言》，[清] 方东树撰，人民文学出版社 1961 年版。
[87]《中国大历史》，[美] 黄仁宇著，三联书店 1997 年版。
[88]《中国古代文论类编》，贾文昭主编，海峡文艺出版社 1990 年版。
[89]《中国古代文学批评方法研究》，张伯伟，中华书局 2002 年版。
[90]《中国近三百年学术史》，钱穆著，商务印书馆 2005 年版。
[91]《中国历代诗学论著选》，陈良运主编，百花洲文艺出版社 1998 年版。
[92]《中国历代文论选》，郭绍虞、王文生主编，上海古籍出版社 1979 年版。
[93]《中国历代文章学论著选》，陈良运主编，百花洲文艺出版社 2003 年版。
[94]《中国评点文学史》，孙琴安著，上海社会科学院出版社 1999 年版。
[95]《中国散文学通论》，朱世英、方遒、刘国华著，安徽教育出版社 1995 年版。
[96]《中国善本书目·集部》，中国古籍善本节目编辑委员会编，上海古籍出版社 1998 年版。
[97]《中国善本书提要》，王重民编著，上海古籍出版社

1983 年版。
[98]《中国诗文评点史研究》，于立君、王安节著，时代文艺出版社 2001 年版。
[99]《中国诗学》，[美] 叶维廉著，三联书店 1992 年版。
[100]《中国诗学批评史》，陈良运著，江西人民出版社 2001 年版。
[101]《中国诗学通论》，袁行霈、孟二冬、丁放著，安徽教育出版社 1994 年版。
[102]《中国文学批评》，方孝岳著，世界书局 1934 年版。
[103]《中国文学批评史》（三），罗根泽著，中华书局 1961 年版。
[104]《中国文学批评史》，郭绍虞著，新文艺出版社 1955 年版。
[105]《中国文学批评史大纲》，朱东润著，开明书局 1944 年版。
[106]《中国文学评点研究论集》，章培恒、[美] 王靖宇主编，上海古籍出版社 2002 年版。
[107]《中国小说评点漫话》，黄霖著，辽宁教育出版社 2001 年版。
[108]《中国小说评点研究》，谭帆著，华东师范大学出版社 2001 年版。
[109]《中国小说史略》，鲁迅著，齐鲁书社 1997 年版。
[110]《钟惺评点研究》，郑艳玲著，人民日报出版社 2006 年版。
[111]《最新西方文论选》，王逢振、盛宁、李自修编，漓江出版社 1991 年版。
[112]《宋代文章评点研究》，张秋娥，湖北武汉大学 2010 届博士学位论文。
[113]《东坡本色与苏诗评点》，樊庆彦，《中国苏轼研究》

第十一辑，学苑出版社 2019 年版。
[114]《国图藏清代苏诗未刊评点三种述要》，樊庆彦，《文献》2013 年第 5 期。
[115]《简论方回的苏诗评点》，王友胜，《云梦学刊》2001 年第 1 期。
[116]《简论明代的苏诗选评》，王友胜，《惠州学院学报》2002 年第 1 期。
[117]《蠡谈评点》，孙武军，《长江师范学院学报》2008 年第 4 期。
[118]《李贽评选〈坡仙集〉略论》，樊庆彦，《古代文学理论研究》第 33 辑，华东师范大学出版社 2011 年版。
[119]《李贽评选〈坡仙集〉与明末文学思潮》，何新所、陈忠义，《求索》2002 年第 6 期。
[120]《刘辰翁诗歌评点的理论与实践》，周兴陆，《华中师范大学学报》1996 年第 2 期。
[121]《论纪批苏诗的特点与得失》，莫砺锋，《中国韵文学刊》2006 年第 6 期。
[122]《论纪昀的苏诗评点》，王友胜，《中国韵文学刊》1999 年第 2 期。
[123]《论李香岩手批纪评苏诗》，曾枣庄，《中国典籍与文化》2008 年第 1 期。
[124]《论李贽〈坡仙集〉的选目、批点及其反映的文学观》，王靖懿，《黄冈师范学院学报》2005 年第 2 期。
[125]《论清人注释、评点苏诗的特征与原因》，王友胜，《乐山师范学院学报》2003 年第 3 期。
[126]《论苏诗评点的文献价值》，樊庆彦，《山东青年政治学院学报》2011 年第 5 期。
[127]《论苏轼的散文美学思想》，吴小林，《中国人民大学

学报》1992年第3期。
[128]《论苏轼的散文艺术》，刘乃昌，《东岳论丛》1986年第5期。
[129]《论苏轼散文的艺术美》，王水照，《社会科学战线》1985年第3期。
[130]《论苏轼诗文评点的社会传播价值》，樊庆彦，《中国文学研究》第21辑，复旦大学出版社2013年版。
[131]《论晚明文人评点本的价值和传播机制》，聂付生，《复旦学报》2003年第5期。
[132]《论汪师韩的苏诗选评》，王友胜，《船山学刊》2002年第4期。
[133]《论震川文章的清人评点》，黄霖，《上海师范大学学报》2007年第1期。
[134]《明代举业教育中的苏文选本》，付琼，《学术论坛》2010年第1期。
[135]《明代苏轼研究"中熄"说献疑——兼论明代苏文评点的学术价值》，樊庆彦，《复旦学报》2010年第3期。
[136]《南宋古文评点发覆——兼论古文评点的文章学意义》，祝尚书，《四川大学学报》2005年第4期。
[137]《评点之兴——文学评点的形成和南宋的诗文评点》，吴承学，《文学评论》1995年第1期。
[138]《清初文人论苏诗的几个主要问题》，王友胜，《湘潭师范学院学报》2001年第3期。
[139]《清代苏诗研究的繁盛局面及其文化成因》，王友胜，《湖南大学学报》2003年第5期。
[140]《试论明清时期文学名著的"集评"现象》，曾绍皇，《复旦学报》2012年第5期。
[141]《试析古代文论中的价值观念》，谭帆，《文艺理论研

究》1991 年第 4 期。
[142]《说评点》，常森，《文史知识》2011 年第 11 期。
[143]《苏轼诗的议论》，赵仁珪，《北京师范大学学报》1983 年第 5 期。
[144]《苏轼诗文美学风格的评点阐释》，樊庆彦，《复旦大学第三届文学评点国际学术研讨会论文集》，凤凰出版社 2015 年版。
[145]《苏轼诗文评点的演进历程》，樊庆彦，《文史哲》2013 年第 5 期。
[146]《苏轼诗文与晚明士人的精神归向及文学旨趣》，郑利华，《文学遗产》2014 年第 4 期。
[147]《苏文选本在明清时期的刊刻和流行——兼评明代苏轼研究“中熄”说》，付琼，《兰州学刊》2009 年第 7 期。
[148]《汪辟疆手批〈苏诗选评笺释〉述论》，胡可先，《文学遗产》2008 年第 1 期。
[149]《汪师韩的〈苏诗选评笺释〉》，曾枣庄，《文学遗产》2000 年第 3 期。
[150]《王文诰〈苏诗编注集成〉得失论》，王友胜，《湘潭师范学院学报》2002 年第 6 期。
[151]《翁同龢与严虞惇、钱廷锦手批苏诗》，樊庆彦，《中国典籍与文化》2016 年第 2 期。
[152]《析钟惺评选的〈东坡文选〉》，郑艳玲，《广州大学学报》2007 年第 9 期。
[153]《现存评点第一书——论〈古文关键〉的编选、评点及其影响》，吴承学，《文学遗产》2003 年第 4 期。
[154]《萧奇中手批“王注苏诗”简论》，樊庆彦，《文学评论丛刊》第 12 卷第 2 辑，南京大学出版社 2010 年版。
[155]《查慎行的苏诗选评》，王友胜，《中国文学研究》

2000 年第 2 期。
[156]《中国古代诗文评点体例的承传》，胡建次，《河西学院学报》2006 年第 3 期。
[157]《中国古代文学中的评点》，黄霖，《古典文学知识》2016 年第 5、6 期。
[158]《中国文学的评点与汇评》，黄霖，《文学评点论稿》，凤凰出版社 2017 年版。
[159]《中国文学名著汇评本的价值》，黄霖，《复旦学报》2012 年第 2 期。

后　记

2008年7月，我从山东大学文学院博士毕业后，到复旦大学跟随黄霖先生做全职博士后。黄先生当时正在进行古代名家名著评点的整理与研究工作，就把我拉进了他的团队中，分给了我苏轼诗文评点的整理与研究的任务。虽然在此之前评点对于我来说完全是一个陌生的领域，但是基于从小对于苏轼的喜爱，又吸引我试图对关于他的评点作一番梳理研究。然而两年下来，结果却不甚满意：一方面限于操作的可能和时间的关系，难以对苏轼诗文评点本进行彻底的整理；另一方面限于个人的能力，难以从更高的角度把握研究对象。在完成这篇出站报告时，我感到自己在这方面只是刚刚起步，苏轼诗文评点的许多问题还需要进一步的探讨。同时，我也认识到，学术之路充满了荆棘和坎坷，的确需要很大的勇气。当然，我感受更多的还是沉浸于其中而不能自拔的乐趣。随着对于这项工作的逐步深入，其成果也日渐丰满起来，先后获得教育部人文社会科学重点研究基地重大项目、中国博士后科学基金项目、国家社会科学基金后期资助项目、山东省社会科学规划研究项目、全国高等院校古籍整理研究工作委员会科研项目等多项资助，部分相关成果先后发表在《文献》《文史哲》《光明日报》《复旦学报》《文学评论丛刊》《中国文学研究》《中国苏轼研究》《中国典籍与文化》《古代文学理论研究》等刊物，并获得山东省社会科学优秀成果奖和山东省高等学校人文社会科学优秀成果奖。这也为我以后的研究增添了许多自信。

感谢博士后合作导师黄霖先生。先生宽容、博大、善意的胸襟，厚重、精深、前瞻的学养，使我时时倍感温馨，处处深刻依赖。先生对我一以贯之的关怀与帮助，教诲与鞭策，让我时刻铭记在心。本书写作自始至终，无不渗透着先生的心血，感激之情无以言表。感谢师母徐甘老师，对于我生活上的关心照顾，使我虽远离家乡，却有如家的温暖。

感谢工作单位山东大学文学院杜泽逊院长与张帅书记为本书的出版提供的帮助和支持。感谢复旦大学博士后流动站及专家组各位先生，感谢所有关心、支持和帮助我的老师们，在我的工作、生活与学习中给予了许多热忱关怀、悉心教导和细致点拨。感谢所有对于本书有所启发与帮助的前贤时俊，写作建立在大量阅读参考国内外相关研究成果的基础之上，这是本书得以形成的重要前提。

感谢博士生导师王平先生和硕士生导师孙之梅先生，时刻关心我的学习和生活。感谢我已逝去的父母，他们的全力支持是我求学问道过程中最强大的后盾。感谢我的亲人、同学和朋友，给予我的热诚帮助，使我倍感亲情友谊的珍贵。

感谢本书责任编辑崔业双女士的认真严谨、热情细致，感谢周琦玥、姜复宁同学不辞辛劳帮我核对注释，为本书减少差错所付出的心血。

本书有参考未备、论断不当、史料失误以及其他不妥之处，恳请方家及读者不吝指正。

樊庆彦　谨致

2019年8月